U0930173

泾川年鉴

JINGCHUAN YEARBOOK

2019

泾川县人民政府　主管
泾川县档案馆　编

兰州大学出版社
LANZHOU UNIVERSITY PRESS

图书在版编目（C I P）数据

泾川年鉴. 2019 / 泾川县档案馆编. -- 兰州 : 兰州大学出版社, 2019.10
ISBN 978-7-311-05701-5

Ⅰ. ①泾… Ⅱ. ①泾… Ⅲ. ①泾川县—2019—年鉴
Ⅳ. ①Z524.24

中国版本图书馆CIP数据核字(2019)第238305号

责任编辑 马继萌
封面设计 王 挺

书　　名 泾川年鉴2019
作　　者 泾川县人民政府 主管
　　　　 泾 川 县 档 案 馆 编
出版发行 兰州大学出版社 (地址:兰州市天水南路222号 730000)
电　　话 0931-8912613(总编办公室) 0931-8617156(营销中心)
　　　　 0931-8914298(读者服务部)
网　　址 http://press.lzu.edu.cn
电子信箱 press@lzu.edu.cn
印　　刷 兰州人民印刷厂
开　　本 880 mm×1230 mm 1/16
印　　张 13.75(插页20)
字　　数 328千
版　　次 2019年10月第1版
印　　次 2019年10月第1次印刷
书　　号 ISBN 978-7-311-05701-5
定　　价 160.00元

《泾川年鉴》编审委员会

总编审	吕鹏举	县委书记
	王廷佐	县委副书记、县政府县长
编　审	王德全	县委副书记
	崔　飞	县委常委、常务副县长
	封聚强	县政府副县长
成　员	吕孝忠	县委办公室主任
	尚志龙	县人大常委会办公室主任
	马虎林	县政府办公室主任
	刘红杰	县政协办公室主任
	樊志辉	县委组织部常务副部长
	任新红	县委宣传部常务副部长
	段全福	县委统战部常务副部长
	任小平	县财政局局长
	张剑冰	县统计局局长
	高隆华	县档案馆馆长

《泾川年鉴》编辑部

主　编　高隆华

编　辑　荆忠林　何来锁　王华丽　张婷婷　吴　菲

编辑说明

一、《泾川年鉴2019》是县政府主管、县档案馆主编，全面记述泾川县2018年政治、经济、文化、社会等各方面情况的资料性文献。

二、本年鉴记述时限为2018年1月至2018年12月。

三、本年鉴采用分类编辑法，主体内容设“类目—分目—条目”三个层次，不同层次的标题、字体、字号和版式设计有明显区别。全书设类目24个。

四、年鉴中基础资料由各乡（镇）、城市社区、县直部门及驻泾单位提供，并经供稿单位领导审核；统计公报由县统计局提供；各单位人员编制情况以县编办文件为准；领导班子成员和任职时间以县委组织部2018年档案为准；所用计量单位以国家颁布的法定计量单位为准。

五、年鉴的编辑得到各乡（镇）、城市社区、县直部门及驻泾各单位的大力支持，在此深表谢意。由于成书仓促，编辑人员水平有限，书中难免有疏漏或不足之处，敬请广大读者批评指正。

数字泾川2018

年末户籍人口	35.62万人
全年平均气温	10.5℃
年降水总量	614毫米
生产总值	37.72亿元
粮食产量	10.47万吨
工业增加值	10268万元
社会消费品零售总额	258827.3万元
出口创汇	1275万元
大口径财政收入	40828万元
金融机构各项存款余额	96.94亿元
年末民用汽车保有量	9186辆
计算机互联网用户	6.45万户
年度高考上线人数	2238人
本科上线人数	1686人
城镇居民人均可支配收入	25479元
农村居民人均可支配收入	9683元
城乡居民基本医疗保险参保	300194人

2018年2月27日，县委十七届四次全体会议暨县委经济工作会议在职教中心召开

2019年1月2日至5日，县十八届人大第三次会议在泾州宾馆召开

2019年1月2日至4日，县政协九届三次全体会议在泾州宾馆召开

2018年7月23日，全县领导干部警示教育大会召开

2018年9月11日，全县脱贫攻坚“九大冲刺行动”工作推进会召开

2018年9月28日，全市农村“三变”改革现场观摩交流推进会在泾川召开

2018年8月17日，县上组织“抵制高价彩礼　推动移风易俗”万人签名活动

2018年平凉市登山节（泾川站）活动暨平凉市第二届徒步越野挑战赛在汭丰乡举行

2018年8月17日，“梦寻醉美乡村·相约魅力泾川”旅游季暨锦绣凤凰民俗文化旅游节开幕

县鼎惠苹果矮砧密植园区

丰产果园管理

果园覆草

泾河川万亩西瓜种植

天津市武清区援建的汭丰镇同中村蔬菜园区

鼎康肉牛育肥场全景

鼎康肉牛育肥场一角

泾灵路人行天桥

南滨河景观大道

县医院迁建

城东住宅小区旧楼改造

智慧城市建设

丰台至蒋家三级公路竣工通车

朱家涧水库全貌

朱家涧村易地扶贫搬迁安置楼

太平镇盘口村易地扶贫搬迁

"泾水春韵"泾川县2018年春节联欢晚会现场

2018年，春节文化活动之彩车展演

2018年，春节文化活动之锣鼓表演

泾川县首届“锦绣凤凰杯”山地自行车公开赛

2018年12月12日，在泾川县体育场举行2018年平凉市第八届“体彩杯”足球联赛开幕式

泾川县第五届蟠桃诗会

2018年4月28日，泾明乡“山水白家”踏青旅游季开幕

“山水白家”乡村旅游示范村

王村镇完颜民俗文化村一角

2018年7月3日，纳丰镇第二届绿色蔬菜节暨乡村旅游季开幕

纳丰镇郑家沟生态旅游开发

城关镇锦绣凤凰花卉园

目　录

特　载

专　记

大事记

中国共产党泾川县委员会

中共泾川县纪委　泾川县监委

泾川县人民代表大会常务委员会

泾川县人民政府

政协泾川县委员会

民主党派

群众团体

法治军事

农林水牧

工　业

商贸流通

交通通信

财税金融

经济管理

住建环保

教育科技卫生

文化旅游

社会服务与管理

乡（镇）与城市社区

获奖人物·先进单位

附　录

特 载

紧跟新时代　践行新思想　展示新作为
奋力加快建设绿色开放幸福美好新泾川

——在县委十七届四次全体会议暨县委经济工作会议上的讲话

吕鹏举

（2018年2月27日）

同志们：

这次会议的主要任务是，高举习近平新时代中国特色社会主义思想伟大旗帜，深入贯彻落实党的十九大和中央、省、市委经济工作会议精神，回顾总结成绩，分析研判形势，安排部署新年度工作，动员全县上下紧跟新时代、践行新思想、展示新作为，加快建设绿色开放幸福美好新泾川，奋力开创全县经济社会高质量发展新局面。下面，根据县委常委会讨论的意见，我讲五个方面的问题。

一、充分肯定成绩，不断提振加快发展的精气神

2017年是党的十九大和省第十三次党代会胜利召开之年。这一年，我们深入学习贯彻党的十九大精神，以习近平新时代中国特色社会主义思想为指导，全面贯彻中央和省市各项决策部署，认真落实市委“担当、创新、突破、提升”的工作要求，聚焦脱贫攻坚“一号工程”，全力以赴抓项目，多措并举兴产业，千方百计惠民生，坚定不移促改革，驰而不息转作风，全县经济社会发展呈现趋稳向好、多点突破、效益凸显、整体提升的良好态势。主要有五个方面的变化：

一是工作思路在优化调整中更加明晰。坚持以新理念新思想观大势、谋全局、促发展，准确把握时代脉搏和上级要求，科学研判县情实际和发展形势，确立了“党建统领，四化统筹，交通先行，产业支撑，城镇带动，工业突破，决战脱贫，决胜小康，建设绿色开放幸福美好新泾川”的总体思路，进一步优化发展路径，明确着力重点，指导和推动全县经济社会发展取得了明显成效。坚持以解放思想为先导，组团参加平凉“金果红牛旅游”走进天津系列活动，考察学习外地温水资源开发利用、特色产业提质增效、城市规划建设管理等方面的成功经验，通过学先进、找差距，进一步开阔了视野，拓展了思路，提振了信心。各乡镇、各部门按照县上总体思路和部署要求，立足自身实际和工作职能，在脱贫攻坚行动、重点项目建设、特色产业开发、民计民生改善、生态环境保护等方面精心谋划、统筹用力、狠抓落实，推动经济社会和党的建设各项事业取得了明显进步。

二是脱贫攻坚在精准施策中成效凸显。坚持把脱贫攻坚作为“一号工程”和头等大事，紧盯“两不愁三保障”目标，严格落实“六个精准”“七个一批”措施，聚焦黑梁河流域、红河流域特困片带47个深度贫困村，逐村逐户摸底子，一户一策定措施，扎实开展精细精确精微的“绣花式”扶贫，脱贫攻坚步伐明显加快。坚持把增收产业培育作为核心任务，探索实践“近抓劳务蔬菜摘穷帽，远抓果畜旅游奔小康”的产业扶贫路子，带动70%以上的贫困户形成了增收产业；突出旧村改造和原址改建，下功夫消除农村D级危房和土窑洞，基本实现了安全稳固住房全覆盖；加快实施易地搬迁、道路硬化、安全饮水、农网改造等基础设施配套工程，不断完善教育、医疗、文化、养老等公共服务体系，贫困群众生产生活条件明显改善。坚持把工作重心、项目资金、帮扶力量向深度贫困乡村倾斜，在各级帮扶单位和乡村组织的共同努力下，实现脱贫1.2万人，贫困发生率由8.99%下降至5.26%，为实现整县脱贫奠定了坚实基础。

三是县域经济在多元支撑中提速发展。立足资源禀赋和产业基础，更加注重项目投资拉动，更加注重产业转型升级，更加注重城乡一体发展，县域经济实力明显提升。准确把握国家政策投资导向，认真落实“八个一批”“六个清单”“三个一”等措施办法，加快实施南滨河景观大道、县医院整体搬迁等重点项目，我县项目建设在全市观摩中得到了充分肯定。坚持用工业理念谋划农业，全面推行“五个一”产业发展模式，多方培育市场主体，加快发展现代农业，果菜畜等特色产业在标准化管理、全链条发展方面取得了新突破。坚持工业强县战略不动摇，多方开展招商引资，培育壮大工业集群，扶持发展非公经济，工业经济总量持续扩张。全力加快大云寺·王母宫大景区建设，成功举办第五届华夏母亲节、“锦绣凤凰”等文化旅游节会，泾川被列入首批“省级全域旅游示范区”创建单位。坚持规划、建设、管理、服务一体推进，集中实施棚户区改造、住宅小区开发和重点街路改造等建设项目，新型城镇化建设迈出了坚实步伐。

四是民计民生在共建共享中持续改善。坚持以人民为中心的发展思想，紧盯事关群众切身利益的实际问题，持续加大民生投入，统筹发展社会事业，精心措办惠民实事，广大群众的获得感、幸福感和安全感进一步提升。加快实施“全面改薄”工程，深入推进“健康泾川”建设，广泛开展文化惠民活动，多方拓宽就业创业渠道，健全完善社会保障体系，城乡公共服务均等化、普惠化水平明显提升。坚守生态底线和环保红线，围绕创建国家森林城市，精心实施造林绿化、流域治理、环境整治等工程，扎实开展全域无垃圾专项治理行动，严格落实节能减排、扬尘抑制、河道治理等措施，承办了全市中央环保督察反馈意见整改落实工作现场推进会，我县环保问题整改工作走在了全市前列。扎实整改国务院安全生产巡察反馈问题，切实加强网络舆情管控，妥善化解各类矛盾纠纷，严厉打击违法犯罪行为，“法治泾川”“平安泾川”建设加快推进，社会大局安全稳定。

五是发展合力在党建统领中有效凝聚。深入实施党建统领“一强三创”行动，严格落实“三会一课”“主题党日”等制度，积极推行“产业党建”“智慧党建”等新模式，基层党组织的组织力明显提升；扎实开展精神文明创建活动，严格落实意识形态责任制，主流价值培育成效明显，泾川对外影响持续扩大；严格落实党风廉政建设主体责任，深入贯彻中央八项规定精神，扎实开展县级巡察、“两查两保”及“三纠三促”等专项行动，严肃查处发生在群众身边的不正之风和腐败问题，纪检监察体制改革试点工作有序推进，监督执纪问责作用有效发挥，党员干部工作作风持续好转。坚持把改革创新作为加快发展的动力引擎，扎实推进农村“三变”改革试点，我县被列入全国农村集体产权制度改革试点单位；持续深化“放管服”改革，加大简政放权力度，优化行政审批流程，加强区域合作和对外交流，开放开发的空间更加广阔，聚力发展的氛围日趋浓厚。

可以说，2017年是极其艰辛、极具挑战、极富成效的一年。一年来，我们凝心聚力、务实苦干、攻坚破难，办成了不少大事要事，办成了一批实事好事，取得了来之不易的成绩。这些成绩的取得，离不开市委、市政府的正确领导和有力指导，离不开全县广大干部群众的奋力拼搏和辛勤汗水，也离不开社会各界人士的关心关注和大力支持。在此，我谨代表县委、县人大、县政府、县政协，向大家表示崇高的敬意和衷心的感谢!

成绩令人欣慰，但问题也不容忽视。当前我县发展正面临脱贫攻坚和转型升级的双重压力，面临质量提升和总量扩张的双重任务，发展不平衡不充分的问题依然十分突出。一是县域经济总量偏小。经济增速缓慢，财政自给率低，现有企业数量少、规模小、融资难，工业短腿问题十分突出，经济结构有待进一步优化。二是特色产业质量不高。果、菜、畜等特色产业管理不够精细，新型经营主体培育滞后，整体效益偏低，全链条增值的现代农业产业体系尚未形成。三是项目支撑能力较弱。招商引资力度不大，签约项目落地率不高，带动能力强的大项目、好项目偏少，投资拉动型经济现状仍未得到根本改变。四是作风建设急需加强。一些干部不想为、不敢为、不会为，工作作风虚浮，担当精神缺乏，特别是在脱贫攻坚、招商引资、项目建设、改革创新等方面办法不多、措施不实、落实不力等等。这些问题，我们必须高度重视、深入分析、全力改进。

二、准确研判形势，牢牢把握经济工作的主动权

对今年的经济形势，中央和省、市委经济工作会议做出了科学判断，为我们指明了前进方向，提供了根本遵循。我们要切实增强分析研判、捕捉信息、把握机遇的敏锐性和自觉性，抢抓机遇，乘势而上，奋力推动全县经济社会转型升级科学发展。

一要准确把握宏观政策，抢占发展先机。党的十九大着眼解决发展不平衡不充分的问题，部署实施乡村振兴、创新驱动、区域协调发展等重大战略，制定出台了一系列财政、货币、产业、社会政策。中央经济工作会议明确提出，继续实施积极的财政政策和稳健的货币政策，持续加大改革开放和民生投入力度，重点抓好防范化解重大风险、精准脱贫、污染防治“三大攻坚战”，一系列配套政策措施必将密集出台，为我们实现整县脱贫摘帽、加快县域经济振兴提供了全新机遇，注入了强大动能。站在新的历史方位，全县上下要准确把握宏观政策导向，善于发现、敏锐把握新机遇，努力把政策机遇转化为项目实体，转化为民生福祉，转化为加快建设绿色开放幸福美好新泾川的生动实践。

二要坚决贯彻省市要求，主动担当作为。省委经济工作会议提出要把高质量发展、绿色发展崛起的要求贯穿始终，以兴产业、提品质为重点推进质量变革，以强服务、优环境为重点推进效率变革，以抓创新、促改革为重点推进动力变革，全面部署了打好“三大攻坚战”、加快融入“一带一路”建设、促进产业升级等六项重点任务。市委经济工作会议准确研判发展形势，对精准脱贫、工业强市、新型城镇化、项目建设、生态文明建设、保障和改善民生等重点任务做出了具体安排，特别是明确提出泾川必须年内实现脱贫摘帽。面对新的发展要求，我们要切实把思想和行动统一到省市决策部署上来，聚焦重点，攻坚克难，全力推动年度各项重点任务落实。

三要充分发掘优势潜力，争创一流业绩。近年来，在全县上下共同努力下，泾川经济发展基础更加稳固，发展后劲日益增强，发展环境明显优化。特别是县委十七届三次全会以来，各级领导班子精诚团结，干部群众信心高涨，加快发展的主旋律更加响亮，脱贫攻坚的精气神更加充足，开拓奋进的正能量更加强劲，推动各项事业取得了明显成效，尤其是我县被列入全国农村集体产权制度改革试点单位和全省首批“全域旅游示范区”创建单位，为今后发展注入了强劲动力。立足新的起点，我们要进一步提振信心、鼓足干劲，充分发掘产业、生态、文化、区位等方面的比较优势和发展潜力，积极融入省市发展大盘子，敢于在全市全省争位次、创一流，推动县域经济发展向更高质量、更高层次迈进。

面对新时代新形势新要求，我们必须始终坚持习近平新时代中国特色社会主义经济思想，牢固树立新发展理念，深刻领会“七个坚持”的内涵要义，并贯穿于经济社会发展的方方面面，坚持用科学的理论指导工作实践，引领县域经济沿着正确方向发展；必须始终坚持高质量发展的根本要求，准确把握我国经济由高速增长阶段转向高质量发展阶段的基本特征，坚持质量第一、效益优先，紧盯高质量发展的重点任务，破解瓶颈制约，厚植发展优势，在质的大幅提升中实现量的有效增长；必须始终坚持稳中求进的工作总基调，正确处理稳与进的关系，在保证质量效益的前提下，保持一定增长速度，既反对消极应付、不思进取，又反对盲目蛮干、急于求成，把该稳的稳住，把该进的进好，不断巩固稳的基础，持续增强进的动能；必须始终坚持供给侧结构性改革这条主线，紧盯市场投资和消费需求，从供给侧发力，坚决落实“三去一降一补”五大任务，着力在破除无效供给、培育发展动能、降低内耗成本上下功夫，扩大有效和中高端供给，带动各领域各产业转型升级、提质增效；必须始终坚持以人民为中心的发展思想，牢记为人民谋幸福的初心和使命，坚持民生优先，兜牢民生底线，加大民生投入，集中力量做好基础性、普惠性、兜底性工作，全面提升广大群众的获得感、幸福感和安全感。

三、优化思路目标，切实找准转型升级的着力点

2018年，是贯彻党的十九大精神的开局之年，是实现整县脱贫的决胜之年，也是实施“十三五”规划承上启下的关键一年。全县经济工作的总体要求是：全面贯彻党的十九大精神，以习近平新时代中国特色社会主义思想为指导，加强党对经济工作的领导，坚持稳中求进工作总基调，坚持新发展理念，坚持高质量发展要求，统筹推进“五位一体”总体布局和协调推进“四个全面”战略布局，坚决贯彻习近平总书记视察甘肃重要讲话和“八个着力”重要指示精神，全面落实中央和省、市委各项决策部署，按照县委十七届三次全会确定的总体思路，全力抓重点、补短板、强弱项，统筹推进稳增长、促改革、调结构、惠民生、防风险各项工作，坚决打好打赢整县脱贫攻坚战，推动全县经济社会更有质量、更有效益、更可持续发展。

具体工作中，要重点抓好八个方面：

（一）抓实“一户一策”，决战决胜整县脱贫。2018年脱贫摘帽是市上下达的硬任务，也是我们立下的军令状。各级各部门要认真贯彻中央和省、市关于扶贫开发“四个转变”的部署要求，严格落实《脱贫攻坚实施方案》，抓实“一户一策”，下足“绣花”功夫，举全县之力坚决打赢脱贫攻坚战，为乡村振兴奠定坚实基础。要全面补齐短板。紧紧围绕“两不愁三保障”脱贫标准，坚持问题导向，倒推算清时间账、任务账，全力补齐增收产业、基础设施、公共服务等方面的短板弱项。特别要紧扣增收产业培育和安全稳固住房全覆盖，因村因户发展果、菜、畜、劳务、乡村旅游等多元产业，精心实施危房改造和易地搬迁工程，全面消除农村C级危房，进一步夯实脱贫基础。要强化政策措施。全面落实国家扶持深度贫困地区发展各项政策措施，积极加强与天津市武清区扶贫协作对接洽谈，衔接帮扶项目，引进龙头企业，带动群众增收。依托广惠、泰源等投资公司，通过平台注资、贴息担保、政策补贴等方式，承接落实好省上“两贷款一基金”，加大产业培育和基础设施建设资金扶持力度。更加注重扶贫与扶智、扶志相结合，加大政策宣传、思想教育、技能培训力度，引导贫困群众发挥主体作用，增强脱贫内生动力。要严肃考核问责。用好考核指挥棒，把脱贫攻坚作为乡镇部门领导班子考核和干部选拔任用的重要依据，加大考核权重，强化结果运用。深入开展扶贫领域腐败和作风问题专项治理，全力抓好省上扶贫领域监督检查反馈问题整改，从严查处履责不力、监管不严、敷衍应付、推诿扯皮的人和事，集中整治贪污侵占、虚报冒领、截留挪用、优亲厚友等问题，以严肃的责任追究倒逼任务落实。

（二）狠抓项目建设，不断增强发展后劲。项目是县域发展的重要支撑，关系发展质量，决定发展后劲。要立足我县经济体量小、欠发达的实际，始终把项目建设作为稳增长、调结构、惠民生、防风险的原动力，最大限度发挥项目投资拉动作用。要高标准谋划争取。深入对接国家政策导向和投资方向，认真落实创新思路、科学规划、对接政策、招商引资、兴办实事、平台建设、统筹运作、优化环境“八个一批”要求，突出实体经济发展、特色产业培育、棚户区改造、生态环保等领域，高质量做好项目可研、初设等前期工作，论证储备重点前期项目100项以上。要全方位招商引资。认真落实《关于深入推进招商引资工作实施意见》，积极构建“亲”“清”政商关系，进一步创优营商环境，充分发挥循环经济产业园区平台载体作用，坚持“走出去、引进来”，瞄准有实力的大企业、大集团，开展点对点、面对面衔接洽谈，切实提高招商项目履约率和落地率。要大力度推进实施。今年市上明确提出继续开展重大项目观摩督查和集中开工，分管领导及相关部门要及早考虑谋划，强化督查调度，严格落实重大项目建设包抓责任制，特别是对南滨河景观大道续建等12个过亿元项目，要逐项列出责任清单，倒排工期，蹲点督促，跟踪推进，切实扭转固定资产投资下滑的被动局面。

（三）强化产业支撑，发展壮大县域经济。产业是乡村振兴和县域发展的核心要素。按照建设现代化经济体系的要求，把着力重点放在实体经济上，以提质增效为方向做强一产，以转型升级为方向调优二产，以多元融合为方向做大三产，持续提升县域经济实力。要突出抓管理、延链条，加快发展现代农业。深入实施乡村振兴战略，按照“产业兴旺、生态宜居、乡风文明、治理有效、生活富裕”的总要求，研究制定我县实施意见，加快推动农业农村现代化。坚持主导提升、多元支撑、全链推动，全面推行“五个一”产业发展模式，着力在精细化管理上下功夫，积极推广新技术，大力增施有机肥，促进特色产业由增产向增效转变。多方培育新型经营主体，抓建一批产业基地、示范园区、龙头企业、专业大户，加快发展农产品精深加工、冷链物流和电子商务，推动农业产业全环节升级、全链条增值。要突出抓园区、建集群，不断扩张工业总量。精心实施工业强县战略，全力落实体系构建、园区建设、企业培育、投资拉动、创新驱动、人才引进“六大任务”，突出抓好循环经济产业园区基础设施建设，推动技术、资金、项目向园区聚集。全面落实“一业一策、一企一策、一事一议”政策措施，建立用好小微企业互助贷款风险补偿担保基金，多方支持非公经济发展，全力扶持天纤棉业、旭康食品等重点企业做大做强，加快发展新能源、新材料、信息技术、节能环保等新兴产业，积极培育新的经济增长点。要突出抓融合、创品牌，大力发展全域旅游。坚持把文化旅游作为加快发展的战略性支柱产业，抢抓我县被列为首批“省级全域旅游示范区”创建单位机遇，理顺大景区管理运行体制，加快大云寺·王母宫大景区基础设施建设，不断完善景点体系，积极搭接精品线路，多方聚集旅游要素，着力提升景区品位。依托地域资源优势和美丽乡村建设，精心实施特色小镇和旅游名村提升工程，积极发展以合作社为载体，集创意农业、休闲农业、农事体验于一体的田园综合体，为发展全域旅游提供更多支点。

（四）突出城镇带动，着力改善基础条件。抢抓我县被列入关中平原城市群发展规划的重大机遇，统筹推进县城综合开发、中心城镇和美丽乡村建设，加快新型城镇化进程，着力打造宜居宜业宜游的现代化精品县城。要提升县城建设品位。依托生态资源、彰显文化底蕴、突出特色景观，进一步优化城镇空间布局和功能形态，形成“山、水、城”自然融合的城镇格局。有效整合分散运营的城市资源，综合运用金融、财税、投资等有效手段，吸引更多社会资本参与城市建设，精心实施棚户区改造、重点区域开发、泾汭河水体治理和景观建设等重点工程，统筹推进城市管网、立体交通、市场体系、数字化管理平台建设，不断提升县城承载能力。要推动城乡融合发展。按照产业支撑、突出特色、机制灵活、人文气息浓厚的要求，盘活土地资源，拓宽融资渠道，加快推进重点小城镇建设，全力推动道路、供水、电力、通信等基础设施联网升级、共建共享，促进城乡之间生产要素有序流动，加快形成双向流动、优势互补、全面融合的新型城乡关系。要提升综合管理水平。坚持建设、管理、服务一体推进，深化城市管理执法体制改革，加大综合执法力度，大力整治县城交通秩序和市场秩序，规范临街商铺门头牌匾，着力解决影响市容市貌的突出问题。持续深化全域无垃圾专项治理行动，加强城镇、村庄、景区景点、交通沿线、河道水体等重要节点环境整治，全面改善城乡人居环境。

（五）坚持绿色发展，持续优化生态环境。牢固树立“绿水青山就是金山银山”的绿色发展理念，严格落实省上《构建生态产业体系推动绿色发展崛起的意见》，更加自觉地推动绿色、循环、低碳发展。要大规模开展造林绿化。以创建国家森林城市为统揽，严格落实生态功能区保护规划，精心实施新一轮退耕还林、三北防护林建设、重点小流域治理等生态建设工程，持续开展大规模全民义务植树和造林绿化，着力增加生态脆弱区林草植被，全面改善区域环境质量。要严措施强化污染防治。实行最严格的环境保护制度，全面落实大气、水、土壤“三个十条”，全面排查整治各领域、各层面、各环节突出环境问题，坚持全民共治、源头防治，以“蓝天保卫战”为重点，持续强化大气、水、土壤污染防治，进一步巩固拓展中央环保督察整改成果，努力创设天蓝、地绿、水清的美丽家园。要常态化推进责任落实。深刻汲取祁连山自然生态环境破坏典型案例教训警示，全面推行领导干部任期生态文明建设责任制和生态环境损害责任追究制，严格落实自然资源资产产权和用途管制、生态保护红线、“河长制”等制度，扎实开展环境督察联动执法，严厉打击和曝光一批破坏生态环境的违法行为和案件。

（六）着眼普惠共享，切实增进民生福祉。坚持以人民为中心的发展思想，把保障和改善民生作为一切工作的出发点和落脚点，下功夫解决好群众最关心、最直接、最现实的利益问题。要统筹发展社会事业。持续加大投入力度，全面改善城乡教育、卫生、文化等基础设施条件，不断深化教育教学、医疗卫生体制改革，着力解决城区学校“入园难”“大班额”“择校热”以及看病难、看病贵等问题。要切实强化社会保障。全力抓好市政基础设施完善等11件惠民实事办理，全面落实就业扶持政策，持续拓宽高校毕业生、就业困难人员等重点群体的就业渠道。切实加强城乡低保、医疗救助等规范化管理，加快发展养老服务事业，健全完善农村空巢老人、留守妇女儿童等弱势群体救助关爱体系。要大力倡树文明新风。深入推进社会主义核心价值观十大创建行动，加强社会公德、职业道德、家庭美德、个人品德建设，完善诚信“红黑榜”发布制度，深化拓展群众性精神文明创建活动，持续开展“泾川好人”、最美人物、道德模范评选活动，大力整治“天价彩礼”、薄养厚葬、封建迷信等陈规陋习，培育形成遵纪守法、诚信友善、文明和谐的社会新风尚。

（七）深化改革创新，充分释放发展活力。坚持激活内力与借助外力并重，瞄准供给侧结构性改革发力点，着力补齐制度机制短板，抓好改革任务落实，以改革增活力、以开放促开发、以创新促发展。要统筹推进重点领域改革。深入推进全国农村集体产权制度改革试点，坚持和完善农村承包地“三权”分置，扎实推进农村“三变”改革，大胆实践创新，总结提炼经验，确保全面完成试点任务。持续深化“放管服”改革，规范建立市场主体“少跑路”“不跑路”工作流程。承接落实财税金融、乡村振兴、生态文明等领域改革举措，统筹推进民生领域“微改革”，让人民群众更多分享改革红利。要深入实施创新驱动战略。持续深化供给侧结构性改革，打通供需通道，发展新兴产业，不断激发全社会创新意识、创新潜能和创业活力。积极论证争取实施符合产业发展导向、科技含量高、带动能力强的产业化项目，全力培育轻纺、光电等新型产业集群。大力支持科技人员、高校毕业生、返乡人士、乡土能人就近就地创业就业，多方促进大众创业万众创新。要积极搭建开放开发平台。主动融入区域经济圈，围绕文化旅游、特色产业、商贸物流等领域，加强交流合作、区域互动和资源共享，切实提升开放开发水平。持续加强政企交流，深化银企合作，引导金融机构支持重点项目建设和中小企业发展。积极借鉴先进地区经验，引导社会资本参与基础设施建设和公益事业发展，为县域经济发展提供有力的资金保障。

（八）创新社会治理，全力维护和谐稳定。坚持稳定压倒一切，树牢法治意识，加大普法力度，深入推进“法治泾川”“平安泾川”建设，不断提升社会治理系统化、科学化、智能化、法治化水平。要强化风险防控。聚焦重点行业、重点领域、重点区域，突出严控增量、严格监管、严把关口，有效防范化解各种债务风险，依法打击金融违法行为，规范融资平台管理和民间融资行为，全面落实重大决策社会稳定风险评估制度，坚决打好防范化解重大风险攻坚战。要强化安全监管。牢固树立安全发展理念，严格落实安全生产责任制，加强监管能力建设，深化安全隐患排查整治，扎实开展“十大平安创建活动”，抓好道路交通、建筑施工、食品药品、消防等重点领域安全生产工作，坚决杜绝重特大事故发生。要强化综合治理。

深入开展扫黑除恶专项斗争，出重拳、下重手，依法严厉打击“村霸”“街霸”，坚决查处涉黑“保护伞”，铲除黑恶势力滋生土壤。建立健全矛盾纠纷多元化解机制，及时办理各类信访突出问题，妥善处置各类突发事件，努力创设公平正义、安全稳定的发展环境。

四、突出党建统领，从严落实管党治党的总要求

全县各级党组织要把学习贯彻党的十九大精神作为首要政治任务，深刻把握新时代党的建设总要求，以实施党建统领“一强三创”行动为抓手，始终绷紧从严从紧这根弦，不断提高党的建设质量，加强党对经济工作的领导，为推动全县经济社会高质量发展提供坚强保证。

一要永葆绝对忠诚的政治品格。坚持把政治建设作为党的根本性建设摆在首位，把旗帜鲜明讲政治贯穿一切工作始终，让讲政治、懂规矩、守纪律蔚然成风。要严格遵守党的政治纪律。始终把纪律和规矩挺在前面，树牢“四个意识”，坚定“四个自信”，切实增强政治觉悟和政治能力，坚决维护党中央权威和集中统一领导，始终在政治立场、政治方向、政治原则、政治道路上同以习近平同志为核心的党中央保持高度一致。要严肃规范党内政治生活。教育引导广大党员干部学习党章、尊崇党章、维护党章，坚决贯彻民主集中制原则，认真落实“三重一大”事项集体决策制度，严格执行新形势下党内政治生活若干准则，全面落实“三会一课”、党员领导干部双重组织生活等基本制度，切实增强党内政治生活的政治性、时代性、原则性、战斗性。要加强党内政治文化建设。大力弘扬忠诚老实、光明坦荡、公道正派、实事求是、艰苦奋斗、清正廉洁等价值观，发展积极健康的党内政治文化，教育引导党员干部进一步增强政治敏锐性和政治鉴别力，永葆共产党人的政治本色，挺起共产党人的精神脊梁，推动形成正气充盈的政治生态。

二要打牢干事创业的思想根基。坚持把思想建设作为党的基础性建设，切实强化理论武装，坚定理想信念，锤炼党性修养，切实解决好世界观、人生观、价值观这个“总开关”问题。要坚持用习近平新时代中国特色社会主义思想武装头脑。按照“学懂弄通做实”的要求，严格落实党委（党组）理论中心组学习制度，分层组织专题研讨和集中轮训，持续推行领导干部上讲台、带头讲党课制度，引导广大党员干部深入学习贯彻党的最新理论创新成果，准确把握党的十九大精神和习近平新时代中国特色社会主义思想的科学体系、精神实质、实践要求，进一步补足精神之钙，坚定信念之基。要扎实开展“不忘初心、牢记使命”主题教育。结合推进“两学一做”学习教育常态化制度化，加强分类指导，精心组织实施，教育引导党员干部悟初心、守初心、践初心，着力解决信念不坚定、宗旨不牢固、初心缺失、使命感不强、担当不力等问题，在决胜整县脱贫、加快转型发展的实践中履职尽责、担当作为。要全面落实意识形态工作责任制。牢牢把握意识形态工作主动权，坚持团结稳定鼓劲、正面宣传为主，切实加强阵地建设，广泛开展主题宣传，强化热点问题引导，完善监测预警机制，加强网络舆情管控，进一步弘扬主旋律，传播正能量，切实提升舆论宣传工作的传播力、引导力和公信力。

三要树立正确鲜明的用人导向。按照十九大提出的“建设高素质专业化干部队伍”要求，坚持严管和厚爱结合、激励和约束并重，注重“四个一线”和“五个一批”，着力打造一支引领脱贫攻坚、助推改革发展的骨干队伍。要突出政治标准。把政治过硬作为“高素质”的首位要求，深入考察了解干部在政治忠诚、政治定力、政治担当、政治能力、政治自律等方面的表现，提拔重用忠诚干净担当的干部，对政治上不合格的“一票否决”。认真对待群众信访举报问题，不放过有问题的干部，不耽误没问题的干部。要注重专业能力。坚持知事识人、依事选人，统筹考虑事业需要、岗位要求、干部特点，注重选拔熟悉现代产业发展、新型城镇化建设、生态文明建设等工作的干部，扎实开展大规模、全方位、多元化党员干部教育培训，有针对性地帮助干部弥补知识空白、经验盲区、能力弱项，不断提升新时代干部队伍专业能力素质。要壮大人才队伍。聚焦脱贫攻坚、产业开发、城镇建设、社会治理等重点领域，实行更加积极、更加开放、更加有效的人才政策，抓体制机制改革，抓人才作用发挥，抓本土人才培养，下功夫解决专业人才捉襟见肘、无人可用的问题，把各方面优秀人才集聚到县域经济社会发展的实践中来。

四要打造坚强有力的战斗堡垒。牢固树立大抓基层的鲜明导向，以提升组织力为重点，全面增强基层党组织的政治领导力、思想引领力、社会号召力。要强化分类指导。主动适应社会条件、产业布局、行业发展的新变化，探索创新组织设置方式，不断扩大党组织覆盖面，推进党支部建设标准化、规范化，分类别具体指导，分领域统筹推进。特别要聚焦乡村振兴，持续加强村党组织书记队伍建设，培养造就一支懂农业、爱农村、爱农民的“三农”工作队伍。要坚持问题导向。紧盯薄弱领域，抓住关键环节，切实解决一些党组织落实主体责任“上热中温下冷”、机关党建“灯下黑”、基层党组织软弱涣散、“两新”组织党组织覆盖率低、农村党员作用发挥不充分等问题，着力扩大先进支部增量、提升中间支部水平、整顿转化后进支部，推动基层党组织提档升级。要创新工作机制。建立健全党建工作目标责任、典型培树、督促检查、投入保障等机制，严格落实党组织“品牌提升”和党员“星级管理”机制，积极推行“党建+”“智慧党建”等模式，健全完善党建引领脱贫攻坚机制，以科学规范、务实管用的制度机制，推动基层党建工作高效落实、创新提升。

五要营造风清气正的政治生态。各级党组织要切实扛起管党治党的政治责任，坚持标本兼治，强化正风肃纪，坚定走好新时代全面从严治党长征路。要压实主体责任。紧紧抓住全面从严治党这个主责主业，从严抓班子、带队伍、管干部，毫不含糊地把主体责任扛在肩上、抓在手上。党委（党组）书记要认真履行“第一责任”，督促班子成员落实“一岗双责”；各级纪检监察机关要认真履行监督责任，做到有案必查、有腐必惩，有责必问、问责必严。要从严监督执纪。有序推进监察体制改革，深化运用监督执纪“四种形态”，深入开展“两查两保”“三纠三促”等专项行动，巩固拓展落实中央八项规定精神成果，严肃查处顶风违纪、不收敛、不收手的人和事，以零容忍的态度保持反腐败高压态势，做到真管真严、敢管敢严、长管长严。要扎紧制度笼子。把制度建设贯穿于党的政治建设、思想建设、组织建设、作风建设、纪律建设全过程，不断完善脱贫攻坚、项目审批、干部任用、民主决策等领域监督制度，进一步强化制度约束，规范权力运行，从源头上杜绝各类不正之风和腐败问题。

五、强化保障措施，持续增强推动落实的执行力

“一分部署，九分落实。”各级各部门要把抓落实作为最大的政治责任和严肃的工作纪律，认真践行“担当、创新、突破、提升”的工作要求，全力推动各项决策部署落实。

要以思想大解放引领发展。各级党员干部要紧紧抓住大有可为的历史机遇期，积极适应新时代高质量发展要求，善于自我革新，大胆探索创新，跳出泾川看泾川，以全新的思想和理念、开阔的视野和胸襟审视、谋划和推动工作，积极借鉴发达地区先进经验，对标对照找差距、找路径、找动力，真正放活思想、放大胆量、放开思路，变“体内循环”为“敞开大门”，变“求稳怕乱”为“敢闯敢试”，坚决破除不合时宜的观念束缚，坚决克服安于现状的消极心态，以思想大解放引领经济社会大发展。

要以能力大提升推动发展。当前，如何远谋近施推进转型升级，上下联动抓好脱贫攻坚，对我们的能力和本领提出了严峻考验。各级领导干部要切实加强市场经济、现代金融、社会管理、党的建设等方面知识的学习，善于用改革的办法解决困难和问题，切实增强自我学习、政治领导、改革创新、科学发展、依法执政、群众工作、狠抓落实、驾驭风险“八个本领”。特别要更加注重提升政策对接、项目运作、资金运筹等方面的能力，最大限度地发挥政策、项目、资金效力，推动县域经济发展。

要以作风大转变保障发展。从县委常委会做起，以身作则，以上率下，大力弘扬“快、实、细、新、俭、严”作风，坚决摒弃虚浮作风和浮躁心态，对定下的事马上就办、一抓到底、务求实效。各级领导干部要把敢于担当作为基本要求，坚决反对弄虚作假、投机取巧，坚决反对庸懒散拖、拈轻怕重，大力整治不作为、不担当等问题，做到日常工作能尽责、困难面前敢负责、出现过失敢担责，旗帜鲜明地支持担当者、褒奖担当者，让广大干部消除顾虑，想作为、能作为、敢作为、有作为。

要以环境大改善服务发展。牢固树立全县“一盘棋”思想，全力支持人大、政府、政协和法院、检察院依法依规履行职能、发挥作用，巩固和发展爱国统一战线，深入推进群团改革工作，充分调动各方面积极性。各部门各单位要充分发挥职能作用，切实强化协调联动，不相互掣肘、不推诿扯皮；各级领导干部要团结协作、主动作为，心往一处想，劲往一处使，带动形成齐心协力抓落实的良好氛围。扎实开展“转变工作作风改善发展环境建设年”活动，注重在提升行政效能、改善基础设施、搭建平台载体等方面下功夫，努力营造开放包容、合作共赢的发展环境。

同志们，新时代要有新气象，更要有新作为。让我们高举习近平新时代中国特色社会主义思想伟大旗帜，深入贯彻中央和省市各项决策部署，不忘初心、牢记使命，砥砺拼搏、团结奋进，为打赢整县脱贫攻坚战、推动高质量发展而努力奋斗！

政风聚合力、促落实。要坚持说到做到、动辄则咎、雷厉风行、有违必查，让纪律真正成为带电的高压线，以实际行动捍卫党的政治纪律和政治规矩。一定要以高度负责的使命担当，高点定位，奋勇作为，切实提高发展标尺，实现提速提效，确保谋发展先人一拍，抓落实快人一步，自我加压争先进，挖掘潜力创一流，以全新业绩赢得组织和群众认可，确保县乡换届后新班子、新气象、新作为、新建树。

同志们，百舸争流，破浪者领航；千帆共进，奋勇者当先。实现整县脱贫，是县委、县政府向全县人民做出的庄严承诺。站在决战决胜关口，全县上下要始终牢记组织重托，不负人民期待，奋力走好新的长征路。让我们在市委、市政府坚强领导下，更加紧密地团结起来，坚定信心，砥砺奋进，撸起袖子加油干，奋力谱写加快改革发展、决胜全面小康新篇章！

坚持稳中求进 全力实干攻坚 努力推动全县经济社会高质量发展

——在县委十七届四次全体会议暨县委经济工作会议上的讲话

王廷佐

（2018年2月27日）

同志们：

县委十七届四次全体会议暨县委经济工作会议，总结成绩、表彰先进、分析形势、部署工作，对于动员全县上下进一步统一思想，聚焦重点，实干攻坚，推动全县经济社会发展再上新台阶，具有十分重要的意义。刚才，鹏举同志从战略和全局的高度，对贯彻落实中央、省市委经济工作会议精神，做好今年经济工作、全面加强党的建设提出了明确具体的要求，希望大家认真学习领会，切实抓好贯彻落实。下面，我根据县委、县政府讨论的意见，重点讲三个方面。

一、发扬成绩，正视差距，准确把握经济社会发展形势

刚刚过去的2017年，面对国内经济增速放缓、经济下行压力加大的严峻形势，全县上下认真贯彻落实中央、省市、县委关于“稳增长、促改革、调结构、惠民生、防风险”各项政策措施，凝心聚力，攻坚克难，经济社会发展呈现出逆势向好、稳中有进的良好态势。一是脱贫攻坚行动取得阶段性成效。大力实施产业扶贫，在持续抓好果畜菜等特色产业的同时，培育发展山地核桃、油用牡丹、柿子等多元富民产业，建成杂果基地1.05万亩，实现劳务输出7.5万人；持续改善基础条件，整合涉农资金6.13亿元，大力实施易地扶贫搬迁、农村危房改造、村组道路硬化、电网改造提升等重点工程，多方配套乡村舞台、电商服务站点等设施，贫困群众生产生活条件明显改善。全县实现脱贫2838户1.2万人，贫困发生率下降到5.26%。二是重点项目建设取得突破性进展。全县论证储备刘李河水库等重大项目686项，争取各类专项资金9.8亿元、国家债券资金4.31亿元，实施500万元以上项目161项，完成投资58.62亿元。特别是南滨河景观大道、县医院整体搬迁、商品交易和农产品批发市场、大云寺·王母宫大景区基础设施等重点项目建设体量大、质量标准高，为固定资产投资提供了重要支撑。三是产业发展水平得到大幅度提升。深度开发农村特色产业，全县新栽补植果园1.5万亩，建成苗木繁育基地400亩，新建、扩建标准化养殖场（小区）8个，建成日光温室83座、钢架大棚762座，完成旱作农业技术推广13万亩，农村特色产业发展水平显著提升。积极推动工业转型升级，集中实施天纤棉业二期20万锭棉纱、30兆瓦光伏发电等重点项目，全县落实招商引资到位资金31.56亿元。着力打造特色旅游品牌，全力加快大景区基础设施、文旅综合体等项目进度，集中建成城关凤凰、泾明白家、汭丰郑家沟等一批特色鲜明的乡村旅游示范村，成功举办第五届华夏母亲节等文化旅游节会，泾川文化旅游的知名度和影响力进一步提升。四是城乡基础条件得到根本性改善。加快建设世纪花园、星鼎庭园等住宅小区，全面完成“五路两街”改造，建成泾灵路人行天桥，启动实施城区垃圾填埋场、县城污水处理厂提标改造工程，加快推进7个乡镇和泾州宾馆生活污水处理站建设，全力打造党原、王村等7个重点小城镇和城关凤凰、太平三星等9个美丽乡村示范村，城镇开发建设取得突破性进展。持续推进生态文明建设，完成造林绿化7.95万亩，建成绿色通道426公里、农田林网109公里，新修梯田2.31万亩，全县森林覆盖率达到47.33%。五是各项社会事业得到全方位发展。认真措办城区棚户区改造、天然气入户、乡村道路建设等省市县列惠民实事，扎实开展燃煤锅炉拆除改造、实心黏土砖厂取缔关停、黄标车和老旧车辆淘汰，严格落实河长制，全面关停水源地保护区采砂场、石料厂和畜禽养殖场，积极开展全域无垃圾专项治理，城乡人居环境明显改善。精心实施“全面改薄”工程，黄家铺中学、梁河中学教学楼等项目建成投用，中街小学教学楼建成主体；持续深化医疗卫生体制改革，全面完成城乡居民基本医保制度整合工作；大力发展科技文化事业，广泛开展各类文体惠民活动，群众精神文化生活进一步丰富。认真落实各项社保政策，全面完成城乡低保和特困供养人员补助提标，全县新增城镇就业3750人。安全生产、信访维稳、社会治理等工作扎实有效，为经济社会发展创设了良好环境。

在充分肯定成绩的同时，我们也清醒地看到，当前市场环境更加复杂，结构性矛盾更加突出，刚性约束更加严格，全县经济社会发展仍存在诸多不容忽视的问题和挑战，一些方面的工作还存在很多差距和问题。从国家政策看，中央经济工作会议明确提出要推动经济由高速增长向高质量发展转变，对我们如何转变发展方式、优化经济结构、提升发展质量提出了新的课题；国家深入实施绿色发展战略，持续加大污染防治力度，在环境保护、安全生产等方面的政策日趋严格，对我们争取国家投资、扩大招商引资提出了全新要求；中央把防范化解重大风险作为“三大攻坚战”之一，明确要求加强地方政府债务管理，对我们这样一个高度依赖投资拉动和信贷融资的欠发达地区而言，发展资金短缺的问题将进一步加剧。从自身发展看，现有贫困人口致贫原因复杂，老弱病残等特殊困难群体占比大，发展内生动力不足，实现整县脱贫任务艰巨；重大项目数量少，实施进度慢，建设周期长，投资增量偏低，城乡居民收入水平不高，消费动力不足，经济发展缺乏新的增长点；三产结构不够合理，农村特色产业链条短、层次低、经济效益不高，工业经济规模小、基础弱，支撑作用不强，文化旅游产业规划建设、管理运营体系还不够完善，资源优势尚未真正转化为经济优势；城乡基础设施和公共服务滞后，行路、吃水、住房、供暖、上学、看病等方面的问题依然突出，与人民群众日益增长的美好生活需要仍有差距。从干部作风看，一些干部平时不学习研究政策，谋划工作思路不够清晰，视野不够开阔；个别领导干部发展观、政绩观存在偏差，个别环节依然存在官僚主义、形式主义问题；一些干部不敢直面矛盾，不愿承担责任，遇事推诿扯皮、敷衍应付；一些乡镇、部门政策观念淡薄，纪律意识不强，在项目审批、资金监管等方面主体责任落实不力，监督把关不严，个别领域特别是扶贫领域问题频发多发，群众意见较大，等等。这些问题，必须引起我们高度重视，在今后工作中采取得力措施，切实加以解决。

党的十九大以来，中央、省市着眼新时代下的经济发展，做出了一系列重大战略部署，为全县经济发展带来了前所未有的机遇。一是各级目标指向更加明确。中央经济工作会议深刻阐述了习近平新时代中国特色社会主义经济思想的内涵要义，科学回答了新时代我国经济发展进入高质量阶段怎么看、怎么干等重大问题，内涵丰富、信息量大，释放了良好发展预期，传递了鲜明目标导向。省委十三届四次全体会议暨经济工作会议明确指出，面临新常态下经济下行和转型升级的双重压力，传统发展方式已走到尽头，追求高质量发展是唯一出路。市委四届五次全体会议暨经济工作会议围绕贯彻落实中央、省委经济工作会议精神，对全市当前及今后一个时期经济发展进行了战略谋划和全面部署，提出要牢固树立追求高质量发展导向，努力在质的大幅提升中实现量的有效增长，为我们提升发展质量指明了方向，提供了遵循。二是宏观经济政策相对有利。中央经济工作会议指出，国家将继续实施积极的财政政策和稳健的货币政策，扎实推进供给侧结构性改革，加大对“三大攻坚战”和“三农”工作、民生改善等重点领域支持力度，推动我国经济实现高质量发展；中央农村工作会议指出，要坚持农业农村优先发展，大力实施乡村振兴战略，加快推进农业由增产向提质转变。省十三次党代会以来，省委、省政府相继制定出台“三重”“三一”方案、深度贫困地区脱贫攻坚实施方案、构建生态产业体系推动绿色发展崛起的意见等一系列政策措施，为我们加快产业转型升级、改善城乡基础条件带来了前所未有的机遇。三是自身发展优势日益凸显。经过近年来的持续用力，全县果畜菜三大特色产业发展格局日渐清晰，基地建设初具规模，经济效益稳步提升，农民增收基础进一步夯实；天纤棉业20万锭棉纱生产线等项目即将建成，10万吨油气资源综合利用项目即将开工，地方工业经济实力不断增强；大景区基础设施、文旅综合体等项目加快推进，乡村旅游蓬勃发展，文化旅游产业发展水平显著提升；商品交易和农产品批发市场、南滨河景观大道等项目加快实施，国家级电子商务进农村示范县项目全面启动，商贸物流体系更加完备，我县的区位、交通、产业、资源等优势进一步凸显，为推进高质量发展奠定了坚实基础。

总体来看，我们将面临一个机遇和挑战并存、机遇大于挑战的形势。各级各部门要切实把思想统一到中央、省市对当前经济形势的科学研判上来，统一到县委、县政府决策部署上来，坚定战略定力，敏锐把握机遇，积极破解难题，持续真抓实干，在现有基础上谋求新的突破，在新的起点上再创新的佳绩。

二、聚焦重点，实干攻坚，努力提升经济社会发展水平

2018年，是全面贯彻党的十九大精神的开局之年，也是实现整县脱贫摘帽、决胜全面小康的关键之年。全县经济工作的总体要求是：全面贯彻党的十九大精神，以习近平新时代中国特色社会主义思想为指导，加强党对经济工作的领导，坚持稳中求进工作总基调，坚持新发展理念，坚持高质量发展要求，统筹推进“五位一体”总体布局和协调推进“四个全面”战略布局，坚决贯彻习近平总书记视察甘肃重要讲话和“八个着力”重要指示精神，全面落实中央和省、市委各项决策部署，按照县委十七届三次全会确定的总体思路，全力抓重点、补短板、强弱项，统筹推进稳增长、促改革、调结构、惠民生、防风险各项工作，坚决打好打赢整县脱贫攻坚战，推动全县经济社会更有质量、更有效益、更可持续发展。

具体工作中，要注重突出四个方面：一要更加注重统筹协调。坚持以新发展理念为引领，统筹推进“五位一体”总体布局，协调推进“四个全面”战略布局，正确处理城与乡、远与近、点与面、贫困村与非贫困村的关系，切实增强发展的协调性、平衡性和持续性。二要更加注重质量效益。主动适应我国经济由高速增长向高质量阶段转变的发展形势，积极引导各类投资向有经济效益的项目聚拢，产业发展向能增加收入的目标迈进，基础设施向能改善民生的领域配套，进一步提升发展质量和水平。三要更加注重项目支撑。突出重大项目对经济发展的拉动作用，敏锐把握投资导向，积极捕捉项目信息，精心谋划实施一批打基础、强功能、利长远、惠民生的大项目、好项目，为改善基础设施条件、促进产业转型升级、提升公共服务水平提供有力支撑。四要更加注重市场引导。充分发挥市场在资源配置中的决定性作用，进一步优化营商环境，健全服务体系，创新引导机制，不断壮大骨干企业集群，大力培育新型市场主体，鼓励社会资本兴办学前教育、医疗养老、孕婴服务等社会事业，持续激发市场主体活力。

按照上述思路要求，重点抓好六个方面工作：

（一）以强弱项补短板为切入点，坚决打赢三大攻坚战。防范化解重大风险、精准脱贫和污染防治，是全面建成小康社会必须跨越的特有关口，也是必须完成的底线性任务。各乡镇、各部门要切实增强工作的紧迫感和责任感，把这三项工作作为重大政治任务，采取非常措施，切实抓出实效。

1.要坚决打赢精准脱贫攻坚战。市上明确要求，今年我县必须实现整县脱贫摘帽，时间十分紧迫，任务异常艰巨。各乡镇、各部门一定要紧盯时间节点，发起背水一战，把牢关键环节，逐项查漏补缺，确保高标准、高质量完成脱贫任务。要全面落实到村到户措施。按照省上要求，今后工作中凡是没有村、户帮扶计划的，要全部实行"一票否决"。各乡镇、各部门要按照"一村一策、一户一策、一人一策"要求，逐村逐户会诊把脉，完善帮扶计划，细化帮扶措施，算好时间账、任务账、增收账，推动基础设施、公共服务、民生保障、产业发展、技能提升、救助扶持等政策措施精准到村到户，做到全覆盖、无遗漏。要着力解决脱贫难点问题。坚持问题导向，补齐短板弱项，对有资源无产业、有产业无收入、住房不达标、丧失劳动能力的农户，各乡镇、各相关部门要认真研究，对症下药，因村因户，分类施策，拿出切实管用的办法，制定有针对性的措施，全力抓好落实，做到村不漏户，户不漏人，确保年底达到脱贫验收标准。要用好管好"两贷款一基金"。今年，省上将安排1000亿元特色产业贷款、1000亿元农村基础设施建设和人居环境综合治理贷款、500亿元产业发展投资基金，全力支持脱贫攻坚工程。对1000亿元特色产业贷款，各乡镇、相关部门要尽快细化产业项目，落实经营主体；对1000亿元农村基础设施建设和人居环境综合治理贷款，要抓紧确定市场化运营公司，做好承接落实工作；对500亿元产业发展投资基金，要积极与金融控股公司对接，选择实力强、前景好、带动面广的龙头企业。同时，对专项贷款审核发放、资金使用、效益发挥、本金归还，要实行全程跟踪监测，确保资金规范使用，发挥最大效益。要多方激发贫困户内生动力。坚持扶贫与扶志、扶智紧密结合，逐步改变简单给钱、给物的做法，引导贫困群众克服等靠思想，实现由"要我脱贫"向"我要脱贫"转变。要采取订单培训、定向培训等方式，深入开展技能培训，帮助掌握一技之长，进一步增强贫困群众脱贫致富的信心。

2.要坚决打赢污染防治攻坚战。认真落实最严格的环境保护制度，把牢生态保护红线，守住环境安全底线，持续加大污染防治力度，全面改善环境质量。大气污染防治方面，要按照"六个清单"要求，控排放、控扬尘、控煤质、控车辆、严管理，全面完成重点涉气工业企业在线监控设备安装，确保治污设施稳定运行，达标排放。要严格落实建筑工地、主干道路扬尘污染治理措施，切实规范煤炭专营市场管理，持续抓好黄标车和老旧车淘汰工作，坚决打赢"蓝天保卫战"。水污染防治方面，要全面落实河长制各项措施，精心实施泾河流域水体综合治理工程，全面建成城区污水处理厂提标改造及玉都、高平等7个乡镇生活污水处理站，定期对水源地保护区范围内已关停的砂场、畜禽养殖场进行巡查，坚决防止问题反弹。土壤污染防治方面，要持续强化农村面源污染治理，全面建成玉都镇土壤污染治理与修复项目，加快县城垃圾填埋场二期工程建设进度，考察引进第三方企业，对城乡垃圾收集、清运、处理实行一体化服务。

3.要坚决打赢防范化解重大风险攻坚战。各乡镇、各部门要把主动防范化解重大风险放在重要位置，坚持关口前移，突出预防为主，全面梳理排查，妥善应对处理，有效防范化解各类重大风险。要严格执行财政预算。进一步优化支出结构，强化预算约束，全力保障民生、扶贫等重点支出，从严控制一般性支出，确保“三公”经费只减不增。要切实加大审计监督力度，严肃查处私设“小金库”等违法违纪行为，进一步提高财政资金管理和使用效益。要健全财政专项资金管理清单，加大财政预决算公开力度，扩大公开范围，细化公开内容，提高透明度和知晓率。要严格控制乡村债务。各乡镇要集中开展乡村债务清理清查，摸清债务底数，建立登记台账，落实偿还责任，制定偿还措施，逐步化解到位。要严格规范政府举债行为，今后乡镇建设项目必须上报县上审批，未经财政部门出具明确意见的，有关审批主管部门不得批准；部门安排的村组基础设施建设和产业开发项目，不得要求村级配套资金，坚决禁止乡村举债搞建设。要大力整顿金融秩序。按照“谁主管、谁监管，谁审批、谁监管”的原则，建立健全风险监测预警、早期干预和应急处置机制，对投资公司、担保公司、农村互助资金协会等机构的风险隐患，相关部门要全面摸底排查，限期进行整改。要严厉打击高息揽储、非法集资等违法金融活动，对发现的苗头性、倾向性问题，要及时处置，跟踪整改，为全县经济社会发展营造良好的金融环境。

（二）以提高质量效益为中心，全力促进产业转型升级。按照高质量发展的要求，以组织化、市场化、品牌化为方向，以做优一产、做强二产、做大三产为着力点，积极转变发展方式，改造提升传统产业，大力培育新兴产业，加快建立现代化产业体系。

1.农村特色产业要在提质增效上下功夫。中央农村工作会议提出“走质量兴农之路”“加快推进农业由增产导向转向提质导向”。对我们来说，全面推进农业高质量发展，必须以标准化、市场化、产业化为导向，在调结构、抓管理、延链条、拓市场上狠下功夫。要持续优化结构。果品产业要以发展现代果业为方向，积极推广新品种、新技术、新模式，不断提升发展层次和水平；畜牧产业要按照生态、环保要求，以小区示范、大户带动、散户跟进为方向，大力推行规模化、集约化、无害化养殖；蔬菜产业要按照“日光温室带动、大中拱棚提质、高原夏菜扩量、幼园间作补充”的思路，加快泾汭河川区高原夏菜集中区建设，带动全县蔬菜生产实现新增长。要狠抓常规管理。全面落实果园拉枝修剪、追施基肥，蔬菜多病联防、滴水灌溉，畜禽设施养殖、动态防疫等标准化管理措施，集中建成一批标准化管理示范点和示范基地，带动全县产业发展上水平、上层次。要规范农产品质量安全监管，大力发展绿色、有机、无公害产品，不断扩大GAP认证、出口创汇、绿色认证基地规模，努力提升农产品供给质量。要多方延伸链条。围绕果品贮存加工、肉牛屠宰购销和蔬菜储销运输，鼓励现有企业实施改造提升，扩大生产规模，引资建办一批生产规模大、产业链条长、市场前景好、带动能力强的产业化龙头企业，加快培育形成农产品生产、加工、销售集群，进一步提升市场竞争力。要努力拓展市场。大力推广农超对接、农企对接等直销模式，积极引导企业、农户与市场建立利益联结机制，扶持营销企业在大中城市设立直销窗口，支持旭康、富原红等具有自营进出口权的企业继续扩大对外出口，持续提升经济效益。

2.工业经济发展要在转型升级上出实招。着眼构建工业主导型经济格局，聚焦发展实体经济，优化存量资源配置，扩大优质增量供给，强化科技创新驱动，加快推进工业转型升级。要持续扩大工业经济总量。围绕农产品精深加工、新型建材、能源开发、商贸物流等重点领域，积极考察洽谈，招商引进一批对接性强、发展前景好的大项目、好项目，确保招商引资到位资金30亿元以上。全力加快20万锭棉纱、果蔬循环化综合利用等项目进度，确保年内建成运营，开工建设10万吨油气资源综合利用等项目，培育形成新的工业经济增长点。要全力落实工业止滑措施。按照“一业一策、一企一策”要求，加强重点企业生产运营预警监测，积极开展协调服务，着力解决困难问题，促进生产经营平稳增长。深入实施企业梯次培植计划，加大“个转企、小升规、规改股、股上市”力度，指导恒兴果汁公司等企业尽快复工复产，全力支持豹子沟煤矿转型发展，为县域经济发展提供有效支撑。要加快技术改造升级。将绿色发展理念贯穿于工业发展的全过程，以节约资源、清洁生产和循环利用为方向，鼓励华润陶瓷、家园陶瓷等企业实施技术改造，采用新工艺，研发新产品，实现工业发展与生态环保共赢。要大力推进非公经济发展。认真贯彻落实国家、省市扶持中小微企业发展的政策措施，持续优化发展环境，不断简化办事程序，鼓励引导大众创业、万众创新，扶持建办一批市场前景广阔、成长性好的中小企业，让小企业形成大集群。

3.文化旅游产业要在市场运作上做文章。坚持把文化旅游产业作为区域首位产业，以省级全域旅游示范县创建为统揽，不断创新体制机制，加快完善景点体系，持续强化宣传推介，全力打造全域旅游新品牌，培育经济发展新动能。要积极创新投资运营机制。全面完成大云寺·王母宫大景区管委会和大云文化旅游集团公司组建工作，按照所有权、管理权、经营权“三权分离”原则，加快大景区管理体制改革，积极探索企业化、集团化、市场化运作模式，统筹开展景区招商、开发建设、宣传策划、经营管理等工作。要不断完善景区景点体系。按照“政府引导、企业投资、多元参与”的思路，加快推进大云寺中心景区基础设施、文旅综合体、王母宫景区道路改线等工程，全面启动大云寺·王母宫、田家沟智慧景区建设，精心实施汭丰等3个特色小镇和城关凤凰等10个旅游名村提升工程，着力构建“核心带动、多点支撑”的文化旅游产业发展格局。要多方聚集产业发展要素。结合农村“三变”改革，招商引进文化旅游公司，组建专业合作社，采取“企业+合作社+农户”方式，鼓励农户参与文化旅游景点开发，建办农家乐，经营景区门店，从事特色小吃、地方土特产、手工艺品等旅游产品销售，让游客有吃的、有住的、有玩的、有买的，增强游客留驻能力，拉动旅游消费增长。要增强宣传推介实效。积极组团参加“文博会”“兰洽会”等旅游推广活动，充分利用“两微一端”等新兴媒体，广角度、深层次开展宣传推介；加强与国内大中城市和旅行社团合作，主动融入全省“11361”计划和陇东南始祖文化旅游圈，建立资源共享、线路互联、节会互参、市场互动、利益互惠的合作机制。

4.商贸物流产业要在体系完善上求实效。按照构建大市场、搞活大流通、发展大商贸的要求，不断健全市场体系，积极创新发展模式，着力破解发展难题，加快促进商贸流通现代化。要加快城乡市场建设。进一步巩固提升“万村千乡市场”“退市还路”工程成果，全面建成商品交易和农产品批发市场，加快农村集贸市场建设和改造升级，着力构建“村有便民超市、镇有集贸市场、县有专业市场”的多层次、多元化市场体系。要加快电子商务发展。以打造国家电子商务进农村综合示范县为契机，大力培育电商龙头企业，扶持鼓励产品经销企业、合作组织、专业大户开办电子交易网站，推动特色产品网上销售，加快县乡村三级电商公共服务体系和物流配送体系全覆盖进程。要规范物流行业管理。健全行业管理机制，加强诚信体系建设，严格规范市场准入、交易、竞争行为，加强对人员管理、配送流程等重点环节监管，切实维护经营者和消费者的合法权益。

（三）以重大项目建设为支撑，着力改善城乡基础条件。把项目建设作为拉动经济增长、提升发展实力的重要支撑，切实加大争建力度，确保年内实施500万元以上项目100项以上，带动城乡基础设施建设取得新突破。

1.要全力加快县城提质扩容。按照“六项原则”“四个转变”的新型城镇化建设要求，突出规划引领，加快开发建设，强化基础配套，加强经营管理，进一步完善城市功能，提升城市品位。要做优做精建设规划。坚持因地制宜，准确定位，突出特色，适度超前，编制完成城东新区及太平镇、汭丰镇控制性详规，启动城市功能修补和生态修复规划、城区地下综合管网专项规划，完成省市县列美丽乡村示范村修建性详规，充分发挥规划引领作用。要加快实施重点项目。依托山水资源优势，注重融入文化元素，塑造特色城市风貌，切实加快世纪花园、星鼎庭园、万美家园等住宅小区续建进度，开工建设名都花苑、金江御苑等住宅小区，扎实推进城区棚户区改造，加快东大街南侧等重点区域开发，不断扩大城市建设体量。要持续完善市政设施。以城市双修为抓手，加快泾、汭河水体治理和景观建设，精心实施泾州街、安定街等重点街路绿化亮化工程，开工建设幸福路，建成中山林公园，加快城西供热站扩建及天然气输配工程进度，对城区供热、供气、供水、排污管网开展全面普查，结合街路建设进行维修改造，全力打造宜居宜业宜游的精品县城。要切实强化综合管理。加快推进“数字城市”“智慧城市”建设，建成覆盖城乡的高清视频监控系统，进一步提升城市管理数字化水平。持续加强市政设施、综合市场、环境卫生监管，规范临街门店商铺广告牌管理，切实加大日常保洁力度，着力解决影响市容市貌的环境突出问题。

2.要努力改善农村基础条件。抢抓全省农村基础设施和人居环境综合治理专项贷款政策机遇，切实强化项目支撑，着力破解瓶颈制约，改善农村生产生活环境。要加快道路交通项目建设。结合实施精准脱贫工程和乡村振兴战略，精心实施县乡道路改造提升、自然村通硬化路、村内主巷道硬化等工程，进一步改善群众出行条件。积极探索农村公路管护新模式，不断完善县乡村三级公路管护网络体系，靠实乡村两级管护责任，提升农村公路管护水平。要大力改善农民居住条件。把农村危房改造与推进脱贫攻坚、建设美丽乡村、整治村庄环境紧密结合，加强政策衔接，整合项目资金，切实加大易地扶贫搬迁和农村危房改造力度，做到应搬尽搬、应改尽改、应拆尽拆。对目前居住危房但无改造意愿或改造意愿不够强烈的农户，要找准问题根源，加强政策宣传，做好思想动员，确保全面消除C级危房，实现安全稳固住房全覆盖。要着力解决供水供电问题。加快实施泾河百泉渡槽至水泉寺大桥、蔡家咀至长庆桥段防洪治理续建工程，集中实施城乡水源地扩容增效、净水处理和王村水源地环境保护工程，精心实施高效节水灌溉项目，着力改善饮用水质量，妥善解决好季节性缺水问题。全力加快朱家涧水库后续工程建设，确保年内建成蓄水。精心实施农村电网升级改造工程，新建农网线路89.17公里，进一步提升农村电力保障能力。

3.要持续推进生态文明建设。牢固树立“绿水青山就是金山银山”理念，高度重视生态建设，切实强化综合治理，全面改善区域环境质量。要大力实施造林绿化工程。以创建国家森林城市和全国生态文明试点工程示范县为契机，按照“生态和经济互促，绿化和美化同步”的要求，突出重点，科学规划，统筹推进面山绿化、乡村绿化、景区绿化和绿色通道建设，精心实施荒山造林、新一轮退耕还林、生态公益林、三北防护林等重点项目，进一步扩大绿化面积，提升绿化水平。

要切实加强生态综合治理。坚持以小流域为单元，山、水、林、田、路综合治理，大力推进坡耕地、生态清洁型小流域治理，加快实施黄土高原塬面保护、水土保持综合治理、封禁治理、水保防护林营造等重点工程，加大病险淤地坝除险加固力度，进一步提升生态治理水平。要扎实开展全域无垃圾专项行动。县城要坚持集中整治与日常管理相结合、环境卫生提质与城市容貌提升相衔接，健全政策引导体系，建立长效工作机制，实现规范化、精细化、常态化管理，彻底解决脏、乱、差等突出问题。乡村要结合农村人居环境综合治理项目，大力实施村庄绿化、美化和垃圾收集工程，着力整治柴草乱垛、粪土乱堆、垃圾乱倒、污水乱泼等突出问题。

（四）以改善民计民生为目的，统筹发展各项社会事业。坚持以人民为中心的发展思想，紧盯群众最关心最直接最现实的利益问题，切实加大资金投入，大力发展社会事业，全面提升公共服务和民生保障水平。

1.要精心措办惠民实事。对省市列惠民实事、县列11件惠民实事以及人大议案建议、政协提案，各乡镇、相关部门要进一步明确工作任务、责任领导和时限要求，定期开展督查，及时通报进展，全力促进落实；牵头单位要按照责任分工，强化衔接，细化措施，切实加快办理进度；协办单位要着眼大局，主动配合，确保各项任务不折不扣落实到位。

2.要统筹发展社会事业。按照“社会政策要托底”的要求，加快社会事业改革与发展步伐，让发展成果更多更公平地惠及广大群众。要坚持教育事业优先发展。加快推进“全面改薄”项目，精心实施中小学校舍、教学楼新建、改扩建项目，全力加快住宅小区幼儿园配套建设，持续改善城乡办学条件。全面深化教育教学改革，深入研究解决学校内部管理、绩效考核、教学质量等方面的突出问题，努力提高教育教学质量，确保高考排名保持在全市前列。切实强化教师队伍建设，进一步加强教师思想政治、职业理想、职业道德教育和业务技能培训，全力打造一支高素质教师队伍。要努力提升医疗服务水平。加快实施县医院整体搬迁项目，切实改善医疗基础设施条件。全面深化公立医院改革，大力推进分级诊疗，引导优质医疗资源下沉，持续巩固扩大医保覆盖面。加大医疗卫生人才队伍培养力度，用好高等院校教育资源，引进一批紧缺专业和高端医疗卫生人才，加强村医队伍建设，全面提升城乡医疗卫生服务质量。要加快发展科技文化事业。大力实施科技创新，持续深化科技特派员基层创业行动，深入开展宣传培训，多方推广实用技术，全县科技贡献率达到53%。要精心实施文化惠民工程，广泛开展全民健身活动，不断丰富群众精神文化生活。

3.要切实强化社会保障。持续做好城乡居民社会养老保险扩面征缴，全面完成城乡低保和特困供养人员补助提标，切实加大建档立卡贫困户社会保障兜底力度，统筹抓好城乡大病救助、救灾救济、五保供养等工作，妥善安排困难群众生产生活，大力发展养老事业，加强残疾康复服务，全力做好就业再就业工作，继续加大对普通高校毕业生、复退军人、就业困难群体的就业服务和就业援助，全面完成各项就业指标。

（五）以全面深化改革为动力，切实增强经济发展活力。坚持以改革促开放、以开放促发展，加快构建有利于释放改革红利、激发市场主体活力的体制机制。

1.要持续深化“放管服”改革。把推进简政放权、放管结合、优化服务改革作为加快政府职能转变的有力抓手，持续深化行政审批制度改革，积极做好上级下放行政审批项目承接工作，继续调整和取消行政审批事项，不断加大简政放权力度；要进一步优化政务环境，简化办事程序，转变服务态度，大力推行“并联式”审批，完善

“一窗式受理，一站式办结”服务模式，努力提升行政审批效率；要着眼建立长效机制，切实加强事中事后监管，坚决制止和纠正各种违法违规审批行为。

2.要扎实开展农村集体产权制度改革。各乡镇、相关部门要按照“分类施策、稳妥开展、有序推进”的要求，紧扣清产核资、身份界定、折股量化、健全机制、规范运行等关键环节，加快农村集体土地、建设用地、宅基地等确权颁证工作，把农村集体经营性资产确权到户到人，明晰集体产权关系，保障群众合法权益。要大力培育发展农民专业合作社、家庭农场等新型经营主体，引导参与农村集体经济组织管理运营，实现资产增值、农民增收，确保10月底前全面完成改革任务。

3.要精心开展农村“三变”改革。把农村“三变”改革作为激活资源要素、壮大集体经济、增加农民收入的有效途径，坚持“政府主导、科学规划、生态优先、分类指导、群众参与”的原则，积极整合土地、森林、劳动力、文化旅游等资产资源，采取存量折股、增量配股、土地入股等多种形式，推动农村资产股份化、土地股权化，有效增加农民财产性收入。城关、泾明、窑店3个乡镇要抓紧完成试点村资产资源入股，强化公司运营管理，实现农民分红收益，确保6月底完成试点任务，为全面推开积累实践经验。其他乡镇要不等不靠，超前谋划，立足各村产业发展基础、集体经济状况、农民意愿、生态条件、人文资源等实际情况，深入调查研究，科学编制改革方案，摸清资产存量，选准发展产业，培育经营主体，下半年全面推开，年内完成改革任务。

（六）以平安泾川建设为载体，全力维护社会和谐稳定。随着经济体制变革、利益格局调整和社会结构变化，维护社会和谐稳定的任务日益艰巨，各级各部门一定要保持清醒头脑，强化管理措施，解决突出问题，为全县经济社会发展创设良好环境。

1.要全面落实社会稳定风险评估制度。把社会稳定风险评估作为重大决策前置刚性程序，对事关群众切身利益的重大决策、重大项目和重点工程，以及群众承受程度、可能发生的矛盾纠纷和不稳定因素要及早进行分析评估，制定风险防控预案，实时监控运行状况，及时采取跟进措施，从源头上预防和减少社会矛盾发生。要建立健全政府法律顾问制度，各乡镇、各部门要根据实际需要，聘请兼职政府法律顾问，对重大决策、重要合同进行法律论证，确保决策的科学性和合法性。

2.要深入排查化解矛盾纠纷。集中开展矛盾纠纷排查化解活动，全面掌握辖区内各种矛盾纠纷情况，列出问题清单，明确责任领导，采取有力措施，扎实排查化解。对能解决的，要立即协调解决；暂不能解决的，要加强沟通衔接、逐步化解；对历史遗留问题，要依据相关政策规定做好解释说明和情绪疏导，让矛盾在源头化解、让问题在基层解决。要进一步加大农村普法力度，探索完善乡村法律服务体系，推进法律援助、法律顾问进农村，教育引导基层干部和广大群众学法、懂法、守法、用法。

3.要妥善处置信访突出问题。各乡镇、各部门要严格落实“属地管理、分级负责、归口办理”要求，“一把手”要认真履行信访工作第一责任人职责，对信访工作亲自安排部署、亲自督查督办、亲自包案处理。对群众反映的突出问题，要因案施策、分类调处，合理诉求要依法依规妥善解决，不符合政策规定的要耐心解释、答复清楚，对缠访闹访、寻衅滋事的，要加强教育疏导，强化稳控措施，依法进行处置。

4.要切实加强网络舆情管控。不断完善网络舆情监测系统，全面实时掌握网络舆情动态，对涉及我县的舆情信息和网站留言，要第一时间登记，及时汇报分管领导，督促乡镇部门调查处理。

要坚持正确舆论导向，加大对制造传播谣言、煽动群众闹事、诋毁政府形象等行为的巡查监控力度，对涉及违法犯罪的，要依法予以打击。

5.要高度重视安全生产工作。各乡镇、各部门负责人要切实履行好第一责任人职责，定期研究安全生产工作，及时协调解决突出问题，各行业主管部门要切实靠实行业监管职责，督促企业落实好主体责任。要持续加大道路交通、消防安全、建筑工程、食品药品等重点领域安全隐患排查整治，切实堵塞安全生产漏洞，严防安全生产事故发生。对检查中发现的违法违规行为，要严格落实挂牌督办、通报约谈、曝光问责等措施，加大监管执法力度，确保安全生产隐患整改落实到位。

6.要严厉打击违法犯罪行为。以开展扫黑除恶专项斗争和打击整治赌博违法犯罪活动为契机，坚持打防并举、标本兼治，将专项治理与综合治理相结合，聚焦重点人群、重点行业、重点领域，开展集中排查，全面摸清底数，严厉打击“村霸”“行霸”“市霸”等黑恶势力，依法查处一批违法犯罪案件，严厉惩治一批违法犯罪分子，形成强大震慑效应，为全面建成小康社会，加快全县经济社会发展营造良好治安环境。

三、靠实责任，细化措施，全力推动各项任务全面落实

今年的各项工作任务已经十分明确，各级各部门一定要按照县委、县政府的总体部署，以更大的决心，下更大的力气，采取更加有力的措施，高质量、高效率抓好各项工作落实。

第一，要突出“早”。目前惊蛰将至，万物蓄势待发，正是各项工作启动的关键时刻。各乡镇、各部门一定要以时不我待的紧迫感，切实抓好各项重点任务落实，为全年工作赢得良好开局。一要早谋划。认真对照省市下达的目标任务，对年度工作思路、重点和措施再梳理、再对接，进一步明确目标任务，靠实工作责任，细化推进举措，为各项工作实现新突破奠定坚实基础。二要早衔接。切实加强与上级部门的沟通衔接，认真做好项目对接工作，积极申报争取一批能够在省、市项目盘子中排上队、挂上号的大项目。对已经上报了的项目，要组织专门力量，跟踪衔接落实，尽快完成批复，争取下达投资，确保3月份全部开工建设。三要早落实。对县委、县政府确定的重大项目、重点工作，要不等不靠，主动作为，提前做好规划编制、申报立项、资金筹措、土地征用、工程招标等前期工作，对影响开工的因素要采取有效措施，全力予以解决。特别是交通、水利、住建等方面的项目，要充分考虑雨季因素，提前安排工期，力争6月底前完成70%以上的工程量。

第二，要突出“细”。各乡镇、各部门要牢固树立精品意识，从每一项细微的工作入手，从工作的每一个细节入手，进一步靠实责任，强化措施，确保把各项工作抓细抓实抓好。一要细化目标。对今年市上下达的主要任务、县委县政府安排部署的重点工作和省市县列惠民实事，各乡镇、各部门要逐项细化分解，逐级签订目标管理责任书，进一步靠实抓建责任，明确进度要求，强化督促检查，把各项任务不折不扣落到实处。二要细化责任。对县委、县政府确定的重大决策、重点工作，继续实行县级领导包抓责任制和乡镇、部门具体负责制，切实做到任务到岗，责任到人，以目标倒逼责任，以时间倒逼进度，确保计划不落空、进度不滞后、质量不打折。三要细化措施。各乡镇、各部门要认真对照签订的目标责任，研究制定工作行事历，逐项明确责任领导、牵头单位、参与部门、保障措施和完成时限，对工作落实、完成情况及时督促检查，实行台账式管理、列表式推进，全力推动工作落实。

第三，要突出“实”。各级各部门要把务实干事、真抓实干作为基本能力，坚决摒弃虚浮作风和浮躁心态，切实做到工作在一线部署，任务在一线落实，问题在一线解决。一是谋事要实。坚持从县情、乡情、村情和民情实际出发，不好高骛远，不急功近利，多谋打基础、利长远的事情，多想管全局、惠民生的措施，不喊过高的口号，不提脱离实际的目标，真正使每一项决策都符合客观规律，符合基层实际，符合群众意愿。二是作风要实。坚持说实话、出实招、求实效，对县委、县政府定了的事，要按规定要求和时限，不折不扣落实到位，坚决反对只说不干、坐而论道等官僚主义作风，坚决纠正“堆盆景”“垒大户”等形式主义问题，坚决清除“表态多、行动少”等“两面派”行为，真正把心思用在工作上，把智慧用在发展上，把精力用在落实上。三是做人要实。始终保持脚踏实地、勤勤恳恳的做人本色，坚持不做作、不虚浮，始终诚实守信、言行一致，对组织忠诚老实，对工作勤勉尽责，对群众满怀真情，襟怀坦荡、光明磊落，以过硬能力、诚实人品，让群众满意，让组织放心。

第四，要突出“严”。各乡镇、各部门要坚持以严的标准、严的措施、严的纪律，高标准高质量推动工作落实，提升发展水平。一要严格落实政策。准确把握国家、省市方针政策，全力推动促进投资、产业培育、基础设施建设、供给侧结构性改革等方面政策落地生根，确保各项政策措施落到实处。要严格政策法规执行，严禁暗箱操作、侵害群众利益。二要严格监督管理。切实强化项目资金监管，严格执行县级报账、投资评审等制度，将评审、决算、审计结果作为项目验收的重要依据，确保项目规范实施。按照市县《深化扶贫领域腐败和作风问题专项治理工作实施方案》要求，持续加大扶贫领域不正之风和腐败问题查纠力度，坚决杜绝扶贫政策落实不到位、扶贫资金使用不规范等问题发生。三要严格督查考核。不断健全目标责任管理体系，修订完善考核办法，科学设置考核项目，对主要经济指标，全面落实月分析、季调度、半年通报制度；对重大决策、重点工程、重大项目及惠民实事、议提案办理等事项，采取集中督查与专项督查、定期督查与随机督查相结合的方式，及时跟踪问效，全力推动落实。四要严格责任追究。健全完善跟踪问责机制，加大罚庸治懒力度，对行动迟缓、消极应付、未完成任务的，要采取个别约谈、批评通报等方式，督促限期整改，对工作失误、造成重大影响的，要严肃追究相关人员责任。

同志们，做好今年经济工作，意义重大，任务艰巨。我们一定要在县委的坚强领导下，进一步统一思想，改革创新，锐意进取，攻坚克难，以敢于担当的精神、求真务实的作风、战之必胜的能力，奋力开创全县经济社会发展新局面！

2018年政府工作报告

——在县十八届人民代表大会第三次会议上

王廷佐

（2019年1月3日）

各位代表：

现在，我代表县人民政府向大会做工作报告，请予审议，并请各位政协委员和列席人员提出意见和建议。

2018年政府工作回顾

2018年，是全面贯彻党的十九大精神的开局之年，也是决战脱贫攻坚、决胜全面小康的关键之年。一年来，在县委的坚强领导和县人大、县政协的监督支持下，我们坚持以习近平新时代中国特色社会主义思想为指导，深入贯彻党的十九大和十九届二中、三中全会精神，认真落实省、市、县委决策部署，抢抓国家大力实施乡村振兴战略、坚决打好“三大攻坚战”等机遇，努力克服自然灾害多发、经济下行持续等困难，全力推进稳增长、促改革、调结构、惠民生、防风险各项工作，全县经济运行保持在合理区间。预计全年完成生产总值41.73亿元，增长2%；固定资产投资12.5亿元，下降49.6%；规模以上工业增加值0.6亿元，下降44%；社会消费品零售总额26.13亿元，增长8%；一般公共财政预算收入2.16亿元，增长16.6%；城镇居民人均可支配收入25479元，增长9%；农村居民人均可支配收入9683元，增长10%。

（一）坚持精准施策，脱贫攻坚取得显著成效。紧盯整县脱贫目标，全面落实“一户一策”计划，深入推进“九大冲刺行动”，全力抓重点、补短板、强弱项，全县脱贫攻坚取得突破性进展。持续夯实增收基础。按照“远抓苹果近抓牛、当年脱贫抓劳务”的思路，因村制宜，因户施策，在贫困村新建果园9240亩，种植高原夏菜3314亩、大棚西瓜2261亩、马铃薯1892亩，扶持贫困户养牛6400头、养猪2.44万头、养鸡8.09万只，组织输转建档立卡劳动力4510人，基本实现了“村有特色产业、户有增收项目”。大力改善基础条件。多方整合财政涉农资金1.9亿元，集中实施住房、道路、供电、供水等工程，完成农村危房改造1506户、易地扶贫搬迁529户，全面消除了C级危房；改造县乡道路30公里，硬化村组道路44公里，整治“畅返不畅”路段64公里，群众出行条件显著改善；全面建成朱家涧水库，全县新增高效节水灌溉2000亩、设施蔬菜节水灌溉3432亩，铺设更换供水管道66.8公里，建成水源工程7处，完成自来水入户1650户，解决了2.7万人饮水不稳定问题。努力提升保障水平。全面落实贫困家庭学生资助政策，发放教育资助资金2200多万元，学前教育毛入园率、义务教育巩固率分别达到92.5%和98.4%。深入实施健康扶贫“三个一批”行动计划，严格落实贫困人口“先诊疗、后付费”制度，实现了基本医疗保险、大病保险、医疗救助“一站式”即时结报，贫困群众看病难看病贵问题得到有效解决。切实强化兜底保障，全面推进低保线、扶贫线“两线合一”，发放农村居民最低生活保障金3735万元、残疾人补贴613万元、临时救助金761.8万元。多方凝聚帮扶合力。进一步充实帮扶力量，调整驻村帮扶工作队员81名，配备农业科技人员91名。积极开展东西部扶贫协作，与天津市武清区互派党政挂职干部9名、教育卫生等专业技术人员56名，落实帮扶资金2460万元，实施帮扶项目44个，培训干部群众870多人（次），组织输转贫困劳动力1413人，为脱贫攻坚注入了新的活力。

（二）突出争建并举，项目带动作用持续增强。坚持把项目建设作为加快发展的重要引擎，积极衔接争取，全力加快实施，重点项目建设取得较好成效。多方开展论证争取。紧盯国家投资导向，深入研究谋划，突出脱贫攻坚、产业开发、城镇建设、民生改善等重点领域，论证储备前期项目43项，概算总投资21.12亿元，争取中央和省市专项资金10.75亿元。全力加快建设进度。严格落实“三个一”包抓责任和清单化管理制度，切实强化衔接协调，扎实做好土地供应、设施配套、资金保障等前期工作，年内实施500万元以上项目73项，完成投资17.8亿元，县医院整体搬迁项目建成主体，大云寺·王母宫大景区旅游基础设施、文旅综合体等项目加快推进，南滨河景观大道建成通车，重大项目在改善基础条件、促进产业开发、提升公共服务等方面的带动作用更加明显。切实强化监督管理。积极推行并联审批、集中审批、网上审批，进一步优化流程、压缩时限，切实提高项目审批效率。全面落实投资评审、工程招标、合同管理、质量监理、审计验收、责任追究“六项制度”，严格规范项目资金监管，确保了项目依法依规实施。

（三）狠抓提质增效，产业发展水平稳步提升。以做大总量为基础，以转型升级为方向，持续优化产业结构，加快转变发展方式，产业发展质量和效益进一步提高。努力提升特色产业水平。持续推进特色产业深度开发，全县新栽果园1.23万亩，新建矮砧密植设施园1419亩，建成果蔬保鲜库7座，新增贮存能力7700吨，新建、改建标准化养殖场（小区）6个，建成“平凉红牛”鼎康肉牛育肥场和种质资源站，搭建日光温室160座、钢架大棚948座，种植高原夏菜8809亩，完成旱作农业技术推广8万亩，新建农民专业合作组织133个、家庭农场14个，特色产业发展在基地扩张、链条延伸、效益提升方面取得了新的突破。全力推动工业转型发展。按照“用地集约、布局集中、产业集聚”的原则，不断优化园区规划和产业布局，努力提升园区承载能力，泾川工业集中区晋升为省级开发区。持续扩大招商引资，论证储备新型墙体复合材料、中高档纸箱加工生产线等项目41项，对接洽谈生猪屠宰、生物质发电等重点项目11项，签约重点招商引资项目4项。全力加快项目建设，天纤棉业二期20万锭棉纱、商品交易和农产品批发市场等项目加快实施，15兆瓦农业光伏项目实现并网发电。制定出台支持非公有制经济发展、优化营商环境等政策措施，不断壮大非公经济，全县新增私营企业260户、个体经营户1066户。着力构建全域旅游格局。坚持以全域景区化、产业融合化、全民共享化为方向，持续加大投资力度，不断完善景点体系，大景区综合管理中心、游客接待中心建成主体，前区广场、水景观、旅游厕所、中心花园全面建成，王母宫景区维修改造工程基本完工；县城至田家沟景区道路建成通车，城关凤凰、泾明白家、汭丰郑家沟评定为国家3A级旅游景区。持续深化体制机制创新，与省城投公司开展股份合作，组建甘肃大云寺旅游开发有限公司，对大云寺、王母宫等旅游资源实施统一开发运营。积极组团参加“文博会”“兰洽会”等节会，精心举办“梦寻醉美乡村·相约魅力泾川”等活动，持续加大宣传推介力度，泾川旅游知名度和影响力进一步增强。积极培育商贸物流产业。深入推进国家电子商务进农村综合示范县创建，县级电子商务服务中心、物流配送中心、农产品标准化生产加工中心建成主体，“陇上泾川”县域电商公共品牌正式启用，培育电商示范企业45户，开展电商培训3100多人（次），开发电商产品30多款，线上交易额达到9700多万元。积极扩大对外贸易，出口额达到765万元，同比增长10.9%。

（四）注重品位提升，城镇开发建设步伐加快。按照新型城镇化建设要求，坚持规划先行、建管并重，突出功能完善、品位提升，城镇开发建设取得新突破。精心编制建设规划。全面完成县域乡村建设和罗汉洞挽头坪等9个美丽乡村示范村规划，精心编制党原、太平、汭丰3个乡镇总体规划和控制性详规，加快编制公共服务设施专项规划、城东新区控制性详规，城乡规划体系进一步完善。全力加快开发建设。持续推进县城综合开发，世纪花园A区三期、B区二期等续建工程全面建成，世纪花园C区、天和人家等住宅小区加快建设，城区棚户区及城东片区老旧住宅楼改造工程进展顺利。多方完善基础设施，泾州街人行天桥建成投用，南滨河景观大道、新城西路东段改造提升工程基本完工，供气供热、排污排洪、电力通信等市政设施更趋完善，县城综合承载能力进一步增强。加快推进荔堡、王村等小城镇建设，集中实施街路改造、绿化美化、垃圾污水处理等工程，重点小城镇形象明显改观。切实加强综合管理。深入推进全域无垃圾专项治理行动，加大市政设施和综合市场监管力度，规范临街门店商铺广告牌管理，严肃查处车辆乱停、占道经营等问题。采取政府购买服务方式，对城区卫生保洁及垃圾清运实行一体化管理，县城环境面貌显著改善。加快推进“智慧城市”建设，全面建成运营管理中心和视频监控共享平台，提高了城市管理智能化水平。

（五）强化标本兼治，生态环境质量明显改善。牢固树立“绿水青山就是金山银山”理念，持续加强生态建设，深入推进污染防治，区域环境质量进一步提升。着力整改环境突出问题。强化责任落实，加大资金投入，扎实整改中央、省市环保督查巡查反馈问题，完成燃煤锅炉综合整治94台、改灶改炕3500户，建成二级煤炭配送网点13处；全面推行河（湖）长制，切实加大巡河检查力度，强化水环境综合治理；严格落实畜禽养殖禁养区监管措施，启动实施土壤污染治理修复工程，大气、水、土壤污染防治工作取得阶段性成效。多方完善环保基础设施。荔堡、党原、高平3个乡镇垃圾填埋场投入运行，城区生活污水处理厂提标扩容、污泥处置及中水回用工程建成主体，玉都、飞云等7个乡镇生活污水处理站全面建成，城乡污水处理设施实现了全覆盖。切实加强生态综合治理。加快推进城乡面山、道路林网、旅游景区、河流堤岸等重点区域绿化，完成荒山造林2.12万亩，建成绿色通道127公里、农田林网50公里。精心实施黄土高原塬面保护项目，深入推进生态清洁型小流域治理，完成水土保持综合治理10.57平方公里、封禁治理76.8公顷，营造水保防护林724.47公顷，生态治理水平进一步提升。

（六）竭力改善民生，各项社会事业协调发展。着眼满足人民群众日益增长的美好生活需要，持续加大资金投入，大力实施民生工程，事关群众切身利益的上学、看病、就业、社保、养老等问题得到有效解决。精心措办惠民实事。荔堡南李至罗汉洞三山公路建成通车，王村百泉水厂扩建及净水工程全面建成，新建改造农村电网89.17公里，敷设汭丰、党原等5个乡镇天然气管道53.8公里，新增出租车66辆、新能源公交车16辆，新开公交班线4条，改造城区公厕10座，完成农村改厕877户，省市县列惠民实事得到较好落实。统筹发展社会事业。坚持教育优先发展，加快实施

“全面改薄”项目，新建、改扩建农村中小学校舍2.4万平方米，中街小学教学楼建成投用，城区第四幼儿园建成主体，城乡办学条件明显改善。扎实推进医药卫生体制改革，不断完善城乡公共卫生服务体系，县医院整体搬迁项目完成主体施工；充分发挥基层自治组织作用，持续提升计生服务水平，我县荣获“全国计划生育基层群众自治示范县”称号。大力发展文化体育事业，王母宫石窟维修工程全面完工，西王母信俗展示中心建成主体，县城体育中心建成投用，广泛开展千台大戏进农村、春官诗大赛等文化活动，成功举办全国山地自行车越野赛、全市第八届“体彩杯”足球联赛等体育赛事，群众精神文化生活进一步丰富。切实强化社会保障。严格落实城乡低保、五保供养、医疗救助、残疾人“两补”等政策，全面完成城乡低保、特困供养补贴提标工作，城乡居民养老保险参保率达到95.3%。多方拓宽就业渠道，安置高校毕业生387人，新增城镇就业4566人。全面加强社会治理。严格落实安全生产责任，扎实开展隐患排查整治，年内未发生较大及以上生产安全事故。健全完善立体化社会治安防控体系，深入排查调处各类矛盾纠纷，妥善处置信访突出问题，切实加强金融市场和网络安全监管，扎实开展扫黑除恶专项斗争，为经济社会发展创设了和谐稳定的环境。以“高价彩礼”、厚葬薄养等问题整治为切入点，深入推进移风易俗，积极培育文明乡风，乡村文明建设取得新成效。

（七）推进改革创新，经济发展活力不断释放。围绕激发内生动力，持续深化改革，健全长效机制，着力破解制约发展的瓶颈因素和深层次问题。全力推进“放管服”改革。切实加大简政放权力度，积极承接、调整、取消行政审批事项，全面落实清单化管理，实现了“清单之外无审批”。大力开展“减证便民”行动，优化办事流程，提高办事效率，实现了企业注册登记3个工作日内办结，不动产登记5个工作日内办结。新建县级政务服务中心，改造提升乡镇便民服务中心，推行“一窗受理、集成服务”，启动运行一体化政务服务平台，80%以上的政务服务事项实现了“一网通办”。全面推行农村“三变”改革。在深入推进农村集体产权制度改革的基础上，积极创新“三变”+旅游、“三变”+果品等模式，采取企业投资、集体折股、群众入股等方式，建立“企业+基地+合作社+贫困户”利益联结机制，为企业增效、农民增收、集体经济发展探出了新路子。在省级“三变”改革试点考核中我县取得优秀等次，市委市政府召开现场会推广了我县的经验和做法，中央电视台先后5次对城关镇凤凰村“三变”改革进行专题报道，在全社会引起了良好反响。深入推进投融资机制改革。积极搭建信息共享、资金对接平台，加大政银企合作力度，引导金融机构优化信贷结构，扩大信贷总量，全力支持项目建设和产业发展。充分发挥财政资金杠杆作用，设立2000万元风险补偿金，建立特色产业发展工程贷款项目储备库，衔接落实贷款1.03亿元。抢抓贫困地区企业挂牌上市“绿色通道”政策机遇，支持8户企业在甘肃省股权交易中心“推介版”挂牌，拓宽了企业融资渠道。

（八）着力优化服务，政府自身建设全面加强。坚持以“转变作风改善发展环境建设年”活动为统揽，扎实推进政府系统转职能、优服务、强管理，为全面完成各项目标任务提供了有力保障。加快转变政府职能。积极适应新时代高质量发展要求，进一步改进工作方式，提升服务效能，推动政府工作重点从强化管理向优化服务转变。加快推进政府机构改革，整合行政资源，优化机构设置，政府在公共服务、市场监管、环境保护、社会治理等方面的职能全面加强。全力支持金融、电力、通信、气象等驻泾单位开展工作，审计调查、民族宗教、防震减灾等工作取得较好成绩。深入推进依法行政。坚决落实县委决策部署，自觉接受人大法律监督、政协民主监督和社会舆论监督，积极配合人大、政协开展视察调研活动，认真办理人大议案建议和政协委员提案，办结率分别达到85%和87%。全面推行政府法律顾问制度和规范性文件审查备案制度，严格按照法定权限和程序行使权力、履行职责，依法受理行政复议案件10件，办理行政诉讼案件7件。切实规范决策程序，全面落实重大事项专家论证、集体讨论、会议决定等制度，民生事项通过组织听证、民意调查、网上公示等方式广泛征求意见，政府决策水平进一步提升。努力提高行政效能。严格落实省市“十不准”“八办”规定，扎实开展“转变作风改善发展环境建设年”活动，着力整治作风虚浮、效能低下、纪律松散等突出问题。大力弘扬求真务实、高效快捷、规范严谨的工作作风，努力提升政府服务水平，为各项工作落实创设了良好环境。全面加强廉政建设。严格落实党风廉政建设主体责任，坚决落实中央“八项规定”及其实施细则精神，深入推进政府系统党风廉政建设和反腐败工作，集中整治扶贫领域突出问题和侵害群众利益的不正之风，严肃查处各类违纪违规问题。加大领导干部经济责任审计力度，扎实开展重大政策落实、政府投资项目、扶贫资金、“三公”经费、乡村财务核查审计，廉政风险防控体系进一步健全。

各位代表，面对市场形势多变、经济下行持续、环境约束趋紧、自然灾害频发等严峻形势，全县上下谋事一盘棋，干事一条心，加快发展不动摇，狠抓落实不松劲，经济社会发展呈现出基础不断夯实、结构更加优化、质量持续提升的良好态势。回顾总结一年来的工作，我们深深地体会到，要把全县人民的事情办好，实现整县脱贫、全面小康的宏伟目标，必须以习近平新时代中国特色社会主义思想为指导，树牢“四个意识”，坚定“四个自信”，坚决贯彻中央、省市决策部署，全面落实县委十七届三次全体会议确定的总体思路和工作要求；必须以高质量发展为目标，正确处理速度、质量和效益的关系，不断优化经济结构，全力推动转型升级，促进县域经济持续健康发展；必须以全面深化改革为动力，综合运用行政、市场、技术、法律等手段，着力破解制约发展的瓶颈问题，以改革激发活力，以创新促进发展；必须牢固树立以人民为中心的发展思想，紧扣民生需要，瞄准民生短板，着力解决群众最关注、最迫切、最现实的问题，努力提升人民群众的获得感和幸福感；必须把作风建设作为重要保证，切实强化责任担当，大力弘扬务实政风，引导各级组织和干部群众在服务发展中发挥作用，在实干攻坚中贡献力量，推动全县经济发展再上新台阶。

回顾总结一年来的工作，我们深切感受到，这些成绩的取得，是县委统揽全局、协调各方，四大班子齐心协力抓落实的结果，是全县各级组织和广大人民群众团结奋斗、共同努力的结果，饱含着各位人大代表、政协委员的智慧和心血，离不开社会各界、各民主党派及离退休老干部的大力支持和帮助。在此，我代表县人民政府，向关心支持政府工作、为全县经济社会发展做出贡献的各界人士，表示衷心的感谢和崇高的敬意！

在全面总结成绩的同时，我们也清醒地认识到，全县经济社会发展仍存在诸多困难和问题，我们的工作还存在很多差距和不足。主要表现在：受宏观经济形势影响，经济下行压力持续加大，固定资产投资、规模以上工业增加值大幅下降，与年初确定的目标存在较大差距；项目谋划储备不足，争取项目的主动性不强，实施的大项目、好项目比较少；贫困村基础设施、公共服务仍需完善，支撑贫困群众稳定脱贫的产业基础还不牢固；农村特色产业精细化水平不高，新型农业经营主体发育慢、层次低，产业链条不够完善；工业企业数量少、规模小、实力弱，发展质量和效益不高；旅游基础设施和产业要素不完善，运营管理机制不健全，对第三产业发展的带动作用不强；公共财政收支矛盾十分突出，资金运筹异常困难，保运转、保民生、保发展存在较大压力；公共服务设施欠账较大，社会保障、应急管理体系不够健全，环境保护、安全生产等领域仍存在一些薄弱环节；政府职能转变还不够到位，一些干部的能力素质仍不能适应新时代发展要求，等等。对于这些问题，我们将在今后工作中认真分析研究，采取有效措施，切实加以解决。

2019年政府工作主要任务

2019年，是实施“十三五”规划的关键之年，也是实现脱贫摘帽、全面建成小康社会的攻坚之年。当前，我国经济已由高速增长阶段转向高质量发展阶段，正处在转变发展方式、优化经济结构、转换增长动力的攻关期，国内需求不足矛盾更加突出，经济持续下行的可能性仍将存在，环境保护、节能降耗等方面政策趋严趋紧，金融风险防范、地方政府债务管理力度持续加大，对我们的工作提出了全新要求。面对复杂多变的经济形势，党中央、国务院明确提出，继续实施积极的财政政策和稳健的货币政策，大力实施乡村振兴、区域协调、创新驱动战略，持续加大革命老区、贫困地区支持力度和基础设施领域补短板力度，毫不动摇鼓励、支持、引导非公有制经济发展，为经济社会发展带来了良好机遇。只要我们坚定信心，乘势而上，积极主动作为，全力实干攻坚，就一定能够推动经济社会发展取得新突破、迈上新台阶。

政府工作的总体要求是：以习近平新时代中国特色社会主义思想为指导，全面贯彻党的十九大和十九届二中、三中全会精神，认真落实中央、省市、县委各项决策部署，坚持以稳中求进为总基调，以供给侧结构性改革为主线，按照稳就业、稳金融、稳外贸、稳外资、稳投资、稳预期“六稳”要求，正确处理速度、质量和效益的关系，优化经济结构，转变发展方式，强化项目支撑，改善基础条件，提升公共服务，保障改善民生，全力夯基础，加快促转型，持续抓改革，奋力求突破，推动经济社会持续平稳健康发展。

经济社会发展的预期目标是：生产总值增长5%，固定资产投资增长10%，规模以上工业增加值增长7%，社会消费品零售总额增长6%，一般公共财政预算收入增长10%，城镇居民人均可支配收入增长8%，农村居民人均可支配收入增长8%，城镇登记失业率控制在3.6%以内，单位生产总值能耗和主要污染物排放量完成省市下达的控制指标。

（一）冲刺脱贫攻坚，推进乡村振兴，全力推动农业农村工作取得新成效。坚持脱贫攻坚与乡村振兴有效衔接，把打好脱贫攻坚战作为乡村振兴的核心任务，大力实施脱贫攻坚“三年行动计划”，全力确保整县脱贫摘帽，为推进乡村振兴开好头、起好步。全力冲刺整县脱贫。把脱贫攻坚作为最大的政治任务，深入推进“九大冲刺行动”，持之以恒抓产业、夯基础，全力以赴强弱项、补短板，持续实施贫困户特色种养、乡村旅游、劳务输转等增收工程，全面落实教育扶贫、健康扶贫、兜底保障等政策措施，有效防止因灾、因学、因病返贫。注重扶贫与扶志、扶智相结合，转变群众观念，强化技能培训，进一步增强贫困群众自我发展能力。深入推进“三变”改革，积极支持龙头企业、专业合作组织与贫困户建立更加紧密的利益联结机制。切实加强东西部扶贫协作，引导各方力量参与精准扶贫，着力构建专项扶贫、行业扶贫、社会扶贫“三位一体”大扶贫格局。大力发展现代农业。持续扩张基地规模，新栽补植果园2万亩，其中矮砧密植设施园1000亩；建成太平盘口、罗汉洞南河村2个设施蔬菜园区，新建日光温室60座、钢架大棚600座，种植高原夏菜2万亩、大棚西瓜8000亩；新建、改扩建标准化养殖场（小区）5个；加快建立粮食生产功能区和重要农产品生产保护区，全力稳定粮食生产。努力提升管理水平，深入开展“特色产业质量效益提升年”活动，持续加大资金投入，全面落实标准化、精细化、无公害等管理措施，健全完善技术服务、防灾减灾、市场营销体系，促进特色产业提质增效。不断延伸产业链条，扶持壮大富原红果业、鼎康牛业、雄发果蔬等龙头企业，大力发展包装贮存、精深加工、冷链物流等配套产业，多方培育新型市场主体，新增农民专业合作组织20户、家庭农场15个。精心打造特色品牌，积极开展特色农产品商标注册和地理标志认定，搭建产销对接、农超对接平台，全力打响泾川苹果、泾川柿饼等特色品牌。多方改善基础条件。精心实施高标准农田建设和土地整理项目，新增高效节水灌溉4000亩；实施农村公路安全生命防护工程，集中整治“畅返不畅”路段，加快农村公路联网配套和等级提升；加强水利工程建设，完成泾河、汭河、黑河河堤治理续建工程36公里；完成荒山造林1万亩，建设绿色通道50公里，实施水土保持综合治理10平方公里、黄土高原塬面保护17平方公里，努力提升生态治理水平。加快建设美丽乡村。坚持新村建设和旧村改造同步推进，因地制宜，科学规划，建成“千村美丽”示范村6个。扎实开展农村人居环境整治，加大农村“三改”工作力度，强化农业面源污染防控，推动城镇垃圾污水管网向周边村庄延伸覆盖，建成万村整洁示范村30个。努力提升治理水平。坚持自治、法治、德治相结合，健全完善农村民主选举、协商、决策、管理、监督等制度，创新村民议事形式，加大村务公开力度；健全农村公共法律服务体系，深入开展“法律进乡村”等宣传教育活动，进一步增强群众法治意识；大力实施公民思想道德建设工程，倡导弘扬社会主义核心价值观，深入推进移风易俗，持续加大“高价彩礼”、厚葬薄养等问题治理力度，引导形成乡村文明新风尚。

（二）强化项目支撑，扩大有效投资，全力推动县域经济实力再上新台阶。充分发挥项目投资稳增长、调结构、补短板的关键作用，深入研究谋划，主动衔接争取，全力加快建设，推动经济持续回稳向好。紧盯政策抓谋划。以十大绿色生态产业为统揽，深入研究国家投资导向，围绕基础设施、特色产业、生态环保、民计民生等重点领域，论证储备过亿元项目10个、500万元以上项目85个，新增国家重大项目库项目30个。优化环境抓招商。健全完善激励机制，努力创优投资环境，积极创新招商方式，切实增强招商精准度，提升项目落地率，力争全年引进投资过亿元项目1个以上、5000万元以上项目5个以上。加快进度抓建设。健全完善“三个一”包抓、清单化管理、目标化考核等机制，全面推行集中审批、在线审批、联审联批等制度，做深做细可研论证、规划选址、土地征用等前期工作，年内实施500万元以上重点项目60项以上，完成投资17亿元以上。全力加快大景区旅游基础设施、县医院整体搬迁、汽车客运站等续建项目进度，精心实施泾汭河水体综合治理等新开工项目，全力拉动投资增长。规范程序抓管理。严格落实项目管理“四制”要求，健全完善立项、招标、施工、监理、验收全程监督机制，严格控制投资，强化跟踪审计，确保项目规范实施。

（三）着眼转型升级，大力扶优培强，全力推动工业经济发展实现新突破。深入实施工业强县战略，改造提升传统产业，引进培育新型产业，推动工业经济高质量发展。多方完善园区功能。全面完成循环经济产业园污水管网并网工程，配套完善重点企业高压输电工程，开工建设经三路，不断提升园区承载能力。全面落实土地、税收、人才等扶持政策，促进项目、资金、技术和劳动力等生产要素向园区聚集，年内引进入园企业2户以上。精心实施重点项目。全力加快天纤棉业二期生产线项目，确保5万锭建成投产，加快商品交易和农产品批发市场、8000万块煤矸石烧结砖等项目进度，确保年内建成运营；开建50万吨建筑垃圾回收利用、1万吨有机肥料生产线项目，跟踪洽谈正大公司生猪屠宰、鸭王集团矿泉水生产等项目，力争落地实施。大力发展民营经济。坚持“非禁即入”原则，集中开展市场准入限制专项清理，全面落实各项减税降费措施，多方解决民营企业融资难题，积极推动个转企、小升规，年内新增规模以上工业企业2户、非公企业200户以上、个体经营户1000户以上。努力搞活企业经营。落实“一业一策、一企一策、一事一议”等措施，积极开展协调服务，着力破解土地、资金、用工等要素制约，全力支持正大饲料、家园陶瓷等重点企业扩产促销、提升效益，力促各项工业指标止滑回升。

（四）强化市场引领，打造特色品牌，全力推动旅游产业发展形成新优势。以发展全域旅游为方向，创新运营机制，加大开发力度，推动旅游资源大县向旅游产业强县迈进。加快推进体制创新。按照“政府主导、企业主体、市场运作、社会参与”的思路，深化大云寺·王母宫大景区管理体制改革，加快推进所有权、管理权、经营权“三权分置”，统筹抓好大景区规划、招商、运营和管理；依托甘肃大云寺旅游开发有限公司，对县域文化旅游资源统一开发经营，推动文化旅游实现产业化开发、市场化运作、企业化管理。不断完善景点体系。全面建成大云寺·王母宫大景区综合管理中心、游客接待中心及配套工程，积极开展国家5A级旅游景区创建，完善服务体系，提升服务质量。加快推进文旅综合体建设，进一步完善餐饮住宿、休闲度假、养生养老等服务设施。坚持以农耕文化为魂，以田园风光为韵，以村落民宅为形，以生态农业为基，深入挖掘文化内涵，配套完善旅游要素，努力提升城关凤凰、泾明白家、汭丰郑家沟3个3A级旅游景区和王村完颜、罗汉洞挽头坪等10个旅游名村建设水平，加快构建集生态观光、农事体验、休闲养生为一体的乡村旅游新格局。多方聚集产业要素。着眼提升旅游产业服务水平，大力发展快捷酒店、农家客栈，新建农家乐10户，多方开发特色餐饮和苹果、牛肉、柿饼等旅游商品，精心打造民俗体验、红色教育等主题旅游产品，完善“吃住行游购娱”等要素，进一步提升旅游产业发展质量和效益。创新宣传营销模式。组团参加“文博会”“兰洽会”等旅游节会，精心筹办第六届华夏母亲节等活动，大力推广“互联网+旅游”营销模式，广泛宣传我县旅游资源；积极开发精品旅游线路，全面推行景区“通票制”和淡旺季差异票价制，进一步加强与省内外知名旅行社合作，着力构建资源互补、客源互输、利益互惠的区域合作机制。

（五）坚持建管并重，持续提质扩容，全力推动城镇开发建设迈出新步伐。坚持新城开发与旧城改造同步实施，城市建设与景观打造一体推进，努力提升城市品位。健全完善规划体系。按照“因地制宜、准确定位、突出特色、适度超前”原则，启动实施“多规合一”工作，精心编制“城市双修”、城区地下综合管网专项规划，加快编制县城重点区域、重点小城镇修建性详规，修订完善美丽乡村建设规划，以科学规划指导城镇开发建设。全力加快建设进度。持续加大开发力度，不断完善基础设施，全面完成世纪花园C区、天和人家等住宅小区续建工程，启动实施安定街北侧、县医院东侧、东大街南侧等重点区域开发，加快推进棚户区和老旧住宅楼改造；精心实施水泉路改造和文体路延伸工程，开工建设泾汭河水体综合治理项目，建成橡胶坝3座，完成湿地修复250亩，配套实施滨水步道、观景凉亭、音乐广场等景观小品；全面完成南滨河景观大道、城东住宅小区等重点区域绿化亮化，配套完善停车场、公厕等公共服务设施，进一步增强城市功能。切实加大重点小城镇绿化美化、环境整治力度，完善供水供热、排污排洪、垃圾污水处理等设施，着力提升小城镇建设水平。持续强化城市管理。严格规划执法，严肃查处县城规划区和村镇建设未批先建、乱修乱建等行为，切实增强规划的权威性和约束力。全面落实日常巡查和联动执法机制，加强市政设施管护维修，加大环境卫生、道路交通、综合市场整治力度，着力解决车辆乱停、占道经营、城市“牛皮癣”等突出问题。切实规范住宅小区物业管理，全面整治违规收费、圈地围栏等现象，推动形成“大物业”管理格局。

（六）突出共建共享，强化民生保障，全力推动各项社会事业取得新进步。着眼构建全覆盖、保基本、多层次、可持续的公共服务和社会保障体系，多方加大投入力度，精心措办惠民实事，让人民群众共享发展成果。统筹发展社会事业。加快推进农村小规模学校和寄宿制学校建设，全面建成城区第四幼儿园，启动实施杨柳小学迁建工程，进一步改善办学条件；优化教育资源配置，加强师资队伍建设，努力提升教育教学质量。深入推进医药卫生体制改革，加快县医院整体搬迁工程建设，强化基本公共卫生服务，努力提升医疗服务水平。精心实施百里石窟长廊遗产保护项目，开工建设县博物馆，全面建成大云文化学术报告厅，新建村级文化广场15个，组织举办全民运动会等赛事活动，不断丰富群众精神文化生活。切实强化社会保障。持续推进全民参保及机关事业单位养老保险改革，进一步扩大社会保险覆盖面；全面落实城镇职工、城乡居民基本养老保险和低保提标政策，扎实做好特殊困难群体社会保障和困难职工解困脱困工作；认真落实双拥优抚政策，全力做好退役军人服务保障工作；严格落实农民工工资保证金和欠薪应急周转金制度，切实维护农民工合法权益；多方拓宽就业渠道，年内新增城镇就业3700人。持续加强社会治理。着眼构建立体化治安防控体系，全面建成“雪亮工程”，实现与市公共安全视频监控平台的对接。积极排查化解矛盾纠纷，妥善处置信访突出问题。切实强化网络舆情管控，深入开展扫黑除恶专项斗争，依法打击违法犯罪活动。健全完善应急管理体系，加强道路交通、建筑施工、食品药品等重点领域监管，坚决杜绝重特大生产安全事故发生。

各位代表，群众对美好生活的向往就是我们的奋斗目标，群众的幸福感就是政府工作的成就感。2019年，我们将在全面完成省市列民生实事的基础上，围绕与群众生产生活密切相关的实际问题，全力办好12件惠民实事：（1）大力推进学前教育工程。加快城区第四幼儿园和世纪花园A区、星鼎庭园、花样年3个住宅小区幼儿园建设，确保秋季建成招生，着力解决城区幼儿入园难问题。（2）持续改善义务教育办学条件。完成2018年“全面改薄”续建工程，加快推进农村小规模学校和寄宿制学校建设，新建、改建校舍2545平方米，启动实施杨柳小学迁建工程，建成王村中学教师周转宿舍。（3）配套完善市政基础设施。实施水泉路改造和文体路延伸工程，对中山桥、安定桥、安定街、新城西路、南滨河景观大道等重点街路进行亮化，进一步提升县城建设品位。（4）实施农村道路建设工程。新建通村道路10公里，整治“畅返不畅”路段30公里，实施安全生命防护工程74公里，改造危桥4座，进一步改善群众出行条件。（5）提升农村电网供电保障能力。新建改造10千伏线路30.6公里、0.4千伏线路55.38公里，新建配电变压器40台。（6）大力推广使用清洁能源。建成高平、飞云、窑店、罗汉洞4个乡镇天然气管网，实施城乡居民天然气入户1万户，加大餐饮行业、商业门店煤改气力度，引导工业企业使用清洁能源。（7）加快推进电子商务公共服务体系建设。全面建成县级电子商务服务中心、物流配送中心、农产品标准化生产加工中心、14个乡级服务站和141个村级服务点，实现乡村电商公共服务和物流配送功能全覆盖。（8）健全完善农业保险体系。在全面落实中央、省市

18项补贴险种的基础上，大力开展农业保险“增品扩面提标降费”工作，持续扩大牛、果、菜等特色产业承保范围，实现非贫困户重点产业和贫困户所有种养产业保险全覆盖。（9）实施文化旅游惠民工程。广泛开展送戏下乡、电影放映等文化惠民活动，县内旅游景点门票对泾川居民免费，不断丰富群众精神文化生活。（10）强化城乡富余劳动力培训。统筹各类培训资源，完成实用技术和劳动技能培训7200人（次）。（11）积极扩大就业和再就业。年内新增城镇就业3700人，城镇登记失业率控制在3.6%以内。（12）免费开展农村妇女“两癌”筛查。完成35～64岁农村妇女“两癌”筛查1.7万人，进一步提高妇女健康保障水平。

全面加强政府自身建设

各位代表，全新的发展形势和繁重的工作任务，对政府自身建设提出了新的更高要求，我们将始终把加快发展作为第一要务，把群众满意作为检验标准，恪尽职守，担当作为，开拓创新，更好地担负起推动全县经济社会发展的重任。

一、讲大局，聚合力，切实强化政治担当。坚持把学习贯彻习近平新时代中国特色社会主义思想作为首要政治任务，认真贯彻习近平总书记视察甘肃重要讲话和“八个着力”重要指示精神，牢固树立“四个意识”，切实增强“四个自信”，自觉做到“两个坚决维护”，坚决执行党的路线方针，严格遵守政治纪律和政治规矩，在政治立场、政治方向、政治原则、政治道路上始终同以习近平同志为核心的党中央保持高度一致。坚决贯彻中央、省市各项决策，认真落实县委部署要求，自觉接受人大、政协和社会各界监督，充分调动乡镇部门积极性，凝聚各方力量，强化责任担当，合力推动全县经济社会持续健康发展。

二、明导向，严要求，认真落实各项政策。深入贯彻创新、协调、绿色、开放、共享发展理念，全面落实稳增长、促改革、调结构、惠民生、防风险各项政策措施，找准宏观政策导向与县域经济发展的切合点，进一步增强谋划工作、推动发展的前瞻性和针对性。强化政策观念，严格政策界限，不折不扣落实精准扶贫、民生改善、改革创新等政策，努力实现政策效应最大化。切实强化环境保护、风险防范等政策约束，严守底线，不越红线，不打“擦边球”，不搞灵活变通，确保各项政策落地生根、落实见效。

三、重监督，促规范，深入推进依法行政。严格遵守宪法法律，加快建设法治政府，全面落实政府常务会议学法制度，切实增强法治思维，依法推动各项工作。坚决执行县人大及其常委会各项决议，定期向人大及其常委会报告工作，认真办理人大议案、代表建议和政协委员提案，积极配合人大、政协开展视察调研活动。严格执行民主决策制度，认真落实公众参与、专家论证、风险评估、合法性审查、集体讨论等决策程序，加大政务信息公开力度，进一步提升政府决策科学化、民主化、法治化水平。

四、转作风，优服务，努力提升行政效能。按照省、市部署要求，全面完成政府机构改革，着力解决职能交叉、权责不清、多头管理等问题。持续深化“放管服”改革，健全完善县、乡、村三级政务服务体系，不断提升政务服务水平。大力弘扬务实政风，坚持说实话、谋实事、出实招、求实效，多谋打基础、利长远的工作，多办惠民生、得民心的实事，切实把精力用在谋发展上，把劲头用在抓落实上。牢固树立有权必有责、有责要担当的意识，进一步优化考核评价办法，健全容错纠错机制，着力消除一些干部“不求有功、但求无过”的思想，努力形成肯干事、能干事、干成事的良好氛围。严格落实中央“八项规定”及其实施细则精神，驰而不息纠正“四风”，着力解决“中梗阻”“推拖绕”“虚假空”等突出问题，推动各项工作落实见效。

五、抓教育，强监管，全面加强廉政建设。严格落实党风廉政建设主体责任，自觉遵守廉洁自律准则，层层传导责任压力，扎实推进惩治和预防腐败体系建设。切实加强党风廉政教育，增强廉洁自律意识，提高拒腐防变能力，努力打造政治强、作风正、纪律严的公务员队伍。切实强化廉政风险防控，加强扶贫资金、民生保障、政府采购等重点领域和关键环节监管，加大重大政策、重点项目、大额资金、国有资产审计力度，严肃查处侵害群众利益的不正之风和腐败问题，为经济社会发展创设良好环境。

各位代表，人民赋予重托，使命呼唤担当，实干创造未来。让我们在党的十九大精神指引下，在省市、县委的坚强领导和县人大、县政协的监督支持下，紧紧依靠全县各级组织和广大干部群众，凝心聚力，真抓实干，攻坚克难，锐意进取，为加快经济社会持续健康发展、建设绿色开放幸福美好新泾川而努力奋斗！

专 记

2018年精准扶贫精准脱贫工作概况

今年以来，全县脱贫攻坚工作坚持以习近平新时代中国特色社会主义思想和党的十九大精神为指导，认真贯彻落实中央和省、市、县委各项决策部署，以实现整县脱贫摘帽为目标，以开展“九大冲刺行动”为统揽，以落实“一户一策”精准脱贫计划为抓手，聚焦47个深度贫困村和5206户未脱贫人口，聚合各类资源，强化问题整改，着力推动各项到村到户到人扶贫措施落实，脱贫攻坚各项工作有效推进，取得明显成效。预计2018年底全县减贫4139户1.36万人，剩余贫困人口1123户3539人，贫困发生率降至1.1%。

一、主要成效

（一）产业增收基础不断夯实。围绕果、菜、畜三大主导产业，全力推进各类增收措施到村到户到人，带动贫困户增收脱贫。推进专业合作社全覆盖，争取省级专项扶持资金224万元，新建农民专业合作社32个，农民专业合作社总数达到741个，其中在贫困村建成各类农民专业合作社291个，肉牛养殖专业合作社41个，果品专业合作社84个，蔬菜专业合作社42个，实现了贫困村农民专业合作社全覆盖。强化龙头带动，制定印发果、菜、牛等6个精准扶贫三年行动实施方案，扶持新建雄发蔬菜、鼎康牛业等5家龙头企业，探索建立贫困户与市场利益联结机制，动员18家龙头企业，为3087户贫困户配资，入股专业合作社52家。形成鼎康、旭康公司带动牛产业，雄发、泾农公司带动菜产业，富原红、鼎欣公司带动果产业发展的格局，带动建成果园9241亩，种植蔬菜8000亩、马铃薯1893亩，贫困户牛猪饲养量分别达到0.64万头、2.44万头。铺开“三变”改革，在3个试点村顺利通过省市考核验收基础上，探索总结“三变”+特色产业等5种模式，论证储备资金入股“三变”改革项目70个，量化配股资金4062.5万元，带动全县147个村开展“三变”改革，参与贫困户4070户，聘用84名高校毕业生担任农村“三变”改革助理员，为凝聚改革力量奠定坚实基础。加快旅游扶贫，以城关凤凰、泾明白家等特色旅游名村为重点，举办锦绣凤凰民俗文化旅游节等乡村旅游活动，带动新建农家乐10户，评定3星级以上农家乐6户，乡村旅游接待人数达到15万人次，旅游综合收入突破1000万元。推进电商扶贫，结合国家电子商务进农村综合示范项目，举办各类电商培训班16期，累计培训贫困村电商从业人员436人（次），贫困村电子商务交易额126.87万元。

（二）基础设施条件持续改善。坚持抓重点、补短板、强弱项，整合16个部门财政涉农资金1.85亿元，全力改善贫困村、贫困户生产生活条件。升级农村路网，硬化村组道路41公里，改造县乡道路30公里，整治“畅返不畅”路段52公里。巩固饮水安全，持续实施北部农村饮水安全巩固提升工程。新打深井7眼，建成调蓄水池5座，埋设更换各类供水管道66.77公里，修建检查井71座，完成自来水进户1314户。优化农村电网，新建改造10千伏线路21.9公里，完成0.4千伏线路主体工程线路52.7公里，安装变压器25台。推进网络覆盖，215个行政村实现了宽带网络全覆盖，县城和乡镇宽带用户平均接入速度达到100M，4G用户达到9.6万户。清零危旧住房，实施农村危房改造1506户，目前入住1485户；实施易地搬迁529户2034人，至目前，已全部开工，建成房屋主体516户，11月底实现搬迁入住后，全县C、D级危房将全部清零。开展土地整理，在玉都镇等5乡镇实施高标准农田建设项目，已完成204.11公顷建设任务的85%，11月底将完成全部建设任务。改善人居环境，抓建“万村整洁”示范村90个，给215个行政村配套简易垃圾压缩清运车50辆，人力保洁车900多辆，垃圾收集箱485个、中转箱179个，户用垃圾桶2.5万只、板车350辆，农村垃圾清运处理率达到95%以上。

（三）公共服务能力稳步提升。紧紧扭住群众最关心的教育、医疗、社会保障等问题，积极发展各类社会事业，逐步提升民生保障能力。加强保学控辍，推进43个基础设施项目建设，实现了91个贫困村幼儿园全覆盖，学前教育三年毛入园率达到了92.01%，九年义务教育巩固率达到了96.04%，发放各类教育资助资金1100多万元，助学贷款2565.79万元，有效阻断贫困代际传递。推进健康扶贫，为8.23万人资助补贴医保参保费用515.02万元，报销基本医保3105.7万元，发放大病救助资金196.61万元，救治407人。完成家庭医生签约服务2493人，签约率100%。全县16家公立医疗机构均设立了“一站式”结报服务窗口，完成贫困人口免费体检8523人、转诊63人（次）、“送医上门”“送人就医”115人（次）。织牢兜底网络，以治理“错保”“漏保”等为重点，排查各类对象5.8万人，新纳入低保对象2315人、特困供养对象86人，对城关、高平、玉都三个中心敬老院实施提升改造，配备护理人员13人，全面落实“两项补贴”保障政策，新增残疾人“两补”对象150人，经济困难老人补贴对象145人。增强风险防控，引导保险机构承保苹果、玉米、小麦等65.6万亩，承保肉牛、奶牛、能繁母猪608头，承保日光温室、大中拱棚130座，保费金额达到563.2万元，赔付灾害损失1408.8万元。同时，将肉牛、高原夏菜、设施蔬菜等全部纳入第二批农业保险范围，保险保额250万元。

（四）攻坚合力有效凝聚。围绕攻坚难点重点，坚持最大限度调动各类资源、集中各方面的力量统筹帮扶。优化包抓责任，由40名县级干部联系包抓47个深度贫困村，调整驻村工作队队长、第一书记67人，择优选派32名优秀年轻干部到脱贫任务重、帮扶力量较弱的贫困村进行蹲点帮扶，有力推动了工作落实。深化扶贫协作，互派挂职干部9人，衔接争取天津市武清区落实帮扶资金2460万元，帮助开展干部、医疗、教育等各类培训8批310人次，举办“春风行动”和东西部劳务协作用工招聘会8场次，签订用工意向合同6100多人。整合攻坚力量。扎实推进“百企帮百村”专项活动，动员“两代表一委员”、工青妇等社会团体投身脱贫攻坚，组织58名县乡领导干部赴贵州省考察学习精准扶贫、农村“三变”改革工作，对182名驻村帮扶工作队队长、第一书记及乡镇业务干部开展精准扶贫专题培训。强化党建统领。推进“十星级”党支部建设标准化工作，完成91个贫困村党支部星级评定和挂牌授星，整顿软弱涣散党组织17个，配强贫困村党支部书记和村班子88个，引导953名“三个带头人”与1942户贫困户结成帮扶对子，新建村级活动场所13个。

二、主要做法

（一）聚力“九大冲刺行动”，靠实责任抓攻坚。以“九大冲刺行动”统揽全县经济社会发展全局，保障脱贫攻坚各项目标任务全力推进。强化责任落实。先后多次召开脱贫攻坚领导小组会议，专题研究部署“九大冲刺行动”会议，研究制定《深入实施“九大冲刺行动”坚决打赢打好脱贫攻坚战的实施意见》，成立县委巡察工作领导小组和11个专责工作组，将任务分解到11名领导，靠实到10个牵头部门，乡镇制定实施方案，细化责任到人到户，全天候一线抓落实。强化督查调度。县委、县政府主要领导带头深入贫困乡村开展明察暗访，分管领导对“九大冲刺行动”推进、驻村帮扶工作开展等情况逐乡镇督查调度，按旬召开工作推进会议，成立常年督查队，对“九大冲刺行动”任务落实等开展明察暗访5批次，对29名未到岗驻村干部进行通报批评，责令6名驻村干部做出书面检查。强化整改完善。实地学习崆峒区接受国家专项评估检查工作，召开脱贫攻坚核查整改业务培训会，针对脱贫退出中的薄弱环节，面对面查揭问题，实打实挤干水分，清单化开展整改完善，全力推动“九大冲刺行动”各项工作任务落实。

（二）紧扣“一户一策”，精准施策抓攻坚。将“一户一策”作为全面落实精准扶贫精准脱贫基本方略的重要抓手，全力推动到户到人措施落实。突出增收导向。按照省市要求，突出增收产业、劳务输转、健康教育、安全住房、惠农政策五个“落实到位”，聚焦91个贫困村，按照脱贫标准和整县脱贫时间节点，在反复对接基础上，商议制定“一户一策”精准脱贫计划5389份17766人，做到未脱贫户和巩固提升户全覆盖。突出季度完善。结合开展六大特色产业与“一户一策”精准对接工作和“九大冲刺行动”，组织各级帮扶力量按季度调整完善“一户一策”精准脱贫计划3549份，新增养殖1009户、蔬菜种植610户。对《泾川县脱贫攻坚实施方案（2018—2020年）》中产业类项目进行了调整完善，确保了“一户一策”脱贫计划有项目支撑，有资金保障，能落地见效。突出帮扶实效。整合落实到户产业帮扶资金1.13亿元，扶持新建果园9240亩，种植露地蔬菜3314亩，搭建日光温室55座、钢架大棚510座，购买基础母牛584头，为591户贫困户和529户年内搬迁的易地搬迁户按户均1万元配股分红。输转贫困劳动力4510人（次），开发乡村保洁员、护路员等公益性岗位1500名，公益护林员203人，全力促进贫困群众脱贫增收。

（三）坚持问题导向，提升质量抓攻坚。把脱贫攻坚问题整改作为提升脱贫攻坚工作质量，确保整县脱贫的重要抓手，针对2017年以来，国家省市考核、督查、巡查反馈我县扶贫领域存在问题共计30个方面235条，确定11名县级领导牵头负责，制定脱贫攻坚帮扶工作责任清单等3个文件，逐问题、逐单位、逐人压实工作责任，扎实开展整改。1—10月，立案查处扶贫领域腐败和作风问题53件，给予党政纪处分82人，组织处理19人；开展扶贫领域监督检查4次，对10起扶贫领域腐败和作风问题、5起侵害群众利益不正之风和腐败问题、7起不担当不作为和弄虚作假问题进行了通报，点名道姓曝光34人。目前，反馈的235个问题中，已整改到位214个，正在整改21个，其中精准扶贫精准脱贫突出问题反馈问题33个，30个已整改到位，3个正在整改；省审计厅扶贫政策落实和扶贫资金管理使用情况审计反馈问题70个，65个已整改到位，5个正在整改；扶贫领域专项监督检查反馈问题22个，19个已整改到位，3个正在整改；2017年度脱贫攻坚问题98个，90个已整改到位，8个正在整改；对照十九届中央第一轮巡视和省委巡视反馈问题自查自纠脱贫攻坚方面12个问题，已整改到位10个，2个正在整改。

（四）强化资金监管，精准滴灌抓攻坚。紧盯扶贫资金和项目落实等重点领域和关键环节，坚持严管理，抓重点，带全面，充分发挥扶贫资金带动贫困户脱贫增收作用。完善政策制度。制定《泾川县扶贫资金项目公告公示实施细则》和扶贫项目“法人负责制、合同管理制、建设监理制、工程招投标制、工程预决算审计制”等制度文件，坚持所有财政专项扶贫资金分配方案、项目计划均由县脱贫攻坚领导小组、县政府常务会议审定，明确项目申报、资金拨付、项目报账等13项具体程序和规范要求，确保扶贫资金管理规范有序。严格资金管理，按照“项目管理规范、资金使用明晰、职责效能统一”的原则，建立健全公开公示制度，确保各类扶贫项目阳光运行。2018年，中央、省级共安排我县财政专项扶贫资金10171万元，天津市对口援助我县帮扶资金2350万元。至目前，财政专项扶贫资金已安排的188个项目中，已完成项目建设170个，在建18个，完成报账9500.3万元，占资金总量10171万元的93.4%。东西部扶贫协作资金已安排24个项目中，已完成建设任务的项目10个，完成资金拨付1371.82万元。强化巡察审计。先后两次对6个乡镇、9个县直部门和60个贫困村扶贫资金管理使用情况进行县级巡察，县乡人大代表、政协委员开展专项检查视察，县级领导不定期深入项目工地，督查扶贫资金使用及资金管理问题整改情况，确保了扶贫资金监管全过程全覆盖。

（五）破除思想顽疾，提振志气抓攻坚。着眼“扶贫先扶志、扶志必扶智”这一根本之策，多管齐下、多措并举、多方联动阻隔贫困传递。突出思想引导。由34名县级领导带头深入联系乡镇、帮扶村召开精神扶贫会，培养“三个带头人”2100多人。开办新时代农民讲习所215个，培训党员群众1.9万人（次），有效解决了贫困户脱贫信心不足、办法不多、动力不足等问题。倡导文明新风。召开脱贫攻坚精神扶贫现场推进会议，发布“抵制高价彩礼　倡导婚嫁新风”倡议书，成立红白理事会217个，创建移风易俗示范村7个，对高价彩礼等陋俗进行有效制止和惩戒，引领文明和谐新风。强化技能提升，建立县乡村三级劳务体系，龙头企业劳务基地8个，富民产业劳务基地5个，扶贫车间5个，成立劳务中介4家，输转城乡富余劳动力7.1万人（次），实现劳务收入15.93亿元。强化正向激励。举办“山水白家”等系列节会活动，城关凤凰亮相央视，开展致富明星评选，召开表彰大会，奖励致富能手、产业带头人等41人，培训8个乡（镇）菜农600多人，发放精准扶贫贷款4.19亿元涉及8435户，发放受灾困难群众生活救助资金479万元，全面激发贫困户自我脱贫信心。

生态环境保护工作情况

2018年，全县环境保护工作全面贯彻落实中央、省市县关于生态文明建设和环境保护工作的各项决策部署，坚持以持续改善环境质量为核心，以环境突出问题整改为抓手，以开展“十大污染防治攻坚战”为重点，不断加强环保基础设施建设，持续加大环境执法监管力度，全力抓好生态和农村环境保护、规划和项目环评管理、环境风险隐患防控等工作，努力完成市政府下达的环保责任目标，为建设绿色开放幸福美好新泾川提供了生态环境保障。

一、全县1—9月份环境质量情况

（一）空气环境质量：1—9月份，全县空气质量有效监测天数251天，优良天数209天，优良率为83.3%，其中PM_{10}平均浓度为80微克/立方米，$PM_{2.5}$平均浓度为40微克/立方米。

（二）水环境质量：

1.地表水考核断面水质达标状况。1—9月份，市环境监测站监测数据反映，王村大桥、拦洪坝、长庆桥、九功桥断面（泾崇交界处）、圣母桥断面（汭河入泾河处）5个断面水质综合评价为Ⅲ类，均达到地表水水质综合评价Ⅲ类目标要求，达标率100%。

2.城市集中式饮用水水源地水质达标状况。1—9月份，城区集中式饮用水水源水质经监测为Ⅲ类，达到目标水质要求，达标率100%。

3.地下水考核点位水质达标状况。1—9月份，市环境监测站监测数据反映，王村镇地下水位考核点水质为Ⅲ类，达到目标水质要求，达标率100%。

（三）土壤环境质量：辖区内土壤环境安全可控，未发生重金属、石油等新的土壤污染问题。

二、重点工作完成情况

（一）扎实推进中央环保督察反馈问题整改。截至目前，中央环境保护督察组反馈我县19个突出环境问题中，3个系统类问题已立行立改并长期坚持，14个辖区类问题已基本完成整改任务，下剩2个辖区类问题已完成年度整改任务，正在有序推进。具体进展分别是：“泾河、葫芦河流域有35个重点乡镇尚未建设垃圾和污水处理设施，每天有1.3万吨生活污水直排，葫芦河水质持续为劣V类”的问题，2017年建成了汭丰镇、王村镇、罗汉洞乡、泾明乡、高平镇、党原镇、温泉开发区、泾州宾馆8个生活污水处理站，2018年建设了玉都镇、荔堡镇、窑店镇、太平镇、红河乡、飞云镇、丰台镇7个生活污水处理站，同步配套污水收集管网，实现全县城乡生活污水全收集、全处理。目前除窑店镇污水站正在建设调节池外，其余设备均已安装到位，正在组织调试。同时，建成高平、党原、荔堡3个省级重点乡镇垃圾填埋场，目前已全面投入运行。省市要求王村、窑店、玉都3

个省级重点乡镇垃圾处理设施须于年底前建成投运，经汇报市住建局同意，计划在玉都镇、飞云镇建设垃圾处理设施，辐射处置周边乡镇产生的生活垃圾，王村镇因与县城较近，生活垃圾集中拉运至城区垃圾填埋场处置。关于“质监、工商等部门在新增燃煤锅炉注册和煤质管控等方面工作不够严实，甘肃省2014年以来仍新注册每小时10蒸吨以下的燃煤锅炉912台”的问题，经查，我县共有2014年以来违规注册燃煤锅炉14台，结合2017年全县燃煤锅炉整治行动，对县域内8台10蒸吨以下承压燃煤锅炉注销了使用登记证，并在县政府门户网站分批进行了公示；将剩余6台（均分布在乡镇）违规注册燃煤锅炉纳入了2018年整治计划，目前已注销正大公司党原镇青年蛋鸡育成场2台，其余4台正在督促办理注销手续，预计11月底全部完成任务。

（二）坚决打赢蓝天保卫战。制定印发了《泾川县2018年大气污染防治工作实施方案》，全面落实各项重点任务。一是加强燃煤锅炉综合整治。截至2017年底，全县共有燃煤锅炉103台，其中已完成达标治理（提标改造）9台，纳入2018年整治清单的94台。截至目前，已完成整治83台（其中煤改气31台、煤改电13台、煤改甲醇2台、燃烧洁净煤36台，因企业倒闭停用1台），占总任务的88.3%，仍有11台未整治到位，占总任务的11.7%。二是实施清洁取暖改造工程。对城中村、棚户区、城乡接合部（含中心镇）及建成区边界向外延伸5～10公里范围内居民使用的土炕、燃煤小火炉进行了排查摸底，实施3500户城郊居民改灶改炕工程，目前进展顺利。三是强化“六张清单”管控。从严、从长、从细落实“治旧、控新、严管”的防治要求，全面落实城区道路洒水抑尘措施，湿法清扫率达到90%；建筑工地执行“六个百分之百”和“三个必须”管控措施达到90%以上；规范煤炭专营市场管理运行，配套二级配送网点32个；督促工业企业全面落实“三防”措施，确保污染处理设施达标稳定运行。

（三）扎实开展清水行动。按照《泾川县2018年水污染防治工作方案》要求，狠抓年度重点工作任务的落实。一是依法开展水源地专项整治。完成1个城区水源地、1个备用水源地和3个乡镇集中式水源地保护区划分调整，编制了《泾川县城区集中式饮用水水源地“一源一策”整治工作实施方案》《泾川县城乡集中式饮用水水源地专项行动实施方案》和《泾川县城乡集中式饮用水水源地规范化建设方案》，开展城区水源地环境保护专项行动，全面清查水源地隐患问题。二是实施泾川县泾河流域水环境综合整治项目。争取项目资金3775万元，加快实施泾川县泾河流域水环境综合整治项目，目前已完成了三级生态过水坝、260亩生态湿地、4.5万平方米生物氧化塘项目选址，项目可行性研究报告批复，委托黄委会黄河公司对氧化塘、橡胶坝、过河管涵（350米）布设地勘点位60处，已完成地质勘测41处。三是加快乡镇污水处理站建设。切实加快泾汭河沿线和重点乡镇污水处理站建设，一期建成污水处理站8个，二期规划建设7个，今年将全部建成投用，实现城乡污水处理设施全覆盖。

（四）全面开展净土行动。制定了《泾川县2018年土壤污染防治工作计划》，明确了全县土壤污染防治工作目标任务和责任单位。争取项目资金1650万元，实施泾川县玉都镇石油开发土壤污染治理修复项目，已完成现场调查风险评估、可研、实施方案编制，现报省环保厅待批。完成城关镇凤凰村、罗汉洞乡丈八寺村和荔堡镇地庄村3个贫困村农村环境综合整治项目，目前正在等待验收。争取项目资金1350万元，计划实施丰台镇西头王、伍塬、丰台3个村320亩石油污染土壤治理项目，目前正在开展前期工作。扎实开展重金属污染源排查工作，经排查我县没有重金属污染企业。

（五）持续推进生态文明示范县建设。国家生态文明示范县建设涉及的37项指标中，已有30项全面完成，7项接近完成；委托省环科院编制《泾川县生态环境保护红线划定方案》，组织国土、林业、水务、农牧等部门和有关乡镇召开了征求意见会，进一步修改完善方案内容，初步完成了划定区域对接，确定了红线划定范围。

（六）环评管理和环境信息公开工作情况。按照深化“放管服”改革要求，1—9月份，共依法审批各类项目483个，其中转报市级审批5个，县级审批21个，备案登记457个。全面公开环境信息，按要求在县政府门户网站等信息平台公布空气、水等环境质量监测结果和重点污染源监测状况，依法依规公开违法案件查处等情况，接受群众监督。

（七）严格环境监管执法。按照“属地管理、分级负责、无缝对接、全面覆盖、责任到人”的原则，严格落实《泾川县环境监管网格化管理实施方案》，确定了19户县级重点污染源监管企业，按照“双随机一公开”的要求，严格落实重点监管企业“月监察”制度，建立健全环保公安环境污染犯罪案件联勤联动机制，严厉打击环境违法行为。坚持全覆盖、零容忍，依法查处环境违法行为，今年以来，累计开展执法检查211次，检查各类企业126户，查处各类环境违法行为10起，罚款84.17万元，整改环境管理问题14个，调处各类信访投诉案件39起，其中办结省级环保督察交办信访案件2批3件，省级专项环保督察交办信访案件2批3件。

（八）全力化解环境风险隐患。积极处置“4·9”道路交通事故引发柴油罐车泄露造成突发环境污染事件，委托华南环科所、省环科院开展生态损害评估。深刻吸取“4·9”道路交通事故引发柴油罐车泄露事件教训，进一步加强县域环境风险防控，正在修订完善环境突发事件应急预案，组织开展全县排污企业环境应急管理工作专项执法行动，督促企业进一步加强环境应急预案的编制、评估、演练、备案及管理工作。截至目前，完成突发环境事件应急预案备案企业10户。

全县“作风建设年活动”开展情况

今年以来，全县上下坚持把作风建设年活动作为转变干部作风、重塑队伍形象、改善营商环境、加快发展步伐的重大政治任务和重要工作抓手，在县委的坚强领导和市转改办的具体指导下，深入贯彻习近平新时代中国特色社会主义思想和党的十九大精神，全面落实省、市、县关于开展作风建设年活动的各项决策部署，全力推动作风建设年活动有序深入开展，为决战脱贫攻坚、决胜全面小康、建设绿色开放幸福美好新泾川提供了重大支撑和环境保障。

具体工作中，围绕“四个聚焦”，突出“四个强化”，取得了“四个方面成效”。

“四个聚焦”：一是聚焦解放思想，深化学习教育强担当。从活动一开始，坚持从深化学习教育入手，结合工作实际组织全县各级党组织及党员干部认真学习折达公路反面典型案例，联系工作实际找问题、谈认识、求共识，开展了解放思想大讨论，撰写心得体会，从认识层面统一了全县干部职工的思想，打消了顾虑，有效提升了党员干部参与作风建设年活动的主动性和积极性。全县共组织观看折达公路警示教育专题片160场（次），干部职工人均撰写心得体会2篇以上，召开讨论交流会120场（次），引导党员干部深入学习贯彻习近平新时代中国特色社会主义思想和党的十九大精神，在学思践悟中进一步强化“四个意识”，提升履职能力，提高工作效能。

二是聚焦解决问题，强化即知即改解难题。紧盯解决不担当、不作为、不落实、官僚主义、形式主义和行政效能低下、营商环境不优等突出问题，坚持把解决好班子问题与个人问题相结合，工作问题与思想作风问题相结合，长期形成的顽疾与新出现的问题相结合，对查找出的作风问题，建立整改台账，坚持精准施策、对症下药，逐条逐项制定整改措施，明确整改责任、整改时限和目标要求，强化督促检查推动整改落实，全县共建立作风建设整改台账99个，有序推动了各类作风问题的整改落实。同时坚持即知即改、立行立改，发现一起整改一起，查找一批解决一批，一件一件抓落实，全县共边查边改各类问题3500多条，有效解决了影响制约经济发展和事关群众生产生活利益问题，为泾川经济发展带来了新改变、新成效、新气象。

三是聚焦整改落实，深化各类活动增实效。围绕各类存在问题的整改落实，坚持把作风建设年活动与“脱贫攻坚作风建设年”、“三纠三促”专项行动、深化“放管服”改革突破年、十九届中央第一轮巡视和省委巡视反馈问题自查自纠等活动紧密结合，与党的十八大以来各类问题整改落实情况“回头看”、党中央重大决策部署贯彻落实、环保督察、审计统计检查、扶贫领域等问题整改工作紧密结合，与抓好各乡镇、各部门的具体工作落实结合起来，统筹兼顾，协调推进、融合发展；建立“放管服”改革重点任务清单31项，整顿软弱涣散基层党组织17个，组织开展决策督查和业务督查34个，强化各类督办催办32个，有力推动了各类问题整改，极大地增强了工作实效。

四是聚焦推动发展，紧盯“一号工程”抓落实。紧盯2018年整县脱贫摘帽这个总目标和硬任务，统筹各方帮扶力量，优化调整驻村帮扶工作队队长、第一书记67人，制订完成“一户一策”精准脱贫计划5389户，争取天津市武清区帮扶资金2350万元；完成劳动力技能培训6454人，输转贫困劳动力4510人，实现劳务收入7700万元；落实到户产业扶贫资金1.13亿元，以4个特困片带和91个贫困村为重点，新建果园9240.9亩，种植露地蔬菜3314.6亩、设施蔬菜4325亩、大棚西瓜4440座2261亩、马铃薯1892.63亩，改扩建规模养殖场4个；投资1630万元开建“平凉红牛”鼎康高端肉牛育肥场，带动贫困户实现稳定增收；开发乡村道路维护员、保洁员等公益性岗位1500个，安置建档立卡贫困家庭劳动力1433人，落实公益护林员203人，全面落实产业扶贫、教育扶贫、健康扶贫等各项政策，全力推进“九大冲刺行动”，确保年内实现整县脱贫。

“四个强化”：一是强化组织领导。县委、县政府主要领导亲自谋划部署，担任活动领导小组组长，分管副书记直接主抓，带动各级主要领导主动担责，把活动定位为推动全县经济社会全面发展的有力抓手；召开县委常委会审议通过了《泾川县作风建设年活动实施方案》，印发了放管服改革、机关作风整治、扶贫领域作风、执纪问责等6个方面工作方案；召开全县作风建设年活动推进会，对活动开展进行了再安排、再部署；组建了活动领导小组办公室，由县委办、政府办、纪委监委、宣传部、扶贫办、机关工委牵头负责，分别组建了督查考评组、“放管服”改革组、执纪问责组、宣传监督组、扶贫领域作风组、机关作风组，充分发挥牵头部门职能优势，形成了“1办6组”统筹发力、协同运作、各有侧重、信息共享、互为支撑的工作推进机制，推动全县活动扎实深入开展。

二是强化氛围营造。充分运用报纸、电视、网络、手机报等媒体平台，大力宣传开展“转变作风改善发展环境建设年”活动对改善我县发展环境的重要意义、基本内容和目标要求，在泾川门户网站、泾川发布和泾川电视台，开设了活动专栏，集中公布了79个县直部门作风问题投诉反映受理方式，发布有关转变作风改善发展环境的各类稿件75篇；组建了宣传简报组，下发活动简报43期，全县各级各部门自行编发简报128期，《县公安局精准施策，扎实推进作风建设年活动》《县公管办优化窗口服务流程，提升便民服务效能》《王村镇“四个注重”扎实推进作风建设年活动》《城市社区“四个着力”持续推进干部作风转变》等多篇简报聚焦深化“放管服”改革、服务群众“最后一公里”方面的典型案例，多层次、多角度、有力地为转变作风、改善发展环境营造了浓厚的舆论氛围。

三是强化问题整改。坚持问题导向，始终把查摆问题、整改落实作为开展作风建设年活动的关键环节和核心任务，对照省市明确查摆解决的6大类18个方面突出问题，通过深入调研、座谈走访、发放征求意见函、设立意见箱、开通热线电话等方式，深入查摆和梳理各级班子和党员干部作风方面存在的突出问题。活动开展以来，县上四大班子查找问题55条，完成整改55条，班子成员个人查找问题236条，完成整改236条。其中县委领导班子共查找问题6类9条，班子成员个人共查找问题58条，全部即知即改并长期坚持；县人大领导班子共查找问题6类18条，班子成员个人共查找问题48条，全部完成整改并长期坚持；县政府领导班子共查找问题6类13条，班子成员个人共查找问题77条，全部即知即改并长期坚持；县政协领导班子共查找问题6类15条，班子成员个人共查找问题53条，全部完成整改并长期坚持。

四是强化督查问效。活动开展以来，组建了3个机关作风督导组和督查考评组，在“两代表一委员”及工商联人士中聘请作风监督员10名，采取书面督查、综合督查、专项督查等形式，对脱贫攻坚、“放管服”改革、燃煤锅炉整治及贯彻落实中央八项规定及实施细则精神进行专项督查；7月上旬利用一周时间对各乡镇、各部门作风建设年活动推进情况进行督导检查，现场指出问题31项，当面督促落实整改24项；加强对服务窗口人员的管理，加大对履职尽责担当等方面问题的问责力度，共查处违反中央八项规定精神问题10起，给予党纪政务处分25人，组织处理17人；对全县驻村帮扶工作队及第一书记不在岗位，未履行请假手续的12人点名道姓进行了通报；处置不担当不作为、弄虚作假及侵害群众利益不正之风方面典型问题11起22人，不断加大警示震慑力度；受理投诉问题15起，办结15起，办结率达到100%；对市转改办执纪问责组转办的2件问题线索进行了立案查处，目前结案1件，给予党纪处分1人。同时，加强网上社会评议工作，各乡镇各部门认真组织本乡镇本部门“两代表一委员”及全体党员干部积极参加网上社会评议。政府工作部门和公共服务行业单位在政务大厅、服务窗口张贴、放置网上社会评议公告，积极引导广大群众、企事业单位和社会各界人士上网评议。对网上征集到的各方面意见建议，县作风办进行了认真分析、归纳梳理、研究办理，并通过网上社会评议、第三方满意度测评、县作风办平时考核评价及考核评议加减分对全县103个单位进行得分排名，满意度在90%以上的101个单位，占98.1%，满意度在80%以上的2个单位，占1.9%。

“四个方面成效”：一是“四个意识”进一步增强。坚持在学懂弄通做实上下功夫，深入学习贯彻习近平新时代中国特色社会主义思想和党的十九大精神，认真组织开展中心组学习会议和常委会议，自觉用党的最新理论武装思想，自觉维护习近平总书记在党中央和全党的核心地位、维护党中央权威和集中统一领导，党员干部“四个意识”进一步增强，旗帜鲜明讲政治的氛围日益浓厚，意识形态工作责任制全面落实；深入推进党建统领“一强三创”行动、“十星级”党支部建设标准化，举办学习贯彻党的十九大精神专题研讨会和科级干部轮训班4期、主体培训班7个、外出培训4批，开展主题宣讲45场次，培训党员干部1.1万人（次），有效激发了基层党组织引领脱贫攻坚的凝聚力和战斗力。

二是发展活力进一步激发。运用项目谋划“八个一批”“四个渠道”，城市发展“四个转变”“六项原则”，产业发展“N个一”等新措施新办法，推动县域经济发展；持续深化“放管服”改革，扎实开展“减证便民”专项行动，清理减少证明事项198项，梳理公布“最多跑一次”事项264项，编制完成行政许可事项流程图138项；全面推行“三集中三到位”行政审批服务模式，县政府政务服务中心投入运行，县乡村三级政务服务体系不断健全，为加快发展注入了新动力；认真落实“先照后证”“多证合一、一照一码”制度，积极推进网上审批改革和注册登记全程电子化，全面落实鼓励民间投资、减税降费、改善企业融资条件等政策措施，营商环境得到进一步改善；组织开展银企对接洽谈等活动，加速释放了发展动力和创新活力。

三是干部作风进一步好转。严格贯彻落实从严治党新要求，积极建立作风建设年常委班子问题台账和个人问题台账，采取销号管理、共性问题和个性问题统筹解决相结合等方式，有效抓好了问题整改；县委常委带头廉洁自律、带头严格执行制度、带头推动工作落实、带头依法依规办事、带头整改突出问题，充分发挥以上率下的作用，带动全县干部作风转变、发展环境改善；把深入查摆整治机关作风问题与认真查找解决机关党建工作“短板”“漏洞”“弱项”紧密结合，围绕“打造一流机关作风、营造良好发展环境”目标，进一步加强和改进机关党的建设，构建机关作风建设长效机制；结合“两学一做”学习教育常态化制度化，大力弘扬“快、实、细、新、俭、严”的“六字”作风，健全完善直接联系服务群众制度，坚决纠正作风领域的突出问题。

四是重点工作进一步推进。严格落实市委“担当、创新、突破、提升”工作要求，全力抓重点、补短板、强弱项，论证储备刘李河水库等“国家重大项目库三年滚动计划”项目732项，概算总投资772亿元，申报2019年中央预算内投资项目43项，概算总投资21.13亿元；实施农村危房改造1506户，易地扶贫搬迁529户，完成县乡道路改造30公里，硬化村组道路44公里；新建肉牛养殖小区（场）5个、蔬菜保鲜库1座，建成日光温室55座、钢架大棚510座；幸福路、城区公厕改造提升工程启动实施，南滨河景观大道G312线完成主路面改造、绿化亮化及慢车道新建工程，S304线正在进行路面铺筑，泾灵路十字人行天桥全面投用；城乡低保、五保提标工作全面完成，城乡居民养老保险参保率达到95%；新增城镇就业1656人，城乡社会保障体系日趋完善；完成造林绿化5.9万亩、水土保持综合治理4.1平方公里，经济社会发展和生态环境保护协同共进。

大事记

1月

6日 市政府副市长李富君，市政府党组成员、市公安局局长吴建忠及平凉公路局、交警支队、高速公路管理处、路政执法处等部门负责同志，深入泾川指导青兰高速疏堵保畅工作。

9日至12日 省公共资源交易局副局长窦生铭，市人大常委会副秘书长、办公室主任李森带领考核组对帮扶工作进行年度考核。

11日 县脱贫攻坚领导小组召开2018年第一次会议，县委书记吕鹏举主持会议并讲话，县委副书记、县长王廷佐安排部署当前脱贫攻坚工作。

▲ 全县乡镇、部门主要负责人集体谈话会议召开，县委书记吕鹏举出席会议并讲话，县委副书记、县长王廷佐，县委副书记景宗刚出席会议，县委常委、纪委书记、监委主任李卫东主持会议。

16日 市环保局副调研员陈汭平带领督查验收组，对泾川县燃煤锅炉提标改造问题进行督查验收。

21日至23日 县委副书记、县长王廷佐，县委常委、政法委书记李永成，县委常委、副县长赵小军带领县循环经济产业园区、政府办、工信局、旅游局、温泉开发区管委会主要负责同志，赴山东济南对温水资源利用项目进行实地考察。

22日 市工商局工会主席高兴银带领全市非公经济发展工作考核组对泾川县2017年度非公经济发展工作进行考核。

23日 县委召开2017年度乡镇党委书记抓基层党建工作述职评议大会，县委书记吕鹏举出席会议并讲话，县委常委、纪委书记、监委主任李卫东主持会议，市委组织部副县级组织员、干部二科科长陈立及市委组织部研究室主任杨新科到会指导。

24日 泾川国有林场改革工作领导小组会议召开。

▲ 全县河长制工作会议召开。县委副书记、县长、县级总河长王廷佐出席会议并讲话，县委

常委、纪委书记、监委主任李卫东主持会议。

24日至25日 泾川境内普降中到大雪，道路积雪较厚，给道路交通安全管理工作造成较大压力。

31日 市委常委、纪委书记、监委主任王月成带领市委考核组来泾川县集中考核2017年度党委工作责任目标完成情况。

2月

4日 泾川县首届“体彩杯”“全民健身 大众滑雪”大奖赛在城关镇天池国际四季滑雪场举行。

5日至6日 市减负办主任陈绍文一行，在县委常委、县政府常务副县长陶梅陪同下，对泾川县落实粮食安全省长责任制情况进行考核。

5日至8日 县政府领导陶梅、赵小军、吕忠武、冯宁、李强、封聚强分别带队检查各乡(镇)、重点企业、生产经营单位及人员密集场所安全生产工作。

6日 县长王廷佐、县人大常委会副主任赵晓春、副县长李强带领县政府办、工信局、总工会、城市社区等单位负责同志，走访慰问了城区困难职工。

▲ 县上召开2018年道路交通安全工作会议。

▲ 县委、县政府召开“两节”期间消防安全专项治理工作会议，县委常委、政法委书记李永成出席会议并讲话。

▲ 县上召开2018年全县禁毒工作会议，县政府县长、县禁毒委主任王廷佐出席会议并讲话。

7日 市委副书记、市长王奋彦，市委常委、政法委书记杨军，副市长宋全科带领市政府办、工信委、能源局负责同志来泾川县对天纤棉业公司进行慰问。

8日 县委书记吕鹏举，县人大主任贾仁全，县长王廷佐，县政协主席张寅虎，县委常委、组织部部长慕晓云带领相关部门负责同志对离退休干部进行走访慰问。

▲ 县上四大家主要领导吕鹏举、贾仁全、王廷佐、张寅虎，深入交警大队、消防大队、正大饲料公司、华润陶瓷公司、家园陶瓷公司、社会福利中心、人武部、天纤棉业公司、城关敬老院、武警中队、煤业集团、高速泾州大队开展春节走访慰问活动。

11日 县委副书记、县长王廷佐深入高峰寺林区和城市社区管委会，检查春节前安全生产工作。

23日 县脱贫攻坚领导小组召开2018年第二次会议。县委书记吕鹏举主持会议，县委副书记、县长王廷佐围绕完善落实“一户一策”脱贫计划、推进产业扶贫、补齐脱贫攻坚短板弱项、加强项目资金监督管理等工作进行安排部署，县政府副县长吕忠武就“一户一策”精准脱贫计划模板进行说明。

27日 中共泾川县十七届四次全体会议暨县委经济工作会议在县职教中心召开，县委书记吕鹏举，县委副书记、县长王廷佐出席会议并讲话；县委常委、纪委书记、监察委主任李卫东主持会议；县上领导贾仁全、张寅虎、景宗刚、齐雪琴、陶梅、赵小军、张小平、慕晓云等出席会议。

▲ 县委农村工作暨扶贫开发工作会议在县职教中心礼堂召开，县委书记吕鹏举主持会议，县委副书记、县政府县长王廷佐出席会议并讲话。

▲ 县上召开完善落实“一户一策”精准脱贫计划培训会。

28日 县上召开2018年度全县民兵组织整顿工作会议。

3月

3日 国家安全监管总局统计司巡视员周永平带领国务院安委会第二督导组对我县安全生产工作进行督导检查。省安监局局长郭鹤立、市政府副市长杨维周陪同检查。

5日 泾川县2018年"春风行动"启动仪式暨东西部扶贫劳务协作现场招聘会在县回中广场举行。

5日至6日 县残疾人联合会第七次代表大会召开。

7日 省公路管理局副局长朱晖带领调研组对南李至三山子公路、荔堡至大寨村道、下肖至丰台公路、丰台至伍仲村道进行了调研，市交通运输局副局长尚忠锋陪同。

▲ 副省长李沛兴带领省政府调研组，在市委常委、政法委书记杨军陪同下，来泾川县开展调研。

8日 市政协副主席闫虎明带领调研组来泾川县就《中共平凉市委关于进一步加强政协工作推进人民政协协商民主建设的实施意见》贯彻落实情况进行调研。

9日 县委召开中心组学习会。

▲ 县长王廷佐主持召开县政府全体会暨廉政工作会议。

12日 2018年春季全县林果业建设暨县直机关义务植树动员会议召开。

▲ 市委第四巡察组巡察泾川县情况反馈会召开。市委第一巡察督导组组长、市纪委正县级纪检监察员王双贵，市委第四巡察组组长、华亭县纪委副书记、监察委副主任张安行，巡察组副组长、华亭县委组织部副部长张祎出席会议，县委副书记、县政府县长王廷佐主持会议并做表态发言。

13日至14日 市政府办公室副主任杨喜成带领市政府调研组，对泾川县经济社会发展目标任务落实情况进行调研。

▲ 县上召开全县2017年微影视作品展播表彰会议。

20日至21日 县委书记吕鹏举对部分乡镇精准脱贫及春季农业农村工作进行督查调研。

21日 省水利厅副巡视员张世华带领省委第七督导组，对我县中央环保督察反馈意见整改落实工作进行了督导检查，市政府副市长宋全科陪同督导。

▲ 县上召开农村土地确权颁证暨集体产权制度改革工作推进会。

22日 县上召开环境保护突出问题整改工作推进会议。

23日 全县人力资源社会保障暨农民工工资清欠工作会议召开。

▲ 全市重大项目集中开工（泾川县）仪式在城区生活污水处理厂提标扩容工程现场举行。市政府副市长宋全科，市政协副主席席君忠，市政府副秘书长崔飞及县上四大家主要领导、分管领导出席开工仪式。开工仪式由县委书记吕鹏举主持。

▲ 市政府副市长宋全科带领市直有关部门负责同志，深入泾明乡和王村镇，对泾明乡长庆桥村国控断面水质自动监测站建设及王村镇章村、朱家涧村精准扶贫工作进展进行督导调研。

▲ 全县统战民族宗教工商联工作会议召开。

▲ 参加平凉红牛产业发展战略座谈会的专家、领导及中央省市媒体记者150多人考察指导泾川县牛产业发展。甘肃省农业科学院院长、教授吴建平，美国德州农工大学教授约瑟夫·威廉·霍洛威等国内外专家，市人大常委会副主任张乔英、市政府副市长李富君参加活动。

29日 县上召开2018年城区棚户区改造工作会议。

▲ 省政府研究室农村处处长陈祖贵一行来泾川调研脱贫攻坚工作，市政府研究室副主任石璇泽陪同调研。

4月

3日 县委、县政府召开2018年生态环境保护工作会议。

▲ 市委组织部副部长、市人社局局长张弘带领市人社局相关科室负责人来泾川县督查调研人社工作。

4日　县上举行吴焕先烈士陵园祭扫活动。

▲ 市林业局局长马新平对泾川县春季林果业建设工作进行督查，县政府副县长吕忠武陪同督查。

▲ 市委副书记、市长王奋彦，副市长宋全科带领市直有关部门负责人对泾川县重点环保问题整改落实情况进行现场督查。

8日　全省转变作风改善发展环境建设年活动动员大会召开。

▲ 县委书记吕鹏举，县长王廷佐，县委常委、纪委书记、监委主任李卫东，副县长吕忠武带领林业局（果业局）、农牧局、民政局等部门主要负责人分组深入丰台、飞云、窑店等乡镇，现场检查果园受灾情况。

▲ 市政府党组成员、公安局局长吴建忠带领市直有关单位负责人，对泾川县机动车尾气污染治理工作进行专项督查。

9日　县上召开全域无垃圾专项治理工作推进会议。

10日　全县新型城镇化建设暨加快工业化发展会议召开。

▲ 全县旅游产业发展大会召开。

▲ 县政府残工委会议暨全县残联工作会议召开。

11日　县政府召开新闻发布会，县委常委、县政府常务副县长、县政府新闻发言人陶梅介绍了“4·9”道路交通事故引发油罐车柴油泄漏事件情况。《甘肃日报》、每日甘肃网、《平凉日报》、平凉电视台、平凉门户网、泾川电视台、泾川门户网等媒体参加发布会。

▲ 市政府副市长李富君带领全市春季农业农村和脱贫攻坚工作第二督查组督查泾川县工作。

17日　天津市武清区委书记王小宁带领武清区党政代表团来泾川县开展结对帮扶和扶贫协作对接工作。市政府副市长李富君，县委书记吕鹏举、县长王廷佐陪同考察。

18日　县委副书记、县长王廷佐，县委常委、副县长赵小军带领县政府办、环保局、住建局负责同志，先后深入党原、王村等乡镇，对生活垃圾填埋场、生活污水处理站、朱家涧易地搬迁工程建设等工作进行督查。

18日至19日　世行贷款组织项目经理艾威达（Mr.Ahmed Eiweda）、省财政厅国际处副处长窦文博、省项目办副主任李峰带领世行专家和省项目办工作人员来泾川县检查百里石窟长廊保护项目建设情况。

19日　县委书记吕鹏举、县长王廷佐带领县委办、政府办、环保局主要负责同志，对建筑工地扬尘治理、煤炭二级配送点规范管理、企业排污在线监测设备安装等城区大气污染防治工作进行检查。

20日　县脱贫攻坚领导小组召开第4次会议，传达学习中央和国务院有关领导讲话、省市有关会议和武清区扶贫协作座谈会议精神，通报有关考核情况，安排部署当前脱贫攻坚工作。

22日　省环保厅水环处调研员刘迎伟带领检查组一行，对泾川全面建立河长制工作进行检查验收，市水务局局长李旺军陪同检查。

23日　县委副书记、县长王廷佐，县委常委、副县长赵小军带领政府办、环保局主要负责同志，就省第五环境保护督查组交办的第二批信访问题办理情况进行督办。

▲ 泾川县第五届“体彩杯”全民篮球运动会开幕式在县体育公园举行。

▲ 全县统计法规知识培训班开班仪式在县委党校举行。

23日至24日　省政协副主席、市委书记郭承录带领扶贫办负责同志来泾川县督查调研。

25日 县委党的群团暨档案工作会议召开。

▲ 县委、县政府召开全县执行工作联席会议暨决胜基本解决执行难“百日会战”动员部署会议。

28日 县安委会2018年第二次全体（扩大）会议召开。

▲ 县上召开防汛抗旱工作会议。

▲ 泾川县“山水白家”踏青旅游季系列活动开幕。

5月

3日 泾川县召开纪念五四运动99周年暨第三届“向上向善”好青年表彰大会。

9日至10日 天津市武清区农委副主任刘文利带队，来泾川县开展对口帮扶及合作交流活动。

10日 市政府副市长王利锋带领市环保局、水务局、农牧局负责同志，对省第五环境保护督察期间受理转办泾川县的环境信访投诉问题办理及洪河河长制责任落实情况进行现场督导督办。

▲ 省农牧厅副厅长妥建福带领督查组，对泾川县蔬菜产业助推脱贫攻坚工作进行了现场督查。市农牧局局长练生辉、市农牧局副局长向国科陪同督查。

11日 县长王廷佐先后深入玉都、王村、荔堡等乡镇易地扶贫搬迁安置点，实地查看工程进度和质量，提出具体要求和推进措施。

14日 县城市规划委员会召开2018年第二次会议。

15日 市扶贫办副主任李育东、范振海带领督查组对泾川县互助资金及东西部扶贫协作工作进展进行督查调研。

▲ 县上召开2018年全县消防工作暨春夏火灾防控部署会议。

17日 县上召开全县建档立卡问题核查整改工作会议。

18日 县上在回中广场举行第28个“全国助残日”活动启动暨轮椅发放仪式。

21日 市住建局总工程师李宝山一行，检查我县强降雨防范措施落实情况。

23日 县委副书记、县长王廷佐，县委常委、常务副县长崔飞调度全县重大项目开工及项目入库工作。

24日 县上召开全县农村低保专项治理动员会议。

▲ 市政协副主席邢建军带领视察组视察泾川县交通项目建设情况。

25日 全县转变作风改善发展环境建设年活动暨重大项目建设推进会召开。

▲ 县脱贫攻坚领导小组召开2018年第五次会议暨脱贫攻坚推进会议。

▲ 省教育厅发展规划处副处长封清云带领调研组对泾川县教育精准扶贫国家级示范区平凉先行先试工作进行调研，市教育局副局长侯永杰陪同调研。

27日 省安监局监管三处处长蔡文杰带领省安委办第一督查组，对泾川消防安全工作进行专项督查。

28日 中国农业科学院副院长李金祥一行来泾川调研平凉红牛产业发展，市长王奋彦、副市长李富君陪同调研。

28日至30日 县委书记吕鹏举带队赴天津市武清区开展扶贫协作对接工作。

29日 甘肃泾川中银富登村镇银行更名暨爱心捐赠活动在回中广场举行。中银富登村镇银行集团总部副总裁史炜捷、中国银行甘肃省分行副行长王学军、中国银行平凉市分行负责人、客户代表及相关媒体出席仪式。

30日 县政府党组书记、县长王廷佐主持召开县政府党组会议。

▲ 市政协副主席郭宏带领调研组调研泾川县文旅融合发展情况。

31日　县政府召开政府系统转变作风改善发展环境建设年活动推进会暨集体廉政谈话会议。

6月

1日　县委书记吕鹏举，县委副书记、县长王廷佐深入泾川一中督查调研全县2018年高考备考工作。

4日　县委召开中心组学习会议。

5日　县委全面深化改革领导小组召开2018年第一次会议。

▲ 县上召开健康扶贫工作推进会议。

▲ 县人大常委会主任贾仁全带领部分县人大代表深入荔堡镇、罗汉洞乡督查县十八届人大二次会议第2号代表建议办理情况。

▲ 省农科院小麦研究所在荔堡镇问城村召开兰天系列抗条锈病小麦新品种（系）陇东现场观摩会。市农牧局党组成员、市种子管理局局长王桢，副局长朱浩军，市农科院副院长王宗胜，市农科院小麦专家任根深，各县（区）种子管理站站长、部分农技中心主任、种子生产企业负责人及专业技术人员30多人参加。

8日　县上召开2018年全县夏季果园管理现场观摩会。

11日　县上召开禁毒工作推进会议。

11日至14日　县上分三个督查组对全县脱贫攻坚重点工作开展情况进行集中督查。

13日　市地震局副局长段怀柱、杨晨光带领全市震情监视跟踪和地震应急准备工作督查组督查泾川县工作。

14日　天津市武清区卫计委副主任王善民带领区卫计委、区人民医院相关科室负责人来泾川开展结对帮扶活动。

▲ 县委召开挂职干部座谈会。

▲ 中国农科院北京畜牧兽医研究所所长秦玉昌、副所长张之宜一行来泾调研“平凉红牛”泾川千头高端肉牛育肥场项目建设情况。副市长宋全科，市农牧局局长练生辉，市牛办主任陈富国陪同调研。

20日至22日　县上分6个督查组对扫黑除恶专项斗争部署以来的工作进行督查。

21日　市人大常委会副秘书长、办公室副主任李宁，市人大常委会法工委主任薛世尧等一行，来泾川对“饮用水水源地保护”和“烟花爆竹燃放”2个立法项目开展调研。

▲ 省纪委常委张晶一行深入泾川督查调研纪检监察信访举报工作。

22日　省政协副主席、市委书记、市级总河长郭承录来泾川巡查泾河。市委秘书长李诚、市水务局局长李旺军、市环保局局长张双鹤、市水务局副局长毛泽秦参加巡查。

▲ 市督查考核局副局长陈彦璧带领督查组对泾川县“放管服”改革工作进行专项督查。

26日　县上在四中举行了“6·26”国际禁毒日暨平凉市创建全国禁毒示范城市（泾川县）宣传推进活动。

▲ 市政府研究室副主任王兴华一行，对泾川县经济社会发展情况进行调研。

26日至27日　兰州市平凉商会会长唐旭跃，平凉市政协原副主席、兰州市平凉商会名誉会长李长明一行来泾川开展民企陇上行“项目对接精准扶贫奉献爱心”活动。

29日　县长王廷佐带领政府办、组织部负责同志，深入王村镇，对离任村干部和困难党员进行走访慰问。

▲ 市委副秘书长、政研室主任杨永生一行，对泾川县上半年重点工作进展情况进行督查调研。

7月

3日　县委召开中心组学习会议。

▲ 县委议军会暨全县武装工作会议召开。

▲ 汭丰镇第二届绿色蔬菜节暨乡村旅游季开幕。

4日 全县驻村帮扶工作队、"第一书记"约谈会暨帮扶工作推进会召开。

5日至8日 省发改委第三督导组来泾川县督导2016、2017、2018年易地扶贫搬迁工作，市发改委以工代赈办副主任杨帆，县政府常务副县长崔飞陪同调研。

7日 2018年平凉市登山节（泾川站）活动暨平凉市第二届徒步越野挑战赛在汭丰镇郑家沟景区隆重举行。市文广局副局长、市体育局副局长殷宏义，市体育中心主任冯韶龄出席启动活动。

9日 县长王廷佐，常务副县长崔飞，县委常委、政法委书记李永成，副县长吕忠武带领县政府办、国土局、水务局、执法局等单位主要负责同志，对城区防汛河长制工作和地质灾害防御工作进行现场督查。

9日至10日 省民政厅副巡视员刘爽带领督查组，对泾川县农村集体产权制度改革工作进行督查。

9日至13日 脱贫攻坚帮扶工作省直组长单位省公共资源交易局、市直组长单位市人大常委会办公室和县脱贫攻坚帮扶工作协调领导小组办公室组成5个联合督查组，对全县2018年上半年脱贫攻坚帮扶工作进行督查。

11日 县委书记吕鹏举，县委副书记、县长王廷佐，县委副书记王德全，副县长吕忠武带领县委办、政府办、水务局、住建局等部门主要负责同志，调研督导河流防洪、城乡防汛、地质灾害应对和河长制工作落实等情况。

▲ 省政协民族和宗教委员会副主任苏武带领省民主法制领域专项小组调研组来泾川县调研宗教事务依法管理工作，市委统战部常务副部长、市社会主义学院党组书记位志贤陪同。

12日 市政府副市长宋全科带领市交通、民政、公路等部门主要负责同志来泾川县指导防汛减灾救灾工作。

▲ 2018年"中国流动科技馆"泾川县巡展活动启动仪式在飞云中学举行，市科协副调研员闫晓凤出席活动。

13日 县政府召开保障省级环保专项督察安排部署工作会议。

▲ 泾川县第十五次妇女代表大会召开。

16日 县委副书记、县长王廷佐，副县长李强带领县循环经济产业园区管委会、县环保局、县住建局等部门负责同志，集中督查突出环境问题整改落实情况。

▲ 泾川县2018年暑期美中友好志愿者英语教师培训班开班仪式在泾川四中学术报告厅举行，美中友好志愿者项目主管艾兰女士、甘肃省项目经理梁宁女士、平凉市政府督学朱怀太以及18名美中友好志愿者、全县中小学英语教师代表260多人出席开班仪式。

17日 县脱贫攻坚领导小组召开2018年第6次会议。

▲ 省残联教就处副处长霍占武一行来泾川县督查残疾人教育就业工作。

18日 泾川县煤质管控暨省级环保督察反馈问题整改工作推进会议召开。

▲ 泾川县精神扶贫工作现场推进会议在汭丰镇召开。

21日 "2018平凉·崆峒文化旅游节"开幕式结束后，省旅发委副主任王富民和市上领导李雪峰、王月成、黄继宗、杨军、吴镇图、狄生奎、张乔英、樊文浩、冯宁平、陈黎萍、邢建军、崔安平一行莅临泾川县旅游商品展馆进行检查指导。

22日 中国国家地理·地道风物副总经理、首席品牌官、风物之旅项目负责人陶颖谦带领"风物之旅——崆峒行"考察团一行14人来泾川县开展体验考察活动。

23日 市委副书记、市政协主席、泾河市级河长王大睿对泾河防汛抢险救灾及河长制工作落实情况进行巡查。市委副秘书长、办公室主任田书林，市水务局局长李旺军，市环保局副局长杨富明参加巡查。

▲ 县上召开领导干部警示教育大会。

▲ 县上召开全县征兵工作推进会。

▲ 市安监局局长柳志峰带领市安委办第一督查组，对市委、市政府《关于推进安全生产领域改革发展的实施意见》贯彻落实情况进行督查。

24日 市委常委、副市长袁状来泾川县调研能源工作，市能源局局长刘懿平陪同调研。

▲ 市人大常委会副主任张乔英率领调研组来泾川县对文旅融合发展情况进行专题调研。

25日 省文化厅公共文化处处长张万儒一行对泾川县第三批国家公共文化服务体系示范项目文化社团创建工作进行考核验收。

31日 县上领导贾仁全、李永成、赵小军、冯维成带领县公安局、民政局等部门主要负责同志，对县消防大队、人武部、武警中队进行走访慰问。

▲ 县上举办2018年夏季城乡劳动力及未就业高校毕业生现场招聘会，来自北京、上海、陕西、内蒙古、天津市武清区及县内外的92家企业参加。

▲ 市发改委副主任、物价局局长王亚锋一行对泾川县上半年价格工作进行督查。

8月

3日 市委副书记、市政协主席王大睿，市政协副主席邢建军带领视察组来泾川县对“如何营造良好营商环境”进行监督性视察。

▲ 县长王廷佐检查智慧城市建设情况。

6日 市人大常委会主任李雪峰、市政府副市长宋全科带领市人大办、政府办、林业局、商务局负责人，对市四届人大二次会议第25号建议《关于加大对泾川县现代果业发展扶持力度的建议》办理情况进行现场督办。

▲ 市招商局副局长朱晓黎带队，对泾川县1—7月份招商引资工作和第24届兰洽会签约项目落地等情况进行督查。

7日 省政府原参事强宏斌、刘文亮一行，调研泾川县农村“三变”改革及村级集体经济发展情况。

▲ 市残联副理事长曹玉祥一行来泾川县督查2018年残疾人重点工作开展情况。

▲ 市人大常委会主任李雪峰带领市人大常委会农环工委、市财政局、市扶贫办负责人，调研泾川县扶贫资金使用管理情况。

8日 市政协副主席禹文长带领调研组来泾川县调研民族团结进步创建活动开展情况。

▲ 市委农工办副主任、小康办主任高强带领考核督查组对泾川县农村“三变”改革试点工作进行复查考核，对美丽乡村建设示范村及农村公益性设施共管共享工作进行督查。

13日 中共泾川县十七届委员会第五次全体会议召开，传达学习市委四届六次全体会议暨全市生态环境保护和非公有制经济发展大会精神，总结前七个月工作，分析当前形势，部署下一阶段任务，动员全县上下进一步提振信心，担当作为，聚力攻坚，抓实见效，确保年度各项目标任务落实。

▲ 县委副书记、县长王廷佐，常务副县长崔飞带领县政府办、发改局、督查考核局负责人，对重点项目建设情况进行督查。

▲ 市人大常委会副主任冯宁平带领调研组来泾川县对“七五”普法决议和规划实施情况进行了专题调研。

15日 市政协副主席席君忠，带领部分市政协委员和市直部门负责人来泾川县现场办理市政协四届二次会议第101号“关于加强河道采砂管理的提案”。

17日 省扶贫办副主任顾建成一行对泾川县农村“三变”改革试点工作进行考核验收。市政协主席、市委副书记王大睿陪同。

▲ “梦寻醉美乡村·相约魅力泾川”旅游季暨锦绣凤凰民俗文化旅游节开幕式在锦绣凤凰景区隆重举行。市委常委、宣传部部长李富君，中央电视台甘肃记者站站长刘龙，甘肃省旅发委执法总队总队长李晓峰等出席开幕式。

▲ 省信访局局长秦仰贤一行督导调研泾川县信访工作。市政府副市长、市公安局局长吴建忠，市委副秘书长、市信访局局长周晓宁陪同。

21日至22日 省旅游投资管理有限公司副总经理白明亮一行来泾川县考察农村“三变”改革项目投资情况。

27日 县委召开理论中心组学习会议。

▲ 县委、县政府召开全县扫黑除恶专项斗争领导小组（扩大）会议暨全县扫黑除恶专项斗争推进会议。

▲ 县脱贫攻坚领导小组召开2018年第七次会议暨落实“九大冲刺行动”做好全县脱贫攻坚帮扶工作推进会议召开。县委书记吕鹏举出席会议并讲话，县委副书记、县长王廷佐主持会议。

28日 县委统一战线（县民族宗教）工作领导小组会议召开，县委书记、县委统战工作领导小组组长、县民族宗教工作领导小组组长吕鹏举出席会议并讲话。

▲ 县政协召开“加快城区天然气及供暖管网升级改造”双月协商座谈会。

▲ 中组部、团中央第十八批博士服务团来泾川县考察调研重点产业、重点人才项目。

29日 县上举行2018年“金秋助学”暨“面对面爱心助学”资金发放仪式。

9月

1日至2日 省疏勒河管理局纪委书记陈显宏带领检查组来泾川县对农村饮水安全巩固提升工程实施情况进行检查。

4日 市政府副市长宋全科带领市政府办、农牧局、林业局主要负责人调研泾川县“九大冲刺行动”推进落实、扶贫产业培育和农业农村工作进展情况。

7日 县长王廷佐深入县医院整体搬迁、南滨河景观大道、通乡（镇）燃气管道建设等项目建设现场进行工作调度。

7日至8日 省民政厅副巡视员刘爽带领省政府第四督查组，对泾川县农村留守儿童关爱保护和困境儿童保障工作进行督查。

10日 县委、县政府召开全县学校安全暨校园周边环境治理工作会议。

11日 市人大常委会主任李雪峰带领省人大代表专题调研泾川县污染防治工作，市人大常委会副主任张乔英、市人大常委会秘书长路畅、县人大常委会主任贾仁全参加调研。

▲ 泾川县召开脱贫攻坚“九大冲刺行动”工作推进会议。

13日 县上召开“大棚房”问题专项清理整治工作安排会。

14日 泾川县2018年“全国科普日”暨“平凉科普·科普大篷车千户百村（校）”巡展活动启动仪式在汭丰中学举行。

15日至16日 天津市武清区汉沽港镇党委经济副书记安尔瑞带领调研组来泾川县开展扶贫协作与合作交流。

16日 省科技厅副巡视员何维华带领省政府第二督查组，对泾川县消防安全管理进行督导检查。

18日 县安委会2018年第三次全体（扩大）会议召开。

18日至19日 天津京滨工业园副总经理崔伟，天津武清汽车产业园党工委副书记、副总经理杨波带领考察团来泾川县考察对接项目。

19日 联系泾川县省直和中央在甘单位脱贫攻坚帮扶工作协调推进会在泾川县召开。省公共资源交易局局长赵喜泉、省委农工办副巡视员黄明、省公共资源交易局副局长张正，省科学院、省广电网络公司、中国证监会甘肃监管局、中石油西北销售公司分管领导出席会议。

21日 市政协副主席闫虎明、郭宏带领部分市政协委员来泾川县观摩重大项目建设情况。

27日 省人大常委会教科文卫工作委员会副主任王锡明一行在市人大常委会副主任张乔英陪同下，来泾川县调研文化产业、文化节会发展情况。

▲ 县政协纪念改革开放四十周年“畅想新时代·聚力新征程”书画摄影展开展仪式在县政协机关举行。

28日 全市农村“三变”改革现场观摩交流推进会在我县召开，市委副书记马琨出席会议并讲话，副市长宋全科主持会议。

▲ 县人大常委会副主任郝拴福、康君、裴琰带领常委会组成人员、部分市（县）人大代表，专题调研全县消除农村C级危房工作。

29日 县委召开中心组学习会议。

▲ 县长王廷佐深入大云寺景区、东街社区、城东小区老旧楼改造现场，对全县旅游、建筑工地等重点行业领域安全生产及环境保护工作进行检查。

30日 全国第五个“烈士纪念日”，县上在吴焕先烈士陵园举行公祭活动。

▲ 县上召开2018年贫困退出验收安排部署会议。

10月

1日 县上隆重举行“升国旗 唱国歌 庆国庆”活动仪式。全体在家县级领导，县直各部门主要负责人，公安民警、消防官兵、城市社区居民、学生代表共1000多人参加活动仪式。

10日 县委副书记、县长王廷佐主持召开县政府党组会议，组织学习《中华人民共和国宪法》、新修订的《中国共产党纪律处分条例》、习近平总书记在十九届中央政治局第六次集体学习时的讲话精神。

▲ 天津市世达制冷工程设备有限公司董事长吴亚宁一行来泾川县考察果菜畜保鲜库建设及冷链物流项目。

16日 县长王廷佐深入王村镇二十里铺城区自来水净化处理工程、王村镇易地扶贫搬迁工程现场，对全县惠民实事办理情况进行督查。

▲ 天津市武清区委统战部副部长王术力一行5人来泾川县对接帮扶工作。

▲ 省食药监局局长李存文带领调研组调研泾川县食品药品安全监管工作，副市长杨维周陪同。

18日 甘肃大云寺旅游开发有限公司举行揭牌仪式。甘肃省城乡发展投资集团党委书记、董事长王明寿，总经理杨重存，市委常委、副市长袁状，县委书记吕鹏举，县委副书记、县长王廷佐，省城投集团办公室主任廖翔，基础设施开发有限公司总经理张华伟、副总经理杜晋陇、总工程师张永博出席。

18日至19日 省商务厅交叉检查组对泾川电子商务进农村综合示范项目及电商扶贫工作开展情况进行检查，市商务局局长吴邦锋陪同检查。

20日至21日 甘肃交通职业技术学院副院长锁冠侠带领省教育厅第一督查组，对泾川县国家级农村职业教育和成人教育示范县创建、职业教育经费使用和职业教育助推县域精准扶贫等工作进行督查。

22日 县脱贫攻坚领导小组召开2018年第8次会议。

▲ 泾川县2018年秋季林果业建设暨森林防灭火工作会议召开。

24日至25日 中国动物卫生与流行病学中心副主任王树双、应急管理部监管三司处长陆旭、应急管理部监管四司处长胡福静等来泾川县督查非洲猪瘟防控工作，省兽医局防疫处处长倪鸿韬、市兽医局副局长王加力陪同。

26日至31日 市人大常委会副主任张乔英、市卫计委主任莫小平、市扶贫办副主任史维君带领全市贫困退出第四抽查验收组，对泾川县2018年度贫困退出工作进行抽查验收，市纪委、监委派驻市水务局纪检监察组组长黄惠平带领作风监督组全程监督。

28日至29日 天津市武清区团委书记张鹏带领武清区青联委员、青年企业家代表一行7人来泾川县开展东西部协作扶贫捐赠活动及工作调研。

29日 市人大常委会副主任张乔英带领市中央环保督察反馈意见整改落实工作第二督导组，对泾川县省级环保督察反馈意见涉及突出环境问题整改落实工作进行督导。

30日 市政府副市长何瑞莲带领市政府办、卫计委、教育局等部门负责同志，对泾川县教育、卫计、文广、旅游等重点工作开展情况进行调研。

▲ 市政府副市长宋全科调研王村镇精准扶贫工作。

31日 市地震局副局长杨晨光、杨成刚带领全市防震减灾工作考核组来泾川县考核2018年防震减灾工作。

31日至11月1日 全省易地扶贫搬迁交叉检查第五检查组组长、武威市发改委副主任王国发一行检查泾川县易地扶贫搬迁工作，市以工代赈办副主任杨帆陪同检查。

11月

1日至5日 第十六届中国国际农产品交易会暨第二十届中国中部（湖南）农业博览会在长沙举行，县政府副县长李强及富原红果品贸易有限公司负责人参加会议。其间，泾川县富原红果品贸易有限公司生产经营的平凉金果富原红苹果被评为本次大会参展农产品金奖。

2日 省生态环境厅规划财务处处长连兵一行5人来泾川调研“打好污染防治攻坚战”工作开展情况，市环保局副局长杨富民陪同调研。

▲ “陇上泾川”电子商务县域公用品牌新闻发布会暨京东苹果采摘节启动仪式在泾州宾馆举行。省商务厅电子商务处副调研员牛强，市委常委、副市长叶剑芳，市商务局局长吴邦锋，京东集团西北区大客户经理罗玉祥，甘肃公航旅文化传媒有限公司执行董事长蔡宾出席发布会。

5日 市政府副市长、市公安局局长吴建忠带领市安监局、交通局、公路管理局、交警支队、高速公路管理局等部门负责人督查泾川县道路交通安全管理工作。

7日 市人大常委会主任李雪峰深入联系帮扶的红河乡，以《深入学习贯彻习近平新时代中国特色社会主义思想和党的十九大精神，持续用力推动乡村振兴战略深入实施》为题，为乡村干部讲专题党课，市人大常委会秘书长路畅、县人大常委会主任贾仁全、县政府县长王廷佐参加。

7日至9日 县委常委、副县长袁志兴，市扶贫办副主任范振海带领县人社局负责同志赴天津市武清区对接交流东西部劳务扶贫协作、劳务工作站和劳务基地建设情况。

10日 省政府研究室副主任高春远一行，对泾川县经济社会发展情况进行调研。

12日 县委召开中心组学习会议。

13日 市红十字会常务副会长冯宝娟带领考核组对泾川2018年红十字会工作进行考核。

13日至14日 市旅游局副局长、市旅游景区质量等级评定委员会副主任杨志军带领市旅游景区质量等级评定检查组，对泾川拟创建国家3A级景区的城关镇凤凰村、泾明乡白家村和汭丰镇郑家沟村旅游景区进行现场检查评定。

14日 县上召开冬季道路交通事故大战100天专项行动工作推进会议。

▲ 酒泉市委副书记樊建新带领党政考察团来

泾考察全域旅游发展情况，市政府副市长何瑞莲陪同考察。

15日 临夏州委常委、副州长、厦门市援临夏州前方指挥部总指挥邱武伟带领第三督查组到泾川县就东西部扶贫协作工作开展交叉督查，市扶贫办副主任范振海陪同。

16日 北京云杉信息技术有限公司总经理李勇一行3人来泾川县对接考察劳务输转工作。

17日 2018年甘肃·泾川“飞天云翼杯”全国山地自行车场地越野赛在泾川飞天云翼户外运动基地举行，平凉市体育中心主任冯韶龄，平凉市体育运动学校原副校长、本届比赛裁判长杜正杰参加开幕式。

▲ 崇信县委书记王锦，县委副书记、县长张拴会带领党政考察团来泾川考察乡村旅游。

19日 中国残联组联部主任曹跃进、组联部处长郭韶华一行调研泾川县残疾人工作。省残联巡视员张恩和、省残联组联处处长姚礼、市政府副市长杨维周、市残联理事长周学贞、副理事长黄建平陪同调研。

20日 县上举行汭丰、荔堡交警中队挂牌仪式。

22日 省发改委副巡视员肖福林一行调研泾川县清理规范转供电环节加价工作，市发改委副主任、物价局局长王亚锋陪同。

23日 县上召开非公经济界学习贯彻习近平总书记民营企业座谈会重要讲话精神暨纪念改革开放40周年座谈会。

23日至30日 县委常委、县政府副县长袁志兴赴天津、北京对接东西部扶贫协作相关事宜。

26日 县上召开《泾川县志（1989—2010）》评审会议。省史志办市县志指导处副处长孔令奇，市地方史志办公室主任毛存显、副主任朱克雄，市地方史志办公室原主任马维民、市博物馆原馆长刘玉林参加会议。

27日 省政协人口资源环境委员会副主任王萍一行7人来泾川县专题调研促进绿色安全食品产业发展工作。市政协副主席邢建军、县政协主席张寅虎陪同调研。

27日至29日 县长王廷佐带队赴天津市武清区开展扶贫协作对接工作，县委常委、副县长袁志兴，副县长李强及县教育局、卫计局、农牧局负责同志参加。

12月

3日至4日 市安监局副局长王锡荣带领考核督查组，对泾川县安全生产工作进行考核督查。

4日 市委副书记、市长王奋彦带领市直相关部门负责人，对泾川县经济社会发展、重点工作推进、项目建设进行督查。

▲ 市委常委、宣传部部长、汭河市级河长李富君带领市河长制办公室负责人，对汭河泾川段进行巡河检查。

▲ 县消防大队举行消防救援实战演练。县委书记吕鹏举、市消防支队政委何省省出席活动并讲话。

5日 市委副书记马琨、市人大常委会副主任张乔英带领全市第一观摩组观摩泾川县牛产业发展情况。

▲ 县委全面深化改革领导小组召开2018年第二次会议。

6日 泾川县退役军人事务局在县城青年路挂牌。

7日 县上庆祝改革开放40周年“辉煌的历程·奋进的泾川”成果展在县委党校开展。

10日 市残联副调研员赵福全一行对泾川县2018年残疾人重点工作完成情况进行检查。

▲ 县上组织武清区在泾的13名挂职干部和专技人才观摩全县年度重点工作。

12日 平凉市第八届“体彩杯”足球联赛在泾川体育场开赛。

▲ 市政府副市长、洪河市级河长何瑞莲带领市河长办、市水务局、市环保局等单位负责同志到洪河段开展巡河检查。

▲ 市政府副市长、黑河市级河长宋全科带领市政府办、水务局、农牧局、环保局主要负责人来泾川县对黑河开展巡河检查，并督查“大棚房”问题清理整治和非洲猪瘟防控工作落实情况。

▲ 省农业农村厅副厅长李明生、省自然资源厅副厅长胡松涛带领检查组，对泾川县“大棚房”问题专项清理整治工作进行督查。

12日至14日 天津市武清区总工会副调研员贾清辉，带领固诺（天津）实业有限公司总经理范平一行3人来泾川，开展救助困难学生入户调查摸底和校企合作工作。

14日至17日 省农业农村厅外资办主任段淇斌带领督导组，对泾川县产业扶贫重点工作完成情况进行督导检查。

17日 市政府法制办副主任兰天带领考核组，对泾川县2018年依法行政工作进行检查考核。

19日 县脱贫攻坚领导小组召开2018年第九次会议。

20日 全县宣传思想暨网络安全和信息化工作会议召开。

21日至23日 平凉市第五届中小学读书节高峰论坛暨“大夏书系读书节2018”甘肃平凉专场活动在泾川县举行。市政府督学朱怀太、市新华书店总经理刘屹、华东师范大学出版社北京策划部主任任红瑚等专家教授出席开幕仪式。各县（区）教育局负责同志、中小学校长、全国各地阅读推广人代表，以及全县中小学阅读推广教师代表共700多人参加开幕仪式。

24日 全县第四次全国经济普查工作推进会暨普查业务培训会召开。

26日 全市改革开放40年成就（泾川县）新闻发布会在市政府五楼（市政府新闻办）召开。市委宣传部副部长雷勇主持发布会，县委常委、县政府常务副县长崔飞介绍有关情况。

27日 市委常委、统战部部长马琦来泾川县对非公经济、商贸流通及食品药品安全工作开展调研。市委副秘书长黄旭鸿、市商务局局长吴邦锋和市工商局党组书记、市食品药品监督管理局局长赵立雅陪同调研。

28日 全县组织工作会议暨抓党建促脱贫攻坚经验交流会召开。

▲ 市环保局副局长杨富明、市住建局总工程师李宝山一行对泾川县2018年河长制工作情况进行考核。

▲ 甘肃新世纪集团举行泾川县世纪花园住宅小区配套幼儿园捐赠移交仪式。

中国共产党泾川县委员会

重要决定

4月9日，县委印发《关于加快推进新型工业化的实施意见》；

4月10日，县委印发《关于创建省级全域旅游示范县的实施意见》；

5月3日，县委印发《关于进一步加强政协工作推进人民政协协商民主建设的实施意见》；

5月8日，县委印发《关于推行“十星级”党支部标准化建设的意见》；

5月10日，县委印发《关于加强耕地保护和改进占补平衡实施意见》；

7月4日，县委印发《关于加强县委巡察工作的实施意见》；

7月10日，县委印发《关于推进安全生产领域改革发展的实施意见》；

7月20日，县委印发《关于进一步加强食品药品安全工作的实施意见》；

8月1日，县委印发《关于深入实施“九大冲刺行动”坚决打赢打好脱贫攻坚战的实施意见》；

9月20日，县委印发《关于推进防灾减灾救灾体制机制改革的实施意见》；

11月19日，县委印发《关于构建生态产业体系推动绿色发展崛起的实施意见》；

12月19日，县委印发《关于打赢脱贫攻坚战三年行动的实施意见》；

12月19日，县委印发《关于繁荣发展社会主义文艺的实施意见》。

重要会议

【县委全委会议】

2月27日，县委十七届四次全体会议暨县委经济工作会议在县职教中心召开。会议书面传达了市委四届五次全体会议暨市委经济工作会议精神；县委副书记、县长王廷佐回顾总结2017年全县工作，全面安排部署2018年经济社会发展主要任务；会议通报了2017年度全县受市级以上表彰奖励情况，兑现了2017年度乡镇、县直部门、驻泾单位工作绩效考核结果及脱贫攻坚、人口和计划生育工作目标责任制考核结果，表彰奖励了2017年度全县经济社会发展中涌现出的先进单位、先进个人和优秀驻村帮扶干部，表彰命名了县级“文明单位”“文明村”。县委书记吕鹏举做了讲话。县委常委、纪委书记、监委主任李卫东主持会议。

8月13日，县委十七届五次全体会议在国土大厦会议中心召开。传达学习市委四届六次全体会议暨全市生态环境保护和非公有制经济发展大会精神，通报前七个月全县经济运行情况，安排部署下一阶段工作任务，县委书记吕鹏举，县委副书记、县长王廷佐出席会议并讲话，县上领导张寅虎、许尔全、齐雪琴、李卫东、崔飞、李永成、张小平、慕晓云出席会议。

【县委常委会会议】

1月29日，召开十七届县委第20次常委会议。传达学习中央政治局民主生活会、习近平总书记“1·5”重要讲话精神和省委办公厅《关于省农村信用社联合社原党委副书记理事长雷志强严重违纪案及其教训警示的通报》《关于庆阳市政府原副市长王谦严重违纪案件及其教训警示的通报》《关于转发省纪委〈从虞海燕金晋哲严重违纪案件解析兰州政治生态〉专题调研报告的通知》《关于转发省纪委〈全省违反政治纪律和政治规矩问题分析及整改建议报告〉的通知》《甘肃省贫困县党委和政府扶贫开发工作成效考核办法》《关于认真学习贯彻〈统计违纪违法责任人处分处理建议办法〉的通知》以及市委四届五次全体会议暨市委经济工作会议、市委农村工作暨扶贫开发工作会议精神。审定《泾川县党委（党组）网络意识形态工作责任制实施细则》《泾川县县级河长制工作部门联席会议制度和泾川县县级河长制工作考核激励与问责制度》；审定关于召开泾川县残疾人联合会第七次代表大会的意见；审定关于全县机关事业单位发放2016年度科学发展业绩考核奖和2017年度冬季取暖费的意见。

2月7日，召开十七届县委第21次常委会议。传达学习省纪委关于对平凉市泾川县扶贫领域开展监督检查情况的反馈意见和《中共平凉市委平凉市人民政府关于印发〈平凉市深化扶贫领域腐败和作风问题专项治理工作实施方案〉的通知》；审定2017年度工作绩效综合考核结果及奖惩意见；审定2017年单项工作考核结果及奖惩意见；审定2017年度全县各类先进评选结果及奖励意见；审定《关于深入推进招商引资工作的实施意见》；审定《泾川县脱贫攻坚实施方案（2018—2020年）》；审定关于召开县委十七届四次全体会议暨县委经济工作会议的意见及主题讲话；审定关于召开县委农村工作暨扶贫开发工作会议的意见；研究有关人事任免事项。

2月11日，召开十七届县委第22次常委会议。传达学习习近平总书记在十九届中纪委二次全会上的重要讲话精神和十三届省纪委二次全会、四届市纪委三次全会精神；审定关于召开十七届县纪委三次全会的意见和县纪委常委会工作报告；审定2017年度全县党风廉政建设目标责任书考核结果；审定《省纪委扶贫领域监督检查反馈问题整改方案》；审定《泾川县深化扶贫领域腐败和作风问题专项治理实施方案》；审定《泾川县处置突发事件和热点敏感问题网络舆情处置工作预案》。

3月8日，召开十七届县委第23次常委会议。传达国家统计局关于对泾川县统计执法检查发现的主要问题；传达省委省政府领导重要批示及市委第33次常委会会议精神。

3月16日，召开十七届县委第24次常委会议。传达学习省委办公厅省政府办公厅《关于印发〈甘肃省安全生产工作考核办法〉的通知》，市委市政府《关于推进安全生产领域改革发展的实施意见》；听取国家统计局执法检查反馈的主要问题及整改工作进展情况；审定《泾川县关于国家统计局执法检查反馈问题整改方案》；审定《市委第四巡察组反馈意见整改落实工作方案》；审定召开全县宣传组织统战工作会议相关事宜；审定召开全县政法信访工作会议相关事宜。

4月4日，召开十七届县委第25次常委会议。审定《泾川县保障2018年省级环境保护督察工作方案》；审定《泾川县关于推进农村资源变资产资金变股金农民变股东改革试点方案》；审定《关于加快推进新型城镇化的实施意见》；审定《关于创建省级全域旅游示范县的实施意见》；审定《关于加快建设旅游强县的意见》；审定《中共泾川县委常委会贯彻中央八项规定实施细则的实施办法》；审定2017年度县管领导班子和科级干部考核情况；

研究有关人员任职事宜。

4月25日，召开十七届县委第26次常委会议。传达市委主要领导调研指示精神；审定关于2018年全县国民经济和社会发展计划部分指标变更情况的意见；审定2018年县级财政收支预算方案（草案）；审定《关于进一步加强政协工作推进人民政协协商民主建设的实施意见》；审定《关于进一步加强和改进全县离退休干部工作的实施意见》；审定《关于县委常委会贯彻执行中央八项规定精神并以此带动全县加强作风建设情况的报告》；审定关于推行“十星级”基层党组织标准化建设的意见；审定泾川县聘用高校毕业生担任农村“三变”改革助理员实施方案；审定泾川县农村“三个带头人”队伍“一户一带”帮扶计划实施方案；审定关于规范中小学校和乡镇卫生院党组织隶属关系的意见；研究有关人事任免事项。

5月2日，召开十七届县委第27次常委会议。传达学习《中共中央办公厅关于加强调查研究提高调查研究实效的通知》《陈克恭万鹏举郭承录王奋彦同志在甘肃省第五环境保护督察组督察平凉市工作动员会上的讲话》；研究有关人事任免事项。

5月8日，召开十七届县委第28次常委会议。传达学习《林铎同志在省委推进全面从严治党向纵深发展暨第二轮巡视工作动员大会上的讲话》《李勇红同志在省委第四巡视组巡视平凉市及崆峒区工作动员会上的讲话》；审定关于成立泾川县转变作风改善发展环境建设年活动领导小组的意见，《泾川县深入开展“转变作风改善发展环境建设年”活动实施方案》；传达全市第三次执行工作联席会议暨“决胜解决执行难百日会战”动员部署会议精神，听取全县工作进展情况汇报；听取全县禁毒工作及“扫黑除恶”专项斗争情况汇报；审定关于加强耕地保护和改进占补平衡的实施意见；审定关于调整县委常委工作分工的意见；研究有关人员任职事宜。

6月29日，召开十七届县委第29次常委会议。传达学习赵乐际同志在贯彻落实《中央巡视工作规划（2018—2022年）》推进会上的讲话和杨晓渡徐令义同志在甘调研座谈会上的讲话、刘昌林同志在全省纪检监察工作会议上的讲话精神及省委办公厅《关于省委原副秘书长省委政策研究室原主任唐兴和严重违纪案及其教训警示的通报》；传达学习中共中央国务院《关于打赢脱贫攻坚战三年行动的指导意见》；审定《中共泾川县委常委会2018年工作要点（审议稿）》；审定《关于实施乡村振兴战略的意见》；审定《关于开展扫黑除恶专项斗争的实施意见》；审定《平凉市创建全国禁毒示范城市（泾川县）工作方案》；审定《关于进一步加强食品药品安全工作的实施意见》，听取全县食品药品监管工作汇报；审定《关于推进安全生产领域改革发展的实施意见》；审定《关于加强县委巡察工作的实施意见》《关于做好2018年巡察工作的实施意见》；审定关于申报推荐国家、省、市级文明单位的意见；审定2017年度全县武装工作考核奖惩意见和关于召开2018年县委议军会暨全县武装工作会议的意见；审定《中国共产党泾川历史（1978—2012）》第二卷编写出版工作方案；审定关于召开泾川县第十五次妇女代表大会的意见；研究其他事项。

8月9日，召开十七届县委第30次常委会议。传达全国组织工作会议精神，习近平总书记、李克强总理关于防汛抢险救灾工作重要批示指示及省委常委会扩大会议精神，省委主要领导调研泾川重要指示精神；传达全市上半年纪检监察工作座谈会议精神，听取上半年全县党风廉政建设和反腐败工作汇报；审定《中共泾川县委巡察工作规划（2017—2021年）》；听取县脱贫攻坚领导小组关于上半年全县精准扶贫精准脱贫工作进展情况汇报；审定《关于健全完善重大决策部署和重点工作推动落实机制的实施意见》；审定《2018年度泾川县乡镇、县直部门、驻泾单位工作绩效考核办法》；审定《泾川县“三变”改革助推产业扶贫实施方案》；审定《泾川县创新体制机制推进农业绿色发展工作方案（讨论稿）》；审定《关于开展农村村级公益性设施共管共享工作的实施方案》；审定关于召开泾川县2018年高考中考总结大会的意见；审定关于第十四批省级精神文明建设先进工作者推荐人选的意见；审定关于召开县委十七届五次全体会议的意见；审定关于开办新时代农民（市民）讲习所的意见；补议关于设立中国共产党泾川县国家税务局地方税务局联合委员会的意见；审议关于终止朱来成县十七次党代会代表资格的意见。

9月10日，召开十七届县委第31次常委会议。传达《中共中央国务院关于防范化解地方政府隐性债务风险的意见》《中共甘肃省委办公厅关于认真贯彻落实习近平总书记重要批示和其他中央领导同志批示精神的通知》《中共平凉市纪委关于白文革等人饮酒发生人员死亡违纪典型案件的通报》；学习新修订的《中国共产党纪律处分条例》；传达学习《中共平凉市委办公室关于认真对照十九届中央第一轮巡视和省委巡视反馈问题深入开展自查自纠活动的通知》；传达学习《中共甘肃省委办公厅甘肃省人民政府办公厅关于印发〈甘肃省精准脱贫验收标准及认定程序〉的通知》；审定《泾川县治理高价彩礼推动移风易俗实施方案》；审定《关于推进防灾减灾救灾体制机制改革的实施意见》；审定《泾川县污染防治攻坚方案》；审定关于召开全县庆祝第34个教师节大会暨推荐表彰2018年全县教育工作先进单位和优秀个人的意见；补议关于推荐评选2018年全市教育系统先进集体和优秀个人的意见；研究试用期满干部任职及到龄退休干部免职事宜。

9月20日，召开十七届县委第32次常委会议。传达学习市委党的建设领导小组会议精神；听取上半年全县党建工作督查和巡视反馈问题整改情况汇报和关于省市县补缴党费使用情况汇报；审定关于调整县委党的建设领导小组的意见；审定关于设立县税务局党委的意见。

9月20日，召开十七届县委第33次常委会议。审定《关于王村镇徐王村原党支部书记王保社涉嫌贪污、挪用资金、职务侵占犯罪案件移送审查起诉的请示》；传达学习全省深化扶贫领域腐败和作风问题专项治理工作推进会议精神。

10月19日，召开十七届县委第34次常委会议。传达学习《中共甘肃省委办公厅甘肃省人民政府办公厅关于印发〈甘肃省党政领导干部安全生产责任制实施细则〉的通知》；传达学习《中共中央纪委办公厅〈关于贯彻落实习近平总书记重要指示精神集中整治形式主义、官僚主义的工作意见〉的通知》《中共甘肃省委办公厅关于对省交通运输厅党组问责情况的通报》《中共平凉市委关于全市政治生态建设状况专项检查情况的通报》；传达学习全市扶贫领域腐败和作风问题警示教育大会精神；传达学习《甘肃省脱贫攻坚领导小组关于开展扶贫领域对照〈十九届中央第一轮巡视对脱贫攻坚工作监督检查情况的通报〉指出问题全面自查自纠活动的通知》和中央脱贫攻坚专项巡视视频会议精神；听取全县精准脱贫工作进展情况汇报和全县意识形态工作情况汇报，研究部署下一步工作；审定《泾川县意识形态工作联席会议制度》；听取全县“转变作风改善发展环境建设年”活动进展情况汇报；传达学习全市伊斯兰教专项工作会议暨宗教工作自查督查部署会议精神；审定《泾川县省级环保督察反馈问题整改方案》《关于进一步支持非公有制经济发展的实施意见》《关于加强基层民政工作的实施意见》《关于构建生态产业体系推动绿色发展崛起的实施意见》《关于完善农村土地所有权承包权经营权分置办法的实施意见》；研究挂职干部任职有关事宜和县委常委分工调整的意见。

11月27日，召开十七届县委第35次常委会议。研究关于对张太平等人统计违纪违法处分的意见；研究成立泾川县退役军人事务局和退役军人事务局筹建工作领导小组的意见。

12月4日，召开十七届县委第36次常委会议。传达学习《张伟李勇红郭承录同志在省委第四巡视组对平凉市巡视情况反馈会上的反馈意见和讲话》《中共甘肃省纪委办公厅关于印发〈脱贫攻坚专项巡视工作有关要求〉的通知》《中共中央纪委关于贯彻落实习近平总书记重要讲话精神严肃整治领导干部利用名贵特产类特殊资源谋取私利问题的通知》；学习省市领导关于脱贫攻坚工作的重要批示精神，研究贯彻落实意见；传达学习马廷礼同志在平凉调研座谈时的讲话精神，研究贯彻落实意见；传达学习全市宣传思想暨网络安全和信息化工作会议精神，研究贯彻落实意见；传达学习全市优化营商环境暨民营经济发展推进会议精神，研究贯彻落实意见；审定《关于加强和改进人民政协民主监督工作的实施意见》《关于打赢脱贫攻坚战三年行动的实施意见》《泾川县质量提升行动实施方案》《关于繁荣发展社会主义文艺的实施意见》和关于设立泾川县退役军人事务局党组的建议；研究有关干部人事任免事项。

12月14日，召开十七届县委第37次常委会议。传达学习市委常委会会议有关精神，研究退役军人管理相关事宜；研究有关县级干部职务任免事宜。

12月20日，召开十七届县委第38次常委会议。审定关于召开泾川县第十八届人民代表大会第三次会议的意见；审定关于召开政协泾川县第九届委员会第三次会议的意见；审定县政府工作报告（送审稿）、县人大常委会工作报告（送审稿）、县政协常委会工作报告（送审稿），法院、检察院工作报告；审定《关于2018年全县国民经济和社会发展计划执行情况及2019年发展计划（草案）的报告》（送审稿）；审定《关于2018年财政预算执行情况及2019年财政预算（草案）的报告》（送审稿）；研究团委、文联换届相关事宜；审定关于设立县十八届人民代表大会第三次会议临时党委和政协泾川县第九届委员会第三次会议临时党委的意见、关于补选李建平等5名同志为县十八届人民代表大会常务委员会委员的意见；审定2018年度全省脱贫攻坚先进集体先进个人推荐名单；审定关于全县机关事业单位发放2017年度科学发展业绩考核奖和2018年度冬季取暖费的意见。

中国共产党泾川县委员会领导名录

书　记　吕鹏举
副书记　王廷佐
　　　　王德全（4月任）
　　　　景宗刚（挂职，8月止）
　　　　许尔全（挂职，8月任）
常　委　李卫东
　　　　陶　梅（女，4月止）
　　　　崔　飞（4月任）
　　　　李永成
　　　　赵小军
　　　　齐雪琴（女，4月止）
　　　　王琴叶（女，4月任）
　　　　张小平
　　　　慕晓云
　　　　袁志兴（挂职，5月任）

办公室工作

2018年，县委办公室按照“担当、创新、突破、提升”的工作要求，紧紧围绕中心工作，充分发挥综合协调、参谋助手、信息沟通等方面职能作用，着力打造“政治上的先进机关、工作上的模范机关、作风上的表率机关”，有效保障各项工作任务全面落实。

【政务服务】全年起草文件123份，起草讲话、汇报、典型发言等各类文稿150多篇，会议纪要24次。制发公文390多件，清理废止、失效的党内规范性文件18份，报送市委备案的党内规范性文件45份。收发办理各级各类公文、电报4000多份，上报信息325条，信息工作位全市前列，先后在《甘肃工作》《调研与发展》等报刊发表理论文章5篇。

【综合协调】围绕县委中心工作，超前谋划，主动介入，切实做好协调服务，按周列出县委重大活动和县委常委重点工作计划，组织筹办县委常委会、县委全委扩大会、中心组学习会、脱贫攻坚领导小组会、四大家联席会等会议40多场（次）。健全完善四大办公室沟通联系工作机制，对全县重大活动和重点工作及时沟通衔接，统筹做好县委各项重点工作，确保县委各项决策部署快速落实。

【事务管理】严格机关财务管理制度，执行“收支两条线”管理标准，严肃财经纪律，规范财务审批，严控经费开支，认真做好机关水电暖维护保障和绿化美化工作。及时转办群众来信来访和领导批示，积极参与重点信访案件的调度和解决，加大跟踪督办力度，主动回应群众关切，全年处理化解各类信访问题80余人（次）。选派2名同志联系高平镇三十铺村开展脱贫攻坚帮扶工作，其中1名同志被评为全省脱贫攻坚帮扶先进个人。

【队伍建设】认真履行支部主体责任、支部书记“第一责任”和班子成员“一岗双责”，严格落实民主集中制、“三重一大”等各项规章制度，坚持重大事项班子成员集体讨论、民主决策。着眼打造高素质专业化干部队伍，突出教育培训，突出岗位练兵，不断完善“主任+科长+秘书”层级帮带机制，对重大活动、重要会议实行副主任、科长牵头，秘书全员参与。同时严格干部职工管理，对职工中存在的苗头性、倾向性问题及时提醒约谈。

领导班子成员名录

办公室主任　郭建辉
副主任　蒋明福
　　徐　桥
副主任、县接待办主任　梁军勤

（供稿：赵兴旺）

组织工作

2018年，全县组织工作紧扣新时代党的建设总要求和组织工作路线，以党建统领“一强三创”行动为统揽，以提升基层组织力、强化政治功能为重点，高起点谋划、高标准推进、高质量落实各项党建任务，全力促进基层党建工作全面过硬全面进步，为全县脱贫攻坚和乡村振兴提供了坚强组织保证。

【党员教育】持续推进“两学一做”学习教育常态化制度化，不断增强广大党员干部“四个意识”和政治担当。扎实开展全员轮训，制定《党的十九大精神宣讲工作方案》，35名县级领导带头深入联系乡镇、帮扶村开展宣讲，抽组理论骨干轮回宣讲45场次，培训党员干部1.1万人次，分4期举办科级干部党的十九大精神集中轮训班，培训科级干部980人。多渠道提升素质。举办“学习贯彻党的十九大精神，加快建设绿色开放幸福美好新泾川”专题研讨会，召开专题学习会1870次，组织开展习近平新时代中国特色社会主义思想和党的十九大精神知识测试，宣传教育党员干部2.1万人次。组织108名党政主要负责同志赴贵州省遵义市、六盘水市和天津市武清区考察学习，积极借鉴农村“三变”改革、脱贫攻坚和党的建设先进经验。组织763名农村“三个带头人”赴外考察学习，提高带富能力，激发帮带热情。

【党建工作】坚持以聚焦主业为根本，逐级压实党建工作责任。从严落实责任，从实传导压力。县委主要领导带头落实“五个一”责任体系和“三个走遍”要求，16名县委常委和党员副县长每人包抓一个深度贫困村和一个软弱涣散党组织，严格落实党建联系点制度，带动各级全面落实主体责任、第一责任、“一岗双责”，形成县级领导包乡镇、乡镇领导包村、组工干部联乡的包抓机制。坚持全员抓、抓全员。制定了党建工作要点、党建统领“一强三创”行动推进计划和任务分解表、抓党建促脱贫攻坚三年行动计划及党建统领全保障、党政干部和社会各界全参战行动方案，分10个领域签订党建目标责任书，逐级建立“三项清单”，定期调度推进、跟踪督查、促进落实。严格落实“三考排位”制度和“日报告、周调度、月提示、季督查、年考核”机制，建立每日党建工作动态群，每周召开部机关例会和乡镇党建办主任例会，每季度采取交叉互导、随机抽查等方式全面督查和随机审计，及时编发督查通报，对排名靠后的乡镇部门党组织书记和党建办主任进行约谈函询，倒逼责任落实。

县上领导做主题党课辅导

【助推脱贫攻坚】聚焦脱贫攻坚“一号工程”，制定《全面加强深度贫困村班子建设实施方案》，加强47个深度贫困村班子建设，调整村“两委”干部29名，选聘84名大学生担任贫困村“三变”改革助理员，切实壮大村级班子力量。调整选派第一书记52名，联合开展驻村情况督查6次。全面推行产业党建“四链”模式，探索建立六种“党建+”机制，培育产业型党组织45个，领办产业园区164个，建成“平凉红牛”泾川高端肉牛育肥场、王村雄发兴农蔬菜保鲜库、罗汉洞柿饼加工厂等龙头企业，真正把贫困群众聚集在产业链上，把带头人作用发挥在产业链上。大力推进东西部协作，协调衔接落实帮扶资金2350万元，对接实施12个方面21个帮扶项目，互派挂职干部9人，选派20名县内专业技术骨干赴天津市武清区跟岗训练，全面提升我县人才创造力。

【组织建设】针对各领域党建工作实际，突出精准施策，分类确定党建任务，在农村全面推行“四链”模式和“四型”党建助推扶贫模式，充分发挥基层党组织在脱贫攻坚、“三变”改革和乡村振兴中的示范引领作用；在城市围绕构建“大工委”“大党委”区域化党建工作新格局，促进传统社区党建与新兴领域党建融合互促；县直机关和事业单位认真落实党内基本生活制度，严格落实“三会一课”和主题党日制度，着力破解“灯下黑”“两张皮”问题；重点抓好非公经济组织和社会组织“两个覆盖”，引导开展各类志愿服务活动，促使各领域党建全面推进。全面推行“十星级”党支部评星定级，将创评标准细化为组织设置、班子建设、党员教育、组织生活、活动载体、阵地建设、运行机制、基本保障、服务群众、民主监督10个方面，分8个领域制定具体评星标准，对515个党支部全部进行评星定级、挂牌亮星。印发《关于规范党内政治生活的指导意见》，认真落实“三会一课”、党员领导干部双重组织生活等制度，全面开展“9+X”主题党日，推行“报批、学习、实施、交流、总结”五步流程，从严落实“六有”要求，各级党组织开展“主题党日”5300多场次，推动党组织生活经常化、规范化。分层次举办党务干部培训班和党员管理业务培训会56场次，培训党务干部1100多人次。培训入党积极分子360名，年内发展党员292名。评选“党员先锋岗”“五星共产党员”1480名。开通e缴费党费收缴平台，在全县推行了网上缴纳党费。

【机制创新】坚持以机制创新为牵引，以新理念创建新机制，以新机制推动新发展，争取省市党建工作经费261万元，县财政列支专项党建经费500万元，全力实施“四大项目”，新建村级活动场所13个、标准化社区1个，90个贫困村村级活动场所均实现达标。积极探索“党建+三变”模式，采取“入股分红、资产经营、资源开放、产业带动、服务创收”等有效模式，发展壮大村级集体经济，全县91个贫困村集体经济收入实现“零突破”，38个村达到2万元以上。制定《关于进一步激励广大干部新时代新担当新作为的实施意见》，探索建立“四个一线”“五个一批”干部培养选拔和一线历练机制，把脱贫攻坚主战场作为培养锻炼干部、考察识别干部的主战场，为县扶贫办选派兼职副主任1名，选派4名科级干部到精准扶贫任务较重的乡镇蹲点帮扶，选派152名中级以上职称专业技术人员担任“科技特派员”。对全县257名事业单位领导人员进行了“1+5”体系轮训，首次举办党政文秘人员能力提升研修班、优秀年轻干部培训班等为期一月以上的长期培训班。研究建立脱贫攻坚流动红旗和黄牌警告制度，将帮扶工作实绩考核结果计入县管领导班子和领导干部政绩考核中，提高脱贫攻坚一线干部年度考核优秀比例。

【作风建设】结合“转变作风优化发展环境建设年”活动，引导党员干部重责任、敢担当、讲奉献、比作为。针对十九届中央第一轮巡视、全省脱贫攻坚和市委第四巡察组反馈问题，精心制定整改方案，建立“三项”清单，逐项逐条销号整改，至目前已完成整改任务4个方面7条。对2017年各级党组织书记抓党建述职评议领导点评、自己查找的问题，指导建立“三项”清单，确保问题整改不留死角。加大对乡镇部门督查指导力度，通报分析问题，整改各类问题3600条，广泛开展网上评议，接受社会各界监督。

【党建宣传】坚持以宣传引导为抓手，大力营造党建工作氛围。集中在街路、超市等人群密集场所设置固定党建版面94个，悬挂横幅860条，电子显示屏滚动播放党建内容3200多条；通过县电视台开设党建统领“一强三创”栏目，通过各级网站宣传推广党建动态和经验做法310条，积极打造党建宣传“微课堂”“微动漫”“微电影”“微视频”“四微”模式，制作微视频和微电影等宣传片65部，建立党建微信公众号28个、微信交流群534个，推送原创党建信息1610条、学习资料3150篇，举办了全县“深化两学一做、牢记初心使命”知识竞赛，36个党组织参加电视知识竞赛，1.3万名党员参与网络知识竞赛。各级党组织积极开展主题演讲比赛、文艺节目会演、党员志愿服务等系列活动。

【自身建设】坚持从组工干部队伍建设和内部管理入手，扎实推进部机关标准化建设，修订完善会议制度、首问责任制、限时办结制等16项制度和工作流程，采取轮值主持方式，召开干部职工周例会41次，开展“我为大家上一课”活动16次、“大型文稿点评”10次、“组工信息讲评”21次，甘肃组工、平凉组工等采用信息31条，调研文章5篇，信息调研考核排名在全市前列。先后开展户外野炊、欢乐骑行、篮球联谊赛等组工文化活动8次，“自信与使命”“诵经典话初心”“不忘初心跟党走，聚力扶贫显作为”“改革开放40周年与组织保障”等主题党日活动12次，着力打造能力过硬、高效务实、作风优良、温馨和谐的组工队伍和模范部门。

领导班子成员名录

县委常委、部长	慕晓云
常务副部长	李建平（2月止）
副部长、县人社局局长	吕晓文（6月兼任）
副部长	秦树隆

（供稿：王文汉）

宣传工作

2018年，全县宣传工作紧扣深入学习宣传贯彻习近平新时代中国特色社会主义思想和党的十九大精神这一主线，强化理论武装和舆论宣传工作，厚植厚培文化繁荣兴盛和精神文明建设，全面落实党对意识形态工作的领导，全面提升宣传思想文化工作水平，各项工作进展落实良好。

【理论武装】研究制定《中共泾川县委贯彻落实〈中国共产党党委（党组）理论学习中心组学习规则〉实施细则》，制定下发《2018年全县各级党委（党组）理论学习中心组学习计划》，全县各级党委（党组）中心组开展集中学习研讨均达到12次以上。把学习宣传贯彻习近平新时代中国特色社会主义思想、党的十九大和十九届二中、三中全会精神作为党员理论武装工作的重中之重，县电视台、门户网开设了习近平新时代中国特色社会主义思想宣传专题栏目，开展主题宣讲辅导活动60场（次），县委党校组织开展专题宣讲活动120场（次）。积极组建“身边的改革开放”百姓宣讲团，县电视台开设了百姓宣讲活动专栏，开展宣讲活动60场（次）。配合市委讲师团积极承办“传承红色基因·不忘初心使命”百姓宣讲团宣讲活动，1人入选全市百姓宣讲团。向全市社科智库专家人才库推荐社科理论研究人才5人，1人入选，推荐省、市级课题4个。

【舆论引导】全年在市级以上媒体刊播新闻稿件612篇（条），组织开展纪念改革开放40周年“辉煌的历程、奋进的泾川”主题图片展，配合完成了“魅力中国城”“国家品牌计划”在我县的拍摄任务，邀请中央、省市新闻媒体来泾采访，中央电视台先后4次对我县凤凰村“三变”改革、乡村旅游进行了蹲点采访。12月14日，在凤凰村“三变”改革分红现场，省委书记、省人大常委会主任林铎连线分红现场并做重要指示。举办了全县业余通讯员培训班，对全县145名业余通讯员进行面对面指导培训。围绕党的十九大、十九届三中全会精神、社会主义核心价值观、精神扶贫、抵制高价彩礼等内容，利用大型户外广告牌、电子显示屏、横（条）幅等媒介，在平定高速、312国道和304、302省道以及后党路、泾镇路等县乡公路沿线更新大型宣传版面160多面（次），悬挂横（条）幅400余条。举办全县舆情应对暨信息化建设专题培训班，对各乡镇、各部门主要负责人和骨干网评员共180多人进行培训。对“4·9”交通事故导致柴油罐车侧翻泄漏事件，组织召开政府新闻发布会，及时发声、主动回应；针对“6·10”G22青兰高速交通事故，及时上报舆情，起草新闻通稿，做好应对工作。全年共编发网络舆情动态50期、舆情快报40期、舆情预警6期、舆情专报8期。以“泾川发布”“文明泾州”官方微信平台为矩阵，发布信息300期2000余条，阅读量达60万人次，积极传播党的声音，大力弘扬正能量。

12月，县上举办纪念改革开放四十周年成果展

【意识形态管理】把意识形态和宣传思想文化工作纳入年度考核，作为各级领导班子和领导干部年度政绩考核、党建工作责任制和领导班子民主生活会、述职报告的重要内容，纳入执行党的纪律尤其是政治纪律和政治规矩的监督检查范围。制定《泾川县党委（党组）网络安全责任制考核办法》，增强网络意识形态主导权和话语权。6月下旬，开展意识形态责任制落实情况专题督查，对发现的苗头性、倾向性问题及时纠正。

【精神文明建设】积极推荐申报全国文明单位（乡镇）2个，省级文明单位（社区）2个，市级文明单位（社区、村）3个，县级文明单位（村、小区、景区）12个。深入开展核心价值观主题宣传教育“十大创建”行动，制作宣传广告牌212面，播放公益广告2500多条，建成社会主义核心价值观主题公园4个。组织开展“新时代奋斗号”“身边好人”等评选活动，向市委宣传部、市文明办推荐各类典型先进人物5人，2个集体获“新时代奋斗号”殊荣，1个集体获提名称号。认真开展2018年微影视作品创作展评工作。各级党委（党组）开展“缅怀革命先烈，继承革命传统”等各类宣传教育活动98场（次）。制定《泾川县治理高价彩礼推动移风易俗实施方案》《关于组织签订〈全县党员干部、公职人员、“两代表一委员”带头抵制高价彩礼推动移风易俗承诺书〉的通知》，发放《党员干部带头移风易俗倡议书》等2万多份，号召党员干部以身作则引领社会新风尚，抵制高价彩礼。指导乡村完善《红白理事会章程》和《村规民约》，进一步约束群众大操大办、互相攀比等不良行为。开展“泾川好人”评选，评出候选人45人，推荐8人参与“平凉好人”评选。全县累计评选命名“五星文明户”9635户，建成“好人墙”150面、“道德红黑榜”215面，形成了崇德向善的良好风尚。建成“道德讲堂”95所，累计开展各类“道德讲堂”260场（次）。开展未成年人思想教育活动600多场（次），组织道德实践活动198场（次），有效提升了中小学生的思想道德素质。

“问道崆峒　聚焦平凉”全国网媒采访团来泾川采访直播

【文旅融合】加快文化旅游重点项目建设，大云寺景区西王母信俗展示中心完成主体，文明路、广场和水景观“三通一平”工程全面完成，景区中轴线主体工程基本建成；王母宫景区山上停车场硬化铺装、瑶池圣水池、九层叠水、浮雕墙及西王母大殿屋顶维修工程已全面完工；美年文化城大润发超市、中影迪斯尼影院、文旅大厦、温泉度假酒店和养老公寓建成主体；体育场钢结构雨棚建成框架；县博物馆、百里石窟长廊保护等项目进展顺利。聚焦宣传推介，全力打造文化旅游品牌。成功举办第1050届泾川回山西王母庙会、“梦寻醉美乡村·相约魅力泾川”旅游季暨“锦绣凤凰”文化旅游节、“5·19”旅游日宣传等系列活动，对我县重点旅游景区进行了集中推介，邀请省电视台拍摄完成泾川县旅游形象宣传片，制作了《吴焕先·军魂不朽》纪录片；积极组团参加崆峒旅游文化节，赴厦门、西安、重庆、银川、嘉峪关等地参加专题宣传推介。以“文化大篷车”“流动舞台”“广场文化活动周”和文化社团巡演等为载体，积极开展元宵灯谜晚会、“非物质文化遗产”展览、文化社团民俗文化展演、“红红火火过大年”城乡社火展演、文化科技卫生“三下乡”等活动380场次，成功举办“走进新时代·迈上新征程”泾川县2018年春节文艺晚会、迎春大型灯展、“健康中国·幸福泾川”广场舞大赛、“泾水欢歌”春官诗大赛、“职工梦·劳动美”职工书画摄影展、第五届“体彩杯”全民篮球运动会、首届“体彩杯”“全民健身·大众滑雪”大奖赛、“庆元旦·迎新春”万人越野赛、平凉市第八届“体彩杯”足球联赛、中国·泾川“万美杯”第五届蟠桃诗会、平凉理工学校汇报展演周、泾川县传统文化活动周等活动，进一步丰富城乡群众文化生活。

领导班子成员名录

职务	姓名
县委常委、部长	齐雪琴（女，4月止）
	王琴叶（女，4月任）
常务副部长	任新红
副部长	赵建杰

（供稿：薛小锋）

统一战线工作

2018年，全县统一战线工作以习近平新时代中国特色社会主义思想和党的十九大精神为指导，认真贯彻落实全省、全市统战部长会议精神，紧扣大团结、大联合主题，扎实推进统一战线重大决策部署落地见效，各项工作取得了突破性进展。

【“同心”思想教育】组织民主党派成员召开纪念“五一口号”发布70周年座谈会，支持民主党派开展“送医送药”下乡、“义诊服务”、光彩林营造等社会实践活动，为300多名群众提供义诊服务和健康咨询，建成光彩林30多亩。举办统一战线学习党的十九大精神“不忘合作初心 继续携手前进”征文及演讲比赛，征集到参赛作品54篇，编印《优秀作品选集》500本。

举办“不忘合作初心 继续携手前进”演讲赛

【协商民主建设】制定《泾川县2018年度政党协商计划》和《关于支持各民主党派开展脱贫攻坚民主监督工作的实施方案》，召开民营企业代表人士座谈会，围绕“建立党委政府与商会组织、民营企业沟通协商制度”进行讨论协商，形成了《关于“建立党委政府与商会组织、民营企业沟通协商制度”专题调研报告》。

【民族宗教】在机关、学校、村社、宗教场所等领域开展民族团结进步“六进”活动和民族团结进步创建工作，有6个单位、3个村、1个社区、2个学校、2个清真寺、5个家庭参与县级民族团结示范单位和家庭创建，印发《关于在全县宗教界开展“三学一做”学习教育的通知》《泾川县2018年宗教工作“三支队伍”培训计划》，部署开展宗教领域“八项”主题教育活动，印发《民族宗教政策法规60问》1000册，编印《星火》小报10期5000份，制作固定宣传展牌10面，配置书架17个，张贴悬挂宣传标语40条，实现宗教场所国旗悬挂全覆盖。

【非公企业发展】制定《关于进一步支持非公经济发展的意见》，从放宽市场准入、加大扶持力度、破解融资难题、改善营商环境、健全完善机制5个方面，提出了20条具体措施，明确责任主体，完善扶持体系，大力支持非公企业创业创新、转型升级，搭建非公企业网络交流、金融支持、法律服务、教育培训、信息共享五大平台。

【对台交流】发挥王母宫海峡两岸交流基地效应，主动承接国台办安排的台湾“精英参访团”来泾川参访交流活动，邀请台湾《联合报》记者对泾川县交流基地运行、西王母文化传承、旅游产业开发等进行深入采访，在台湾《联合报》广泛宣传。加强与台湾基层社团、民间组织的广泛联系，接待台北松山慈惠堂、花莲胜安宫等50多个社会团体1000多人来泾川参访考察。

【教育培训】制定《泾川县党员领导干部与党外代表人士联谊交友实施意见》，分层建立了党员领导干部联系党外代表人士制度，举办统战民族宗教工作干部培训班2期、统一战线代表人士培训班3期，培训680多人（次）。

领导班子成员名录

县委常委、部长　张小平

常务副部长　席宏发

副部长、民宗局局长、工商联党组书记、台办主任　马志锋（回族）

（供稿：卢雪涛）

政法工作

2018年，全县政法工作坚持以人民为中心的发展理念，以打造共建共治共享的社会治理格局为方向，以深化平安泾川建设为主线，扎实推进综治基层基础建设，着力防范化解涉稳风险，深化司法体制改革，狠抓工作责任和措施落实，全力维护社会和谐稳定，为全县经济社会发展创造了安全稳定的社会环境。

【社会治安综合治理】建成全县公共安全视频图像资源共享平台及综治分平台、公安分平台，整合接入一类视频资源121路、二类视频资源101路、三类视频资源150多路。立足于抓早抓小抓苗头，着力预防化解社会矛盾。排查各类矛盾纠纷1591件，调处成功1512起，调处成功率95%。发放《关于积极鼓励公民举报涉黑涉恶违法犯罪线索的通告》2600余份，刷写固定标语180多条，专题宣传107场次，发放宣传彩页2.1万多份，发送手机短信8万多条，受理举报线索40条，摧毁恶势力团伙1个，破获刑事案件3起，抓获犯罪嫌疑人10人。结合扫黑除恶专项斗争的开展，及时组织开展系列专项整治活动，破获“盗抢骗”刑事案件78起，抓获犯罪嫌疑人31名。

【维护稳定】认真开展了重点单位和领域安全大排查，检查学校、幼儿园250家，排查涉枪单位、危险品及易制爆企业37家，排查整改安全隐患19处。举办反邪教宣传活动136场（次），散发宣传资料8万余份，悬挂挂图300多幅，播放警示教育专题片120场（次），举办反邪教宣讲98场（次）。演出反邪教类节目30多场（次），受教育群众20多万人（次），高平镇及上湾村、三十铺村被命名为全国示范典型，城关镇及玉都、康家等13个村被命名为全省无邪教创建示范乡村。完成重大项目第三方评估7项，累计完成评估79项（其中评估重大项目74项，重大活动5次）。无大规模群体性涉稳事件。

县上召开扫黑除恶专项斗争推进会议

【司法改革】完成县法院、县检察院机构编制和人员管理上划及省级人财物统管。完善县公安局执法勤务机构人民警察警员职务序列制度，实行人民警察警官、警员、警务技术人员分类管理制度。投入150多万元建成县公共法律服务中心，办理公证案件592件、诉讼案件245件，受理法律援助94件，解答法律咨询516人次。开展“法律八进”活动59场（次）。认真开展解决执行难“百日会战”，列入会战的305件应执案件，执结104件、合规终本201件，2018年执行案件700件，执结597件，结案率85.3%。

【队伍建设】强化政治建警，教育引导广大干警增强“四个意识”，始终在思想上、政治上、行动上同以习近平同志为核心的党中央保持高度一致，持续改进工作作风。聚焦6个方面重点，深入查找政法队伍中不担当、慢作为，作风不实、纪律不严、能力素质不高等突出问题，健全完善纪律监督、目标考核等方面管理制度6项。分层分类开展岗位练兵、实战实训、技能比武等教育培训。以协调化解涉法涉诉信访件为突破口，扎实开展纪律作风教育整顿和执法督导检查，通过个案监督、案件评查、涉法涉诉案件督办、建立执法档案等措施，规范干警执法行为。

领导班子成员名录

职务	姓名
县委常委、书记	李永成
常务副书记	袁晓宁
副书记、县综治办主任	刘俊琪

副书记　　　　　　　代小龙

（供稿：许浩强）

机构编制

2018年度，全县机构编制工作围绕工作年度目标和任务，在行政资源配置、行政审批制度改革、控编减编等方面，突出重点，强化措施，真抓实干，有效地服务于全县经济社会发展大局。

【控编减编】 根据工作需要，科学审批纪委（监委）内设机构，设立了县委巡察办，调剂编制7名；为承担行政审批职能的24个单位设置了行政审批股；在全县编制总额内，重新核定教育系统编制和县直幼儿园编制。全县完成消化结构性超编人员69人，将1个自收自支事业单位转企改制。

【行政审批调整】 对全县现有行政审批事项进行动态调整，取消各类事项6项，承接11项，调整实施机关事项9项。全县先后9批次承接取消调整行政审批事项，累计取消行政审批事项247项，承接79项，取消率达到70.0%，上级明令取消或没有设定依据的行政审批事项已全部取消，取消后全县行政审批事项188项，全部通过政府门户网站向社会公开。

【行政审批规范】 全县22个政府工作部门、2个依法承担行政职能的部门、4个直属事业单位、14个乡镇共有行政职权3689项、责任事项28703项、追责情形40351项全部梳理加载完成，并同步开展权力事项流程图及细项梳理、审核和加载发布工作，累计梳理权力子项1062项，各业务部门按照清单目录，及时公开审批事项的法律依据、条件、程序、期限及需要提交的资料目录，对省、市下放的审批事项，及时制定承接方案，细化流程措施，确保行政审批上下无缝对接，实现线上线下同步高效运行，群众网内网外办事“一目了然”。制定印发了《简化优化工作服务流程方便群众办事创业实施方案》，梳理录入政务服务事项64308项，涉及31个单位权责清单，其中权利事项2918项、责任事项24958项、追责情形36265项、公共服务事项167项，累计公开14个单位扶贫清单108项，收集公布83个单位便民服务事项1359项。全县保留中介服务事项4项，涉及2个部门4项行政审批事项，编制行政审批中介服务事项目录，对上级已取消的行政审批中介服务事项进行对照清理，通过门户网站公布实施。

【机构编制】 全年设立机构2个，上划机构2个。办理出编手续13人。调整机构1个，运转人员6616人，其中清理自然减员252人；新增人员35人；人员调动27人；干部调整198人。9月份，建立《泾川县机构编制管理台账》，随时掌握机构编制和实有人员变化情况。

【事业单位登记管理】 完成415家事业单位统一社会信用代码赋码及新版法人证书的更换工作，为21个机关单位更换了社会统一信用代码证。对28家事业单位法人登记事项、事业单位法人证书登载事项、开展业务活动情况、受奖惩及诉讼投诉情况和接受捐赠资助及其使用情况等方面进行核查，对核查中发现的问题，提出限期整改意见。注册单位355个（其中政务域名67个，公益域名288个），到期续费域名312个，域名覆盖率100%。

领导班子成员名录

主　任　　　　　　　　　脱得勃
副主任　　　　　　　　　李小红（女）
　　　　　　　　　　　　刘小勇
事业单位登记管理局局长　贾宏权

（供稿：朱旺春）

农村工作

2018年，县委农村工作办公室认真学习贯彻习近平总书记“三农”工作的重要论述，严格按照中央及省市实施乡村振兴战略的总体要求，以稳步推进农业供给侧结构性改革为主线，以精准扶贫精准脱贫为重点，以整县脱贫摘帽和全面小康为目标，加快推进农业农村现代化，聚焦重点，实干攻坚，农村经济社会发展保持了稳中有进、整体提升的良好势头。

【美丽乡村建设】集中抓建了王村完颜、红河田赵2个省级，飞云南庄头、太平里口、汭丰焦家会、红河吴家、王村徐王5个市级，飞云闫崖头、城关新沟、荔堡问城、高平铁佛4个县级美丽乡村示范村。坚持生活、生产、生态和谐发展，以泾汭河川区沿线为重点，抓建了汭丰枣林子、王村百泉、泾明白家等30个“万村整洁”示范村，硬化巷道及门前道路9000平方米，安装道牙16195米，衬砌排洪渠13.2公里，埋设过路管涵791米，拆除室外建筑及土坯房654间，加固维修房屋及面墙3508米，墙体维修7441平方米，新建门楼21座、砖墙400米，栽植绿化苗木3.7万株，农村村容村貌得到有效提升。

【驻村帮扶】年内3次对87名驻村工作队员进行优化调整，全县91个贫困村驻村工作队队长全部兼任第一书记。认真落实“双帮”责任制，选派省市县乡2918名帮扶干部，集中帮扶5206户贫困户，进一步强化了帮扶力量。印发《关于进一步明确县级领导联系包抓乡（镇）和贫困村的通知》《加强全县驻村帮扶工作队员管理的通知》等文件，全面落实“两长一队”制度，加强对驻村工作队的督查抽查和帮扶责任人的监管。推进《驻村帮扶工作队管理平台》上线并平稳运行，共有平台管理人员49名，参与驻村打卡的工作队员达到397人。

【农村“三变”改革】按照全县农村“三变”改革部署要求，印制发放股权证4500多份，举办农村“三变”改革、农村集体产权制度改革培训会20场（次）3000多人，完成了城关凤凰、泾明白家、窑店练范3个市列试点村工作任务，承办了全市农村“三变”改革现场观摩交流推进会，探索出了“三变”+乡村旅游、“三变”+肉牛养殖、“三变”+果品产业、“三变”+蔬菜产业、“三变”+劳务产业等五类“三变”改革模式。选聘84名农村“三变”改革助理员，保障服务农村“三变”改革和脱贫攻坚任务落实。积极推进“三变”改革全铺开行动，引导鼎康、鼎惠、雄发兴农和富原红等17家龙头企业积极参与“三变”改革，论证储备“三变”改革项目70个，带动全县147个村参与“三变”改革，参与贫困户4731户，安排财政支农资金4821.5万元为贫困户按户进行差异化配股，入股龙头企业进行分红，带动群众自有资金入股61.2万元，获得分红收益384.94万元。

领导班子成员名录

主　任　杨旭升

副主任　高隆华（2月止）

　　　　李鸿生

（供稿：薛建平）

巡察工作

【概况】2018年6月，根据中央和省、市委要求，经平凉市委同意，设立中共泾川县委巡察工作领导小组办公室，内设综合股和督查股两个股室，属县委工作机关，正科级建制，编制7名。

县委巡察办成立会议

【主要职责】传达贯彻同级党委和巡察工作领导小组做出的决策部署，向领导小组报告工作情况、提出工作建议；统筹、协调、指导巡察组开展工作；承担政策研究、制度建设等工作，对同级党委和巡察工作领导小组决定的事项进行督办；汇总分析巡察工作情况，督促检查巡察组反馈意见和整改落实、问题线索移交及办理工作；配合有关部门加强对巡察工作人员的教育培训、日常考核和监督管理；办理上级巡视巡察机构交办的其他事项。

【制度建设】制定了集体学习、文档管理、巡察工作“十不准”、机关安全管理、保密管理、印鉴管理、财务及资产管理、干部外出报告和请销假、信息工作、公务接待、工作失误责任追究等11项管理规章制度，明确了职责，靠实了责任。

【规划制定】制定印发了《关于加强县委巡察工作的实施意见》《关于做好2018年巡察工作的实施意见》《中共泾川县委巡察工作规划（2017—2021年）》等文件。接收整理县委八项规定专项巡察和十七届县委第一轮（2017）巡察等以前年度巡察工作台账资料，进行目录编制，归档5大类12项125卷（册），建立了巡察基础数据台账。

【队伍建设】充实更新巡察人才“两库”，巡察组长库现有62人，巡察干部人才库现有75人。

【巡察检查】2018年8月，抽组3个巡察组对6个乡（镇）和9个县直部门党委（党组）开展了十七届县委第二轮巡察工作，召开动员会、座谈会15场（次），个别谈话417人（次），入户走访964人（次），走访贫困户1030户，受理信访举报32条（件），发现并反馈边巡边改问题369条，集中反馈问题110条，移交问题及建议33条，转办相关部门意见建议及信访反映68条，发现并移交问题线索31条。

【巡察整改】2018年9月，对全县92个党组织2017年以来市县各级巡察反馈问题整改情况进行专项督查，巡察反馈的1414条问题，已整改1339条，剩余75条问题正在整改，整改率94.69%。

领导班子成员名录

主　任　　袁小林（6月任）

副主任　　张宏伟（6月任）

巡察专员　胡玉娟（女，6月任）

（供稿：王旭强）

信访工作

2018年，全县信访工作认真贯彻落实省、市信访工作会议精神，紧紧围绕“12345”信访工作思路，认真受理信访问题，妥善化解社会矛盾，全力推动构建“大信访”工作格局，进一步提升信访工作专业化、法治化、信息化水平，有效维护了群众合法权益和社会和谐稳定。

【信访办理】全年，受理群众来信来访247件（次），同比增加69件（次），上升38.8%。其中个人来信59件，占信访总量的23.9%，同比增加17件，联名信3件，占总量的1.2%，同比增加1件，个人来访150批（次），占信访总量的60.7%，同比增加45件，上升42.9%；集体访35批609人（次），占信访总量的14.2%，同比批次和人数分别增加6批109人（次），立案要结果66件（其中文件交办19件，函件交办47件），立案率26.7%。全年进京访8批8人（次），与上年同期9批9人（次）相比，减少1批1人（次），下降11.1%。

【信访督导】县信访联席会议办公室全面落实绩效问责“五项制度”和“三项建议权”，强化综合协调和督查督办措施，全年到乡镇、部门督查信访工作3次，召开信访形势分析通报会议4次，召开集中交办工作会议3次，下发通报12份。

【矛盾排查】组织各乡（镇）、各部门围绕“四个重点”，开展“拉网式”矛盾纠纷集中排查活动，对排查出的19个单位76件信访事项，分类建立台账，县信访工作联席会议办公室以函件的形式逐一交办，要求专人包案调处，规范上报结果，结案率达到98%。

【接访下访】年内县上主要领导阅批群众来信来访22件，接待来访8批58人（次），分管领导阅批来信来访189件，接待来访23批177人（次）。其他县级领导按照“一岗双责”要求，开展接访36次，调处化解矛盾纠纷40余件，乡（镇）、部门领导开展接访621批（次），化解信访问题586件。

领导班子成员名录

局　长　郭贵明

副局长　吴仁全

　　　　陈荣伟

（供稿：刘　芸）

党史工作

2018年，全县党史工作以习近平新时代中国特色社会主义思想和党的十九大精神为指导，按照党史工作“一突出，两跟进”的根本原则，充分发挥党史工作“存史、资政、育人”的职能作用，扎实推进各项业务工作，较好地完成年度任务。

【资料征集】采取查阅档案资料和到各单位征集党史资料两种方式，全年共征集文字资料50多万字，图片400多幅。

【编撰与出版】完成《泾川县贯彻落实习近平精准扶贫战略思想的实践效应》《对县级党史工作的几点思考》《如何发挥旅游文化在“丝绸之路经济带”中的作用——以泾川县为例》《对泾川县产业扶贫工作的调查与思考》《如何做非公企业中的合格党员》5篇党史专题。编辑《中国共产党泾川县大事记（2018年）》；编辑修订《中国共产党泾川县大事记（1932—2010）》；精编出版了《泾川党史工作志》，10万余字。启动《中国共产党泾川历史（1978—2012）》第二卷编撰工作，搜集整理文字资料15.5万字。

【宣传教育】扎实开展党史“七进”活动，向机关、学校、社区、企业赠送党史宣传读本1300多本（册），进机关举办党史专题讲座2期，为入党积极分子和建党对象开办泾川地方党史培训3期。在平凉党史网、泾川门户网等媒体刊发信息18篇。

【队伍建设】建立健全各项规章制度，制定工作行事历，落实工作责任制；组织干部职工先后参加全省党史业务培训班和全县政治理论学习培训班，努力提高了党史工作队伍素质。

领导班子成员名录

主　任　闫鹏军

副主任　脱向峰

（供稿：路红燕）

老干部工作

2018年，全县老干部工作紧紧围绕县委中心工作，服从服务于全县工作大局，践行精准服务工作理念，充分凝聚并发挥离退休干部优势和作用，为全县改革发展和脱贫攻坚点赞助力。

【政治待遇】坚持落实每月2次的学习日制度，组织老干部参加重大会议6次，听取报告会4次，深入学习中央、省、市、县文件32次110份，参加老干部378人（次）。组织离退休干部党支部书记召开会议6次，认真开展离退休干部党组织主题党日活动。

【生活待遇】认真落实“六必访”走访慰问制度。对空巢独居、困难老干部及其遗属和外地居住的老干部，经常性通过主动上门拉家常、打电话等方式，解决实际困难。全力保证离休干部“三个机制”正常运转。与县人社、财政、卫生等部门联系，认真解决“三个机制”运行过程中的突出问题。

【正能量活动】5月中旬，组织县级离退休干部开展“不忘初心忆党史，牢记使命看变化”参观考察活动，到兰考县焦裕禄陵园和林州红旗渠教育基地参观学习。组织开展“我看改革开放新成就”专题征文活动，收集整理老干部征文20余篇。新发展注册老干部网宣员3名，跟帖、发帖1800多篇（条），有效推动了“增添正能量·共筑中国梦”活动深入开展。

【关心下一代工作】清明节前组织“五老”人员和青少年开展了“传承红色基因，缅怀革命先烈”吴焕先烈士祭奠活动，举行了潍坊·泾川“亲子共成长工程”公共服务平台共建项目签约仪式暨专题讲座；举办了青少年毒品预防教育“6·27”工程演讲比赛活动；6月中旬，为泾明乡中心小学、幼儿园，为10名特殊青少年发放“双千工程”资助金4000元，给学校捐赠《放飞青春梦想》和《老少共画中国梦》书籍200余册。

领导班子成员名录

局　长　王鸿垠

副局长　刘义成

　　　　牛君瑞（女）

（供稿：陈丽娟）

党校工作

2018年，党校工作以习近平新时代中国特色社会主义思想、党的十九大、十九届二中和三中全会精神为指导，认真落实党的意识形态工作责任制，突出主业主课，创新管理方法，提升教学科研，服务改革发展，各项工作进展顺利，取得了较好成效。

【培训宣讲】举办全县纪检监察干部“双学”、生态环保工作、统计法规知识、脱贫攻坚、党务文秘、新提拔科级干部、发展党员对象、乡村旅游、安全责任、统战工作、事业单位“1+5”制度体系等主体培训班18期2128人（次），其中举办4期深入学习贯彻党的十九大精神轮训班培训科级干部975人（次），1期文秘人员研修班为期2个月培训31人，1期优秀年轻干部示范培训班为期1个月培训47人。开展理论宣讲87场，受训干部群众7000多人（次），被市委宣传部、讲师团表彰为平凉市学习宣讲习近平新时代中国特色社会主义思想先进集体。

【科研活动】撰写理论文章45篇，在《生产力研究》《中国报业》《甘肃农业》《平凉日报》《平凉论坛》等国家、省、市级理论刊物分别发表论文7篇、14篇、16篇共37篇；研讨交流入选论文15篇、获奖11篇，在全市科研成果评选活动中有1人获论文一等奖、2人获论文二等奖、1人获论文三等奖；开展课题研究4项，有1项市社科联课题结题。推荐7名教师的12篇论文，报送县委、县政府相关领导和部门、乡镇参阅咨政。

【学历教育】新招继续教育学员31名，其中陇东学院28人、甘农大3人，在读学员达到284人。

领导班子成员名录

校　长　王德全（兼，4月任）

常务副校长　袁居银

行政学校副校长　张国华

　　　　胡海东

（供稿：李赛钰）

档案工作

2018年，全县档案工作坚持以习近平新时代中国特色社会主义思想为指导，全面贯彻落实县委十七届四次全体会议暨县委经济工作会议和省市档案、史志工作会议精神，围绕中心、服务大局，勇于担当、锐意进取，着力提升档案管理、史志编纂能力和水平，全面完成了年度目标任务。

【档案资料征集】按照“领导包片、干部包点”的办法，通过上门指导，规范整理、分类装订，年内接收县委办公室、安监局、县纪委、中小企业局、审计局、科协、供销联社、农工办、老龄办、疾控中心等13家单位文书档案1272卷6713件，接收组织部管理的退休科级干部档案83卷，审计专业档案1024卷。征集进馆图书资料69

本，实物资料8件，收集《柳毅传书》特种邮票2套。抢救馆藏民国档案205卷，对软皮文书案卷全部重新分类装盒、整理编目。

【信息化建设】对馆藏的9个全宗纸质档案数字化，形成数字副本22万幅，输入案卷级目录11000条，全部进行了异质异地备份，并将扫描画幅和检索目录相互挂接，部分档案实现了数字化查阅。

【档案利用】在县门户网站对机关文书档案保管期限进行公示备案，对馆藏的1987年到期开放档案进行鉴定审查，面向社会开放档案目录1000条。为《中国共产党泾川县历史》（第二卷）等重要书籍编写全面提供资料查阅。全年接待查档人员500多人（次），调阅档案730多卷，出具证明370多份。

【法制执法宣传】在10个乡镇、39个县直部门开展档案行政执法检查，在《档案》杂志刊登工作信息1条。在“国际档案日”，利用移动平台发送档案宣传信息1000条。

【县志编纂】按照编纂要求及进度计划，加强编辑力量，加快工作进度，突出文稿质量，年内完成志书初稿汇编和讨论修改，11月26日召开《泾川县志》评审会议，通过省市评审。志书按建置区划、自然、人口、经济、政治、文化、社会、人物顺序排列，设篇、章、节、目、类五层框架共8篇61章303节75万字，精选图片54幅。

召开《泾川县志（1989—2010）》评审会议

【年鉴编辑】首次编辑出版《泾川年鉴》，完成《泾川年鉴2017》《泾川年鉴2018》的组稿和编辑，并公开出版发行。

领导班子成员名录

局（馆）长	高隆华（2月任）
副局长	荆忠林
纪检组组长	何来锁
副馆长	王华丽（女）

（供稿：荆忠林）

县直机关党的工作

2018年，县直机关党建工作以习近平新时代中国特色社会主义思想和党的十九大精神为指导，紧紧围绕新时代党的建设总要求，全面落实标准化建设、制度化督查、项目化推进新要求，持续推进党建统领“一强三创”行动，精心培育党建特色，全力打造党建品牌，机关党建工作水平明显提升。

【学习教育】县直机关各党组织不断强化党员学习教育管理，重点学习了习近平新时代中国特色社会主义思想和党的十九大精神、党章党规、习近平治国理政一卷和二卷、习近平新时代中国特色社会主义思想三十讲、中央和省市县会议等精神，配发学习资料1000多套（本），开展集中学习520场（次）、专题研讨180场（次），党员干部人均记写学习笔记1.5万字以上，撰写心得体会4篇以上，党员干部政治素质明显提高。

【队伍建设】与各总支、支部签订了党建目标责任书，印发了《党建工作要点》，督促指导各总支与下属支部签订目标责任书，制订年度工作计划；建立了“工委+总支+支部+党员”的“四位一体”党建工作责任体系，积极推行“三张清单”和“三考排位”，压紧压实党组织书记“第一责任”和班子成员“一岗双责”；扎实开展党费收缴基数核定，核定机关党员党费53.4万元；年内新成立党支部2个，撤销党支部1个，改选总支、支部班子18个；新发展党员32名，按期转正预备党员34名，举办发展对象和预备党员培训班1期，完成了1个机关党委16个总支和26个直属支部党组织及2003名党员信息核对录入工作，接转组织关系265人。

【“一强三创”行动】全面推进“十星级”党支部标准化建设，完成了县直机关125个党组织评星挂牌，达到十星级支部8个、九星级支部22个、八星级支部54个、七星级支部22个、六星级支部18个、五星级支部1个。全面推行“互联网+”模式，落实“一委一号、一支一群”要求，建立“泾川机关党建”公众号1个，“党建工作微信交流群”151个，在泾川门户网站发布党建信息125条，平凉微党建推送信息98条，泾川微党建推送信息135条，机关党建微信公众号推送信息261条，借助网络、手机APP、微信等党建网络平台和党员信息库，运用信息化手段加强党员教育管理，开辟了机关党建新阵地。

【示范创建】年内，各总支、支部着力开展“八个一”活动，即组织召开一次专题学习研讨会、党员领导干部讲一次党课、党员每季度撰写一篇心得体会、每月开展一次“主题党日”活动、组织一次十九大精神知识测试、举办一次《党章》知识竞赛、组织一次党员优秀学习笔记展、机关工委编发一本党建工作手册。以“9+X”主题党日活动为载体，举办知识竞赛、走访慰问老党员、志愿者服务活动、参观革命纪念圣地、演讲比赛、专题党课、书画作品展、献血、重温入党誓词和新党员宣誓等主题活动90多场次；组建50人的党员志愿者服务队，认真开展在职党员进社区报到服务工作和“党员志愿者服务”活动；举办“深化两学一做、牢记初心使命”电视知识竞赛，开展了以“争创思想道德先锋、争创优质服务先锋、争创为民服务先锋、争创改革创业先锋、争创清廉实干先锋”为主要内容的“五争创”及“全域无垃圾，支部要率先”“我是党员我先行”等活动，落实了党员承诺制、责任区、示范岗、无职党员设岗定责等制度，引导广大党员在推动跨越发展中作表率、争先锋。

领导班子成员名录

书　记	李爱贵
副书记	董卫平
纪工委书记	尚登科

（供稿：林小虎）

网络安全和信息化工作

2018年，全县网信工作的总体思路是：坚持以习近平新时代中国特色社会主义思想为指导，深入学习贯彻党的十九大精神，认真贯彻落实省市网信工作部署，突出信息化项目建设、加强网络安全管理、创新网络阵地和内容建设，努力推进全县网信事业取得突破性发展。

【网络传播】全年采编加载网站信息3000余条，转载国务院、省政府信息1800余条，编发“专题报道”栏目信息280余条。在泾川门户网、“泾川发布”微信公众号开设“2018网络媒体新春走基层”“全域无垃圾专项治理”“危房改造”“改革开放40周年”“脱贫攻坚”“转变作风改善发展环境建设年”等主题专栏20多个，发布稿件300余条。网络直播阅读量达到150多万次。加快政务微博、微信、头条号、抖音等新媒体矩阵建设，乡镇、重点部门活跃微信公众号、今日头条等政务新媒体账号数达48个，2018年累计发布各类信息1.2万余条，点击量350多万次，“泾川发布”微信公众平台、新浪微博编发稿件3000余条，点击量180多万次。

【网络管理】严格规范网络信息传播秩序，印发《泾川县网络新媒体管理暂行办法》，对政务新媒体采编人员进行登记，召开自媒体负责人会议2次，约谈自媒体负责人20人（次），处置违规信息30多条，关停重大违规公众账号1个，处置虚假有害信息20多条。

【电子政务】 实施政务外网续建项目，完成80多个县直部门、乡镇局域网向政务外网的整体割接，建成了覆盖县、乡、村三级组织的政务外网平台，实现了全县党政机关及中心村互联网统一出口，全省民宗地理信息系统、项目在线审批平台、全市无纸化移动办公系统、视频会议、一体化政务服务平台等同网运行。完成了甘肃政务服务网泾川子站改版升级及与全市一体化政务服务平台对接，至年底，综合办公系统应用单位达179个，实现了全县党政机关、驻泾单位、事业单位全覆盖，签收电子公文15.76万份，内部转办14.63万份，内部转办率达到90%。

【网络留言】 全年受理网民留言2583条，平均每月215条；人民网地方领导留言板收到反映泾川县有关问题留言172条，编发网络舆情周报46期，下发网络留言催办件47份，编发办理结果“舆情动态”11期。

【智慧城市】 建成智慧城市运营管理中心、视频监控集中共享平台，投资1000多万元，建成了696平方米的智慧城市运营管理中心，配备了25.8平方米的全彩小间距超大显示屏，完成334路视频监控的整合共享，集管理、指挥、调度于一体，实现整体联动、数据互通，实现城市立体可视化管理。

领导班子成员名录

主　任　李光荣

副主任　邹永红

（供稿：张斌华）

督查考核工作

2018年，全县督查考核工作认真贯彻落实县十七届四次全委会暨县委经济工作会议精神，紧扣全县中心工作和重点任务，强化督查督导，不断增强督查检查考核工作的针对性、实效性，推动了县委、县政府各项决策部署的贯彻落实。

【督查工作】 制定《2018年泾川县督查工作要点》，聚焦脱贫攻坚、重大项目建设、安全生产、环境保护等重点工作，同相关职能部门开展联合督查34次。按照市委办市政府办《关于做好统筹规范督查检查考核工作几个具体问题的通知》，对县直部门开展的各类督查、督察、督导、检查、巡查、考核、考评等进行了全面清理，合并撤销后督查检查考核事项减少60%以上。

【督办工作】 办理省市县主要领导、分管领导批示交办的各类督办件35件（次），其中及时办理上报27件（次），对不需要上报情况的8件（次）及时转有关乡镇及部门督促落实。

【考核工作】 制定《泾川县2018年度乡镇、县直部门、驻泾单位工作绩效考核办法》，12月下旬组织相关职能部门对各乡镇、县直有关部门、驻泾有关单位工作绩效进行了全面考核，收集汇总了结果，为县委、县政府评价乡镇、部门和驻泾单位年度工作提供了重要依据。

领导班子成员名录

局　长　胡广兴

副局长　王小奇

　　　　史永旺

（供稿：张淑秀）

中共泾川县纪委　泾川县监委

2018年，县纪委监委工作以加强党的政治建设为统揽，狠抓全面从严治党“两个责任”落实，深入推进纪检监察体制改革，持续深化扶贫领域腐败和作风问题专项治理，驰而不息查纠“四风”，坚定不移惩治腐败，不断加强纪检监察队伍建设，全县纪检监察工作取得了新的明显成效。

2018年2月26日，县十七届纪委第三次全体会议召开

【政治建设】紧盯“关键少数”，对维护核心、维护党中央权威和集中统一领导情况开展专项检查5次，及时发现和纠正违反政治纪律和政治规矩行为；承办全县领导干部警示教育大会，深刻剖析违纪典型案件，对进一步加强政治建设，严明政治纪律和政治规矩提出严格要求；严格执行《新形势下党内政治生活若干准则》，积极防范和解决党内政治生活中的突出问题，对乡（镇）、部门93个领导班子2017年度民主生活会进行全程监督指导，先后5次对全县政治生态建设情况进行督查调研，发放调查问卷2000多份，形成《全县政治生态调研报告》。对69个单位和1903名党员干部进行廉洁审查，对69名新任职干部进行任前廉政谈话，为全县998名科级干部建立了廉政档案。

【执纪审查和监察调查】探索落实“四个严格”工作模式，即严格线索集中管理、严格规范处置流程、严格规范办理、严格核对督办办法，确保了问题线索的有效管控。扎实开展2016年以来受理处置的问题线索“大起底”和超期未办结线索“清零”行动。处置各类问题线索621件，立案123件，给予党纪政务处分184人，分别比2017年增长183.6%、80.9%和21.2%。其中，乡镇纪委处置各类问题线索248件，立案82件，给予党纪处分120人，分别比2017年增长152%、115.8%和46.3%。监察调查案件实现突破，办理职务犯罪案件1件1人。运用监督执纪“四种形态”处理491人（次）。加强办案场所建设，严格落实安全风险研判、安全预案制定、全程录音录像及“六必知”等“走读式”谈话有关要求和审查调查安全相关制度，常态化开展办案场所监督检查和安全应急演练，健全执纪审查安全责任体系，切实保障了审查对象、涉案人员“双安全”。

【体制改革】县监委按期挂牌成立，配齐11个内设机构负责人，检察院6名转隶人员和公开选调的4名公务员分别编到各办案室，监督执纪和审查调查力量得到进一步加强。制定县纪委监委《三定规定》，明确各内设机构职责分工和人员编制，提出乡（镇）、街道和县直部门派驻（出）机构改革初步方案；研究制定《泾川县纪委监委机关调查措施运用规定（试行）》，制作《泾川县纪委监委机关执纪监督监察常用文书》，对各项调查工作所涉及的文书进行了规范。运用查询、询问、冻结、留置等调查措施94次，实现纪律审查和监察调查“双立案”6件，党纪政务同问责20人。

【作风建设】进一步细化贯彻落实中央八项规定及实施细则精神监督检查内容和方式，开展专项督查5次，现场反馈问题。强化重要节点“四风”监督检查，组织开展明察暗访8次，编发廉政提醒短信6期5000多条，印发《廉政提醒卡》《廉政告知书》《致广大党员干部的一封信》，有效防止了“四风”问题反弹回潮。组织科级以上干部观看警示教育专题片，开展警示教育巡回宣讲活动40多场（次），4000多名党员干部参加党章党规党纪知识测试，以支部为单位召开“党章党规党纪在我心中”对照检查会，全县党员干部党章党规党纪意识进一步增强。深入推进“三纠三促”专项行动，处置不作为不担当和弄虚作假方面问题线索8件，立案4件，给予党纪处分6人，对统计数据造假违纪违法问题涉及的23名县管干部进行了严肃处理。开展纪律作风建设“四个专项整治”活动，落实党员干部婚丧喜庆“两报告一承诺”160多人，立案查处了个别党员干部违规操办婚宴问题；对2013年以来各乡镇、各部门违规发放津补贴、加班费、考核奖和福利费等问题开展了集中整治，积极整改了违规发放目标考核奖、福利费等问题，问责领导干部88人。签订《泾川县党员干部“八小时以外”言行承诺书》5230份，对9名酗酒、赌博、醉驾党员干部进行了严肃处理，并以案为鉴对全县党员领导干部开展警示教育；节假日期间开展明察暗访和监督检查8次，查处违反中央八项规定精神问题13起，给予党纪政务处分30人，组织处理17人，并全部通报曝光。

【监督执纪】持续深化扶贫领域腐败和作风问题专项治理，认真部署开展扶贫领域“十个严查”、扫黑除恶专项斗争、伊斯兰教场所专项监督检查、纪检监察干部入户访查贫困户、东西部帮扶项目资金管理使用情况督查、村务监督委员会主任扶贫领域交叉检查等工作，受理扶贫领域信访举报63件，处置扶贫领域问题线索121件，立案53件，给予党纪政务处分82人；处置党员干部涉黑涉恶问题线索9件，初步核实后予以了结7件，立案1件，给予开除党籍处分1人，正在核查1件；伊斯兰教场所监督检查发现问题7件，及时调查核实，提出处理意见上报市纪委正在审定；纪检干部入户访查发现各类问题7个方面5055条，全部建立整改台账，反馈各乡镇和相关部门抓好整改，发现问题线索30件，村务监督委员会主任扶贫领域交叉检查入户3696户，发现各类问题562个，梳理问题线索22条。选聘廉政监督员354名，县、乡、村三级组建廉政监督员队伍；进一步规范村级小微权力运行机制，厘清了5大类28项“小微权力”清单，严格规范村级议事决策流程，实现了全县215个行政村全覆盖以及办事流程、结果全公开。

【巡视巡察】办理十三届省委第二轮巡视，四届市委第一、二轮巡察和十七届县委第一轮巡察转（交）办问题线索241件，立案57件，给予党纪处分100人，司法移送1人，问责处理164人。调整县委巡察工作领导小组成员，成立县委巡察办，建立健全相关工作运行制度和县委巡察工作人才库。部署开展十七届县委第二轮（2018年）巡察工作，对6个脱贫攻坚任务重的乡（镇）和9个“七个一批”牵头县直部门领导班子及其成员进行政治巡察，对第一轮巡察过的6个乡镇60个贫困村进行了“回头看”，受理信访举报32件，反馈整改问题365条、问题线索31件。

【从严治党】县委常委会专题听取县纪委党风廉政建设和反腐败工作情况汇报，县委主要领导主持召开集体谈话会，对全体县级领导、县乡和部门主要负责人开展了落实“两个责任”和廉政约谈；召开县委反腐败协调小组会议2次，制定印发《县委党风廉政建设17个任务清单》，统一印制领导干部落实党风廉政建设《履职手册》，促使各级党组织和领导干部落实主体责任实现了制度化、规范化。持续深化乡镇纪检监察组织规范化建设活动，建立并实行了县纪委监委班子成员联系指导乡镇、部门纪检监察工作和乡镇纪委工作周报告、月通报、季督查制度；先后4次对各级纪检监察组织履行情况进行督查调研，调整乡镇纪委书记8人，配齐了10个乡（镇）纪检监察专干，对24名同志进行问责处理。

【自身建设】严格按照规定要求开展党内组织生活，集中收看《榜样3》等专题片，开展迎国庆“缅怀革命先烈·弘扬爱国精神”烈士公祭和“忆光辉岁月·展望新时代”主题诗会等主题党日活动。举办“纪检课堂”1期、纪检监察业务培训班3期，召开业务知识专题学习会7次，组织纪检监察干部反复学习纪检监察工作相关规范性文件。扎实开展纪检监察干部“讲政治、守规矩、比担当、作表率”主题实践、作风建设年和能力素质提升年活动，不断加强纪检干部队伍纪律作风建设；报送调研报告5份。对2016年以来机关内部管理制度和业务工作制度等全面修订完善，形成了《关于纪检监察机关严格依纪依规开展纪律审查的意见（试行）》及信访举报、线索处置、案件协审等10项配套制度的“1+10”制度体系。对县乡纪检监察组织2017年以来办结的82个立案案件卷宗资料开展了质量评查，对处置不当或者存在明显问题的，重新提出处置意见并开展核查，对相关责任人员落实了问责措施。切实加强对全县各级纪检监察组织和纪检监察干部的监督，开展乡（镇）纪检专干队伍清理整顿，取消纪检专干资格4名，停发纪检津贴8人，新补充纪检专干4名，处置反映纪检监察干部问题线索3条，全部初核后予以了结，并及时进行了澄清。

县纪委监委举办“纪检课堂”

领导班子成员名录

县委常委、县纪委书记、县监委主任 李卫东

县纪委副书记、监委副主任 李晓宏

尚　辉

县纪委常委、监委委员 张　刚

县纪委常委、监委委员、第一纪检监察室主任 李劲飞

县纪委常委、案件监督管理室主任 吴克鹏

县纪委常委、第四纪检监察室主任 梁银虎

县监委委员、第五纪检监察室主任 徐普伟

县监委委员、第二纪检监察室主任 刘瑞平

（供稿：孙凡明）

泾川县人民代表大会常务委员会

重要会议

【人大常委会会议】

4月26日，县十八届人大常委会第十一次会议召开。县人大常委会主任贾仁全，副主任郝拴福、赵晓春、康君、裴琰，党组成员、办公室主任刘兴文及常委会委员出席会议。县政府副县长李强，县人民法院院长冯乃元，县人民检察院检察长苏亚君，县监察委员会负责人，县政府办、发改局、财政局、住建局、规划办主要负责人，县人大常委会各委办负责人，各乡镇人大主席、城市社区人大工委主任，荔堡镇人大副主席，泾明乡、飞云镇、太平镇党委副书记，部分市、县人大代表列席会议。会议由县人大常委会副主任郝拴福主持。会议听取和审议了县政府关于2018年国民经济和社会发展计划部分指标变更情况的报告，做出了《关于批准泾川县2018年国民经济和社会发展计划部分指标调整方案的决议》，听取和审议了县政府关于2018年财政收支预算（草案）及部分指标变更情况的报告，做出了《关于2018年全县财政预算（草案）的决议》；听取了县人大常委会视察组关于第四轮县城规划执行情况的视察报告；听取了县人大常委会执法检查组关于《预算法》实施情况的检查报告；通报了第一季度乡镇人大工作督查调研情况。

5月23日，县十八届人大常委会第十二次会议召开。县人大常委会主任贾仁全，副主任郝拴福、赵晓春、康君、裴琰，党组成员、办公室主任刘兴文及常委会委员出席会议。县政府副县长冯宁，县人民法院，县人民检察院，县监察委员会负责人，县政府办公室、交通局、住建局、公安局、食药监局、工商局、商务局、旅游局、执法局、果业局主要负责人，县人大常委会各委办负责人，各乡镇人大主席、城市社区人大工委主任，荔堡镇人大副主席，泾明乡、飞云镇、太平镇党委副书记，部分市、县人大代表列席会议。会议由县人大常委会副主任赵晓春主持。会议听取了县人大办公室《关于对2017年县人大常委会审议意见工作建议落实情况进行督办的意见》；决定任命崔飞、袁志兴为县人民政府副县长，决定免去陶梅县人民政府副县长职务；举行了新任命人员向宪法宣誓仪式；新任命的两名同志分别做了表态发言。

6月20日，县十八届人大常委会召开第十三次会议。县人大常委会主任贾仁全，副主任郝拴福、康君、裴琰和委员共22人出席会议。县人大常委会副主任赵晓春主持会议。县委常委、县政府常务副县长崔飞，县人民法院院长冯乃元，县人民检察院检察长苏亚君，县公安局政委陈国仓，县监察委员会、县政府办公室、发改局、财政局、审计局、住建局、公安局、执法局、旅游局负责人，不是委员的县人大常委会委办负责人，各乡镇人大主席，泾明乡、飞云镇、太平镇党委副书记，部分省、市、县人大代表列席会议。会议听取和审议了县人民政府关于2017年度财政决算情况的报告、关于2017年度县级财政预算执行和其他财政收支情况的审计工作报告，审查批准了2017年度全县财政决算；听取了关于2018年地方政府债券资金安排使用计划的报告、关于2018—2032年泾川县人民医院财政补助支出安排计划的报告，表决通过了相关决议；听取了关于对县十八届人大二次会议议案建议办理情况的报告；听取了县政府关于乡村旅游发展情况的报告；听取了县政府、县法院、县检察院关于2017年县人大常委会审议意见和工作建议办理落实情况的报告。会议根据《县人大常委会听取和审议“一府两院”专项工作报告满意度测评暂行办法》，对全县乡村旅游发展情况报告和县人民政府、县人民法院、县人民检察院对2017年县人大常委会审议意见和工作建议办理落实情况报告进行了满意度测评，测评结果表明，“一府两院”对2017年审议意见和工作建议的办理成效得到了县人大常委会组成人员的充分认可。县委常委、县政府常务副县长崔飞就贯彻落实会议审议意见做了表态讲话。

组织县人大代表视察重大项目建设

8月14日，县十八届人大常委会第十四次会议召开。县人大常委会副主任郝拴福、赵晓春、康君、裴琰和委员共22人出席会议。县委常委、县政府常务副县长崔飞，县法院院长冯乃元，县检察院检察长苏亚君列席会议，县委组织部副部长秦树隆应邀参加会议，县人大常委会副主任康君主持会议。会议听取了县人民政府关于2018年上半年经济运行情况的报告；听取了县监察委员会关于监察体制改革试点工作情况的报告；听取了县人民法院关于司法责任制改革情况的报告；听取了县人民检察院关于司法责任制改革情况的报告；审议许可关于县公安局对县十八届人大代表赵小林采取强制措施的决议；会议以无记名投票的方式，表决通过了人事任命，并举行了宪法宣誓仪式。列席会议的还有：县监察委、政府办、发改局、财政局、审计局、县公安局、司法局负责人，不是委员的县人大常委会委办负责人，各乡镇人大主席、荔堡镇人大副主席，泾明乡、飞云镇、太平镇党委副书记，部分市、县人大代表。

10月12日，县十八届人大常委会召开第十五次会议。县人大常委会主任贾仁全，副主任郝拴福、赵晓春、裴琰和委员共20人出席会议。县委常委、县人民政府常务副县长崔飞，县监察委、法院、检察院、政府办、财政局、教育局、住建局、国土局、人社局负责人，不是委员的县人大常委会委办负责人，各乡镇人大主席、荔堡镇人大副主席，泾明乡、飞云镇、太平镇党委副书记，部分市、县人大代表列席会议。县人大常委会副主任裴琰主持会议。会议听取和审议了县政府关于人大议案、代表建议办理和城区棚户区改造工作情况的报告；听取和审议了县人大常委会调研组关于全县消除农村C级危房工作调研情况的报告；听取和审议了县人大常委会视察组关于全县公办幼儿园建设视察情况的报告；会议决定任命毛永宏为县民政局局长，吕晓文为县人社局局长。县委常委、县政府常务副县长崔飞就落实会议审议意见做了表态讲话。

11月30日，县十八届人大常委会召开第十六次会议。县人大常委会主任贾仁全，副主任郝拴福、赵晓春、康君、裴琰和委员共19人出席会议。

县委常委、县人民政府副县长崔飞，县人民法院院长冯乃元、县人民检察院检察长苏亚君，县政府办、组织部、监察委、森林公安分局负责人列席会议。会议通过了关于许可森林公安分局对县十八届人大代表何天信采取强制措施的决定；决定免去张太平县工商局局长职务、李志峰县林业局局长职务。

12月20日，县十八届人大常委会召开第十七次会议。县人大常委会主任贾仁全，副主任郝拴福、康君、裴琰和委员共20人出席会议。县政府副县长吕忠武，县法院院长冯乃元，县检察院检察长苏亚君列席会议，县委组织部副部长秦树隆应邀参加会议，县人大常委会副主任裴琰主持会议。会议审议通过了县十八届人民代表大会第三次会议有关事项；审议通过了泾川县第十八届人民代表大会工作报告；审议通过了关于2018年“人民最满意的惠民实事”的议案及决定（草案）；审议通过了关于批准接受夏松喜等辞职请求的决定；审议通过了关于调整县十八届人大常委会代表资格审查委员会组成人员的决定；审议通过了县人大常委会代表资格审查委员会关于县十八届人大二次会议以来代表变动及补选代表资格审查情况的报告。会议补选马琨、王德全、李卫东、崔飞、梁彩秀为平凉市第四届人民代表大会代表，决定任命李强为泾川县公安局局长，鲁新生为泾川县退役军人事务局局长。列席会议的还有：县监察委、政府办负责人，不是委员的县人大常委会委办负责人，各乡镇人大主席、荔堡镇人大副主席，泾明乡、飞云镇、太平镇党委副书记，玉都镇党建办主任，部分市、县人大代表。

12月27日，县十八届人大常委会召开第十八次会议。县人大常委会副主任郝拴福、赵晓春、康君和委员共19人出席会议。县委常委、常务副县长崔飞，县检察院检察长苏亚君，县政府办、县法院、县公安局负责人，不是委员的县人大常委会委办负责人列席会议。会议由县人大常委会副主任裴琰主持。会议审议通过了《关于召开泾川县第十八届人民代表大会第三次会议的决定》，决定泾川县第十八届人民代表大会第三次会议于2019年1月2日—5日在泾州宾馆召开，会期4天；审议通过了县人大常委会代表资格审查委员会关于补选代表资格审查情况的报告；审议通过了泾川县第十八届人民代表大会第三次会议主席团成员名单（草案）。

常委会工作

2018年，泾川县人大常委会以习近平新时代中国特色社会主义思想为指导，深入学习贯彻党的十九大精神，紧紧围绕县委中心工作，以法律法规为依据，以创新发展为主线，以务求实效为导向，着力做好监督、调研，规范重大事项决定和人事任免，在助推经济社会发展、民生福祉改善和民主法治建设中彰显了人大作为。

县人大常委会机关党总支举办“读书会”

【政务工作】年内对脱贫攻坚、重大项目建设、生态环境保护、民计民生等工作进展情况进行专题审议和调研视察。对贯彻实施《城乡规划法》《预算法》情况开展专项检查。对城区内早餐供应点的环境整治、出店经营、占道经营、食品安全等情况进行现场检查。现场督办了《关于在城区街道、旅游景点和火车站新建标准化公共厕所，并对目前城区内公厕进行改造升级，在主要路口设立交通信号灯的建议》和市四届人大二次会议第25号建议《关于加大对泾川县现代果业发展扶持力度的建议》。全面督查2017年县人大常委会反馈审议意见和视察调研建议办理落实情况。全年办理信访件42批113人（次）。

【保障服务】以县委党校、乡镇人大、街道人大工委、“人大代表之家”为主阵地，采取集中培训与基层分散培训机制，宣传新修订的《宪法》，提高代表依法履职的能力和水平。推行常委会组成人员联系代表、代表联系选民的“双联系”和代表列席人大常委会会议制度。坚持走访代表，向代表通报县人大常委会和“一府两院”工作情况，广泛收集代表意见、建议。组织代表开展学习培训、集中视察、述职评议、走访选民。发动各级人大代表积极投身脱贫攻坚，为决胜全面建成小康社会做出积极贡献。

【制度建设】对常委会及机关23项规章制度进行梳理，修订完善常委会议事规则、主任会议议事规则、组成人员守则、乡镇人大工作规范、主任办公会议制度等10项110多条，建立视察调研执法检查实施办法、专项工作报告满意度测评暂行办法、公务用车、公务接待等8项制度。

【人大宣传】召开全县人大宣传工作会议，组建宣传报道组，建立泾川人大微信公众平台，向省市人大报送信息189条，在人大之声、平凉人大、平凉人大工作等刊物登载32篇，拍摄《人大代表在脱贫攻坚中发挥模范带头作用》专题片。

领导班子成员名录

主　任　贾仁全

副主任　郝拴福

赵晓春

康　君

裴　琰（女）

县人大常委会办公室

主　任　刘兴文

副主任　段文军

脱宏伟

人事代表工作委员会

主　任　铁俊锋（2月止）

李建平（2月任）

法制工作委员会

主　任　尚祥林

副主任　刘永强

财经工作委员会

主　任　朱惠忠

副主任　刘小军

教科文卫工作委员会

主　任　杨锁明

副主任　田巧凤（女）

农业与资源环境工作委员会

主　任　胡斌宏

副主任　曹春梅（女）

信访办公室

主　任　景立明

（供稿：吴黎明）

泾川县人民政府

重要会议

【县政府全体会暨廉政工作会议】

3月9日，县长王廷佐主持召开县政府全体会暨廉政工作会议。县政府在家领导出席会议，县委常委、统战部部长张小平，县人大常委会副主任赵晓春，县政协副主席赵永瑞及部分县委部门、群团组织负责人应邀出席会议。县政府组成部门及政府其他部门主要负责人，各乡（镇）乡（镇）长，温泉开发区、城市社区管委会主任及部分驻泾单位主要负责人参加会议。会议书面传达市政府第三次全体会议精神，县政府副县长冯宁宣读泾川县人民政府《关于对2017年度县政府目标管理责任书考核先进乡（镇）和部门通报表彰的决定》《关于表彰2017年度人大议案代表建议及政协委员提案办理工作先进单位的决定》。王廷佐与各乡镇、相关部门签订2018年县政府目标管理责任书，围绕推动年度目标任务落实、加强政府廉政建设、抓好当前重点工作做了重要讲话。

【县政府常务会议】

1月8日，召开县政府第1次常务会议。审议《泾川县县级河长制工作部门联席会议制度和泾川县县级河长制工作考核激励与问责制度》；审定《泾川县推进农业水价综合改革实施细则》；审定《泾川县特种设备安全事故应急救援预案》；审定关于新增出租汽车的意见；审定关于部分单位资产调整的意见；审定《泾川县解决中小学代课人员问题的实施方案》；审定燃煤锅炉综合整治有关问题的处理意见；审定《泾川县县属国有企业负责人薪酬管理办法（试行）》；审定关于2017年招募的县选“支农支医支教”人员分配工作、“支企”人员开展服务的意见；审议关于全县机关事业单位发放2016年度科学发展业绩考核奖的意见；审议关于泾川县机关事业单位发放2017年度冬季取暖费的意见；审定关于解除有关人员行政撤职处分的意见；审定2018年第一批基建项目；传达学习中央经济工作会议、中央农村工作会议精神；研究有关人事任免事项。

2月2日，召开县政府第2次常务会议。审议2017年度乡镇、县直部门、驻泾单位工作绩效综合考核情况；审议2017年度单项工作考核结果及奖惩意见；审议2017年度全县各类先进评选结果及奖励意见；审定2017年度县政府目标管理责任书考核结果；审定2017年度人大议案代表建议政协委员提案办理工作考核结果；审定《泾川县泾河罗汉洞景村至泾明沟门前河道采砂权出让意见》；审定关于进一步规范全县采砂及用地管理工作的实施意见；审定关于城东1宗国有建设用地使用权供地意见；审定《泾川县电子商务进农村综合示范项目实施方案》；审议《关于深入推进招商引资工作的实施意见》；审定关于泾川县锦盛建材有限公司新建8000万块煤矸石烧结砖生产线项目的意见；审定关于列支2018年全县村务监督委员会主任基本报酬的意见；审定关于解决王某房屋过户问题的意见；审议《泾川县突发事件和热点敏感问题网络舆情处置工作预案》；审定关于调整2016—2017年易地扶贫搬迁工程建房补助标准的意见；审定2018年第二批基建项目；审议《泾川县脱贫攻坚实施方案（2018—2020）》；审议县政府主要领导《在县委十七届四次全委（扩大）会暨县委经济工作会议上的讲话》；传达学习省纪委关于对平凉市泾川县扶贫领域开展监督检查情况的反馈意见；学习有关会议文件精神。

3月8日，召开县政府第3次常务会议。传达学习国家统计局执法监督局关于对我县统计执法检查情况反馈意见及省市领导批示精神，研究我县贯彻落实意见；审定关于公布全县第八批取消调整行政审批事项和全县行政许可事项标准化目录的意见；审定2018年第三批基建项目；审定关于幸福路工程供地意见；审定关于2018年第一批统筹整合涉农资金的意见；研究有关人事任免事项。

3月16日，召开县政府第4次常务会议。专题学习《中共平凉市委平凉市人民政府关于推进安全生产领域改革发展的实施意见》，研究贯彻落实意见。

3月16日，召开县政府第5次常务会议。专题研究环境保护工作；审定关于全县乡镇生活污水处理站建设有关事宜的意见；审定《泾川县大气、水、土壤污染防治重点工作督查办法》。

3月16日，召开县政府第6次常务会议。审议《泾川县关于国家统计局执法检查反馈问题整改方案》；审定2018年第四批基建项目；审定关于太平镇已实施危房改造的18户贫困户列入2018年易地扶贫搬迁的意见；审定关于给予六户困难群众临时救助的意见；审定关于对2017年已救助城乡大病患者进行二次医疗救助的意见；审定关于泾川县自来水公司等两户国有企业债权资产处置情况的意见；审议《关于加快推进新型工业化的实施意见》；审定关于成立泾川县康丰卫生发展有限责任公司的意见；审定关于县政府办等8个单位选调（借调）工作人员的意见；学习《习近平、赵乐际同志在第十九届中央纪律检查委员会第二次全体会议上的讲话和报告》《林铎、刘昌林同志在省纪委十三届二次全会上的讲话和报告》《平凉市深化扶贫领域腐败和作风问题专项治理工作实施方案》，研究贯彻落实意见；学习习近平总书记在打好精准脱贫攻坚战座谈会上的讲话及省、市脱贫攻坚领导小组会议精神，研究贯彻落实意见。

4月2日，召开县政府第7次常务会议。专题研究环境保护工作；审议《泾川县保障2018年省级环境保护督查工作方案》。

4月2日，召开县政府第8次常务会议。审议《关于推进农村资源变资产资金变股金农民变股东改革试点方案》；审议《泾川县加快新型城镇化建设的实施意见》；审议《关于创建省级全域旅游示范县的实施意见》；审议《关于加快建设旅游强县的意见》；审定2018年第五批基建项目；审定有关国土事宜。

4月16日，召开县政府第9次常务会议。审议2018年县级财政收支预算方案（草案）；审定2018年第六批基建项目；审定有关人事任免事项。

5月8日，召开县政府第10次常务会议。审议关于加强耕地保护和改进占补平衡的实施意见；审定有关国土事宜；审定关于泾川县耕地保护补偿激励办法；审定《泾川县处置重大外来和突发性林业有害生物事件应急预案》；审定关于小盘河水库建设泾川项目区土地征收及部分地面附着物补偿标准的意见；审定关于有关人员申请对调工作的意见；审定关于县审计局等单位选调（借调）工作人员的意见；传达学习陈克恭万鹏举郭承录王奋彦同志在甘肃省第五环境保护督察组督察平凉市工作动员会上的讲话，研究贯彻落实意见；研究有关人事任免事项。

5月24日，召开县政府第11次常务会议。审议《关于开展扫黑除恶专项斗争的实施意见》；审议《关于实施乡村振兴战略的意见》；审议《泾川县2017年度脱贫攻坚问题整改方案》；审定城关镇凤凰村、泾明乡白家村、窑店镇练范村“三变”改革财政资金入股量化折股分红方案；审议《泾川县脱贫攻坚领导小组专责工作组成员单位责任清单及问责办法》；审议《全县脱贫攻坚帮扶工作责任清单》；审定《泾川县人民政府重大行政决策程序规则》；审定2018年第七批基建项目；审定有关国土事宜；审议《关于发展劳务产业助推脱贫攻坚的实施意见》；审定《泾川县国家教育考试突发事件应急预案》；审定建设泾川县人民防空地面应急指挥中心和人民防空宣传教育馆的意见；审定《泾川县智慧城市建设实施方案》；审定关于组建泾川县鼎康牛业发展有限公司新建“平凉红牛”泾川高端肉牛育肥场的意见；审定《关于组建乡镇交警中队的实施意见》，听取道路交通安全工作汇报，研究下一步工作；审议《关于进一步加强食品药品安全工作的实施意见》，听取食品药品监管工作汇报，研究下一步工作；审议《平凉市创建全国禁毒示范城市（泾川县）工作方案》，听取全县禁毒工作汇报，研究下一步工作；研究县政府领导工作分工。

6月22日，召开县政府第12次常务会议。专题研究安全生产工作；审议《关于推进安全生产领域改革发展的实施意见》；学习《中共中央办公厅国务院办公厅关于印发〈地方党政领导干部安全生产责任制规定〉的通知》《甘肃省安全生产工作考核办法》，听取安全生产工作汇报，研究下一步工作。

6月22日，召开县政府第13次常务会议。审定《泾川县自然灾害救助应急预案》；审定关于乡（镇）便民服务中心标准化建设有关问题的意见；审定关于增加泾川大云寺文化产业园有限责任公司政府资本金的意见；审定关于租赁泾川县政务服务中心业务用房的意见；审定2018年第八批基建项目；审定有关国土事宜；审定2018年地方政府债券资金安排使用计划；审定2018—2032年泾川县人民医院财政补助支出安排计划；审定G312线泾川县县城过境段公路改建工程联建协议；审定关于给予十三户困难群众临时救助的意见；审定关于2018年城关镇失地农民享受生活补贴的意见；听取统计工作汇报，研究下一步工作；传达学习《中共中央办公厅关于加强调查研究提高调查研究实效的通知》，研究贯彻落实意见；传达学习中共甘肃省委办公厅《关于省农村信用社联合社原党委副书记理事长雷志强严重违纪案件及其教训警示的通报》《关于庆阳市政府原副市长王谦严重违纪案件及其教训警示的通报》《关于转发省纪委〈从虞海燕金晋哲严重违纪案件解析兰州政治生态〉专题调研报告的通知》《关于转发省纪委〈全省违反政治纪律和政治规矩问题分析及整改建议报告〉的通知》，研究贯彻落实意见。

6月26日，召开县政府第14次常务会议。研究审定关于政府购买环卫一体化服务的意见。研究上半年经济运行情况。

7月20日，召开县政府第15次常务会议。专题研究环境保护工作；传达学习全国生态环境保护大会、全省生态环境保护大会精神，听取全县环保工作汇报，研究贯彻落实意见。

7月20日，召开县政府第16次常务会议。审定关于2018年国务院大督查自查整改工作安排的意见；审议《2018年泾川县乡镇、县直部门、驻泾单位工作绩效考核办法》；审定2018年第九批基建项目；审定关于2018年第一批财政专项扶贫资金部分项目建设内容变更的意见；审定关于2018年第二批财政专项扶贫资金项目计划的意见；审议《泾川县“三变”改革助推产业扶贫实施方案》；审定《泾川县城区居民取暖民用洁净煤补贴办法（试行）》；审定关于泾川县房地产开发公司法人变更的意见；审定关于将43户家庭继续纳入城市最低生活保障的意见；研究有关人事任免事项。

8月8日，召开县政府第17次常务会议。审议《泾川县创新体制机制推进农业绿色发展工作方案

（讨论稿）》；审议《泾川县关于开展农村村级公益性设施共管共享工作实施方案》；审定《泾川县农村村级公益性设施共管共享工作实施细则（试行）》；审定《城关镇等15个乡（镇）2018年第二批财政专项扶贫资金入股分红方案》；审定《玉都镇、丰台镇、荔堡镇、窑店镇2018年第一批财政专项扶贫资金结余调项资金入股分红方案》；审定2018年第三批财政专项扶贫资金项目计划及泾川县2018年天津对口帮扶资金项目计划；审定关于县商务局办公楼后院公房过渡拆迁补偿意见；审定2018年第十批基建项目；审定关于调整2018年全县易地扶贫搬迁工程建房补助标准的意见；审定关于2017年度困难群众基本生活救助结余资金安排的意见；审定关于给予11户困难群众临时救助的意见；审议关于召开2018年高考、中考表彰奖励大会的意见；审定关于重新公布县级文物保护单位、保护范围、建设控制地带和文物安全管理直接责任单位、责任人及一般文物点名录的意见。

9月6日，召开县政府第18次常务会议。审议《关于推进防灾减灾救灾体制机制改革的实施意见》；审议《泾川县治理高价彩礼推动移风易俗实施方案》；审定《泾川县城区集中式饮用水水源地“一源一策”整治工作实施方案》；审议《泾川县污染防治攻坚方案》；审定《泾川县地下水超采区治理方案》；审定2018年第十一批基建项目；审定关于泾川县通乡镇燃气管网建设工程财政补助意见；审定泾川县易地扶贫搬迁工程产业发展资金入股分红方案；审定有关国土事宜；审定《泾川县突发性地质灾害应急预案》；审定泾川县2018年市级精准扶贫精准脱贫专项资金项目计划；审定城关镇等12个乡镇2018年第三批财政专项扶贫资金入股分红方案；审定城关镇等6个乡镇2018年市级精准扶贫精准脱贫专项资金入股分红方案；审定城关镇等9个乡镇2018年第五批整合资金“渠道不变、充分授权”扶贫资金入股分红方案；审定县城城东新区控制性详细规划、星鼎电商物流配送中心项目设计方案及县城大型修理中心选址方案；审定《泾川县处置重大林业生态破坏事故应急预案》；审定《泾川县处置重特大森林火灾应急预案》；审定《泾川县道路交通事故应急预案》；审定《平凉农业总场及张老寺农场企业办社会职能改革实施方案》；审议关于召开全县庆祝第34个教师节大会暨推荐表彰的2018年全县教育工作先进单位和个人的意见；审议拟推荐表彰的全市2018年教育工作先进单位和个人的意见；学习《甘肃省精准脱贫验收标准及认定程序》；审定关于给予有关人员行政纪律处分的意见。

10月10日，召开县政府第19次常务会议。专题研究环境保护工作；审议《泾川县省级环保督察反馈问题整改方案》。

10月10日，召开县政府第20次常务会议。审议《关于进一步支持非公有制经济发展的实施意见》；审议《关于加强基层民政工作的实施意见》；审定给予18户困难群众临时救助的意见；审议《关于构建生态产业体系推动绿色发展崛起的实施意见》；审定《泾川县推动绿色生态产业发展实施方案》；审定2018年第十二批基建项目；审定《关于扶持全县贫困乡村龙头企业发展的意见》；审定《泾川县粮食生产功能区划定实施方案》；审定《泾川县农村集体股份经济合作社股权管理办法》；审议《泾川县关于完善农村土地所有权承包权经营权分置办法的实施意见》；审定《泾川县关于深化出租车行业改革的实施意见》；审定泾川县整合村道危桥补助资金的意见；审定《泾川县城镇供热管理办法（试行）》；审定有关国土事宜；审定2018年县级财政预算安排部分支出项目调整意见；审定《泾川县统筹整合使用财政涉农资金管理办法》；学习《中共中央国务院关于防范化解地方政府隐形债务风险的意见》；审定关于泾川县2018年招募高校毕业生从事“支教支农支医支企”工作的意见；审定关于2018年省级考录“三支一扶”

人员和服务期满西部计划志愿者安置工作的意见。

11月12日，召开县政府第21次常务会议。审议《泾川县质量提升行动实施方案》；审议《关于打赢脱贫攻坚战三年行动的实施意见》；审定泾川县2018年危房改造财政专项扶贫资金结余资金项目计划；审定关于党原镇等3个乡（镇）2018年危房改造财政专项扶贫资金结余资金入股分红方案；审定《泾川县重污染天气应急预案》；审定关于部分单位资产调整的意见；审定2018年第十三批基建项目；审定泾川县2016年、2017年易地扶贫搬迁结余资金使用方案；审定关于泾川县代课人员聘用有关事宜的意见；审定关于县工信局等14个单位选调工作人员的意见；审定2017年退役士兵安置的意见；审定关于设立张老寺社区居民委员会的意见；审定给予困难群众临时救助的意见；审定关于集中供热热源站建设的意见；审定关于调整县城区机关事业单位暖气价格的意见；听取全县扫黑除恶专项斗争进展情况汇报，研究下一步工作；听取非洲猪瘟防控工作情况汇报，安排下一阶段工作；学习省委办公厅关于我省信访工作情况的调研报告，听取1—9月份全县信访工作汇报，研究贯彻落实意见；学习《甘肃省党政领导干部安全生产责任制实施细则》，研究贯彻落实意见；学习《脱贫攻坚专项巡视有关要求》，研究贯彻落实意见。

12月19日，召开县政府第22次常务会议。审议政府工作报告（审议稿）；审议《关于2018年全县国民经济和社会发展计划执行情况及2019年发展计划（草案）的报告（审议稿）》；审议《关于2018年全县财政预算执行情况及2019年财政预算（草案）的报告（审议稿）》；审定《关于加快乡村旅游发展的实施意见》；审定《泾川县2018年消防安全形势综合评估报告》；审定《泾川县关于建立残疾儿童康复救助制度的实施意见》；审定有关国土事宜；审定关于城西安置楼商铺、车位、储物间及西环路廉租楼一楼部分房屋公开处置的意见；审定关于推进县直行政事业单位出租出借门面房屋规范管理的意见；审定关于2018年度困难群众基本生活救助省级结余资金安排意见；审定《泾川县国民营养计划（2018—2030年）实施方案（草案）》；审定《泾川县关于进一步加强招商引资优化营商环境的若干意见》；审定2018年第十四批基建项目；审定《泾川县到户产业扶持资金投放管理办法（试行）》；听取2018年泾川县东西部扶贫协作进展情况汇报，研究下一步工作；审议2018年度全省脱贫攻坚先进集体先进个人推荐名单；审定关于杨好学等5人报酬发放的意见；审定《泾川县关于金融进一步支持脱贫攻坚的实施意见》；听取拟推荐特色产业发展工程贷款企业项目情况；审定《泾川县农民工欠薪应急周转金管理办法》；审定《泾川县被征地农民参加基本养老保险实施方案》；审定关于两名省市获奖的平凉体校毕业生工作安置的意见；审议关于泾川县机关事业单位发放2017年度科学发展业绩考核奖的意见；审议关于泾川县机关事业单位发放2018年度冬季取暖费的意见；审定泾川县贫困村果蔬保鲜库建设补助资金折股量化方案；听取全县脱贫攻坚工作情况汇报，研究下一步工作；研究有关人事任免事项。

领导班子成员名录

县　长	王廷佐
常务副县长	陶　梅（女，4月止）
	崔　飞（4月任）
副县长	赵小军
	袁志兴（挂职，5月任）
	吕忠武
	冯　宁（挂职，12月止）
	李　强
	封聚强（挂职）

办公室工作

2018年，在县委、县政府的坚强领导下，县政府办公室紧紧围绕全县中心工作，认真履职尽责，积极推进创新，全方位提高工作质量和效率，圆满完成了各项任务，有效保证政府各项工作高效运行。

【政务服务】紧紧围绕全县工作大局，超前谋划安排，统筹推进落实，精心起草各类材料文件，较好地发挥了参谋助手作用。年内组织起草政府工作报告、县委经济工作会议讲话等各类文稿360多篇，印发县政府和政府办文件770多份、各类会议纪要40多期，处理上级文件及各类明传电报3190多份。严格落实行政决策合法性审查制度，全年共审查各类文件12件；认真开展规范性文件清理工作，废止不符合“放管服”改革精神的规范性文件2件；依法办理行政复议案件10起，依法行政的能力和水平不断提升。

【综合协调】注重加强对上下之间、领导之间、部门之间的协调和单位内部协调。对领导交办的事项，及时安排部署，全力衔接落实；对需要政府研究解决的问题，及时汇报，准确反馈。同时，主动加强同县委办、人大办、政协办的联系沟通，有效促进整体工作高效运转。严格实行重要会议筹备预案制度，对需要召开的会议，及时衔接、精心组织，年内组织召开县委全委（扩大）会、县政府全体会等大型会议30多次。严格落实信访接待登记、拟办、转办、督办、反馈制度，对一般来访现场处理、当场解决，重大来访和网站留言问明情况、核实内容、规范登记，集体上访热情接待、耐心解释、疏导情绪。全年共接待来访群众477批（次）1942人（次），汇报领导批办47批（次）243人（次），信访问题处理率达到100%。

【督查调研】把督查作为促进工作落实的重要抓手，先后2次联合县人大、县政协相关工委对议提案办理工作进行督查，并及时向人大、政协报告进展情况；对重大项目、民生实事、中心工作采取现场督查、催要情况等方式，定期开展督查，及时掌握进展，全年共开展专项督查8次，有力推动县政府各项决策部署落实。全面落实政务人员全员报送信息制度，紧扣政务信息报送要点和社会关注的热点问题，组织文秘人员开展基层调研，全年累计向市政府办公室报送政务信息900多条，较好地发挥了咨政建言作用。

【后勤保障】严格规范财务管理，认真执行财经纪律，严把计划关、审核关、审批报销关，对办公室所有报销单据严格审核，扎实细致做好账务管理，确保账实、账表、账证、账账相符。严格执行主要负责人不直接分管财务和物资采购的规定，从严控制经费支出，全面落实购物审批、车辆维修审批及节假日入库封存等制度，强化成本管理，履行节约，减少浪费，在提高服务水平的同时，努力减少办公室运行经费。

【队伍建设】以提升理论素养、增强业务能力为目标，扎实开展形式多样的业务培训活动，坚持每周星期一职工例会制度，认真学习传达中央、省、市、县相关会议及文件精神，组织开展文秘业务知识学习研讨，着力提高文秘人员业务写作水平。采取主要领导讲学、科级干部带学、党校教员导学、党员干部自学等方式，组织开展政治理论学习30多次，精心举办《习近平新时代中国特色社会主义思想三十讲》“读书会”，干部职工政治理论水平显著提升。通过召开座谈会、集中学习会等方式，组织班子成员和干部职工认真学习《廉洁自律准则》《纪律处分条例》《党内监督条例》等规定，观看《四风之害》《永远在路上》《警钟长鸣》《警醒》等警示教育专题片4次，党员干部存戒惧、知敬畏，自觉做到坚守底线、不触红线。

领导班子成员名录

办公室主任　马虎林
副主任　张立君
史宏凌
高永强

（供稿：雷泾龙）

公共资源交易管理

2018年，县公管办认真贯彻落实中央、省、市关于“放管服”改革的各项要求，大力推进“四办”改革，强化公共资源交易管理，努力提升公共资源交易和政务服务质量。

【政务服务】租赁文旅大厦3～6层作为县政府政务服务中心业务用房，9月25日投入使用，划分办税服务区、不动产登记服务区、商事登记服务区、投资项目审批区等13个功能分区，进驻单位33个工作人员133名，设置前台窗口109个，后台审批席位36个，进驻服务事项877项，全年办理各类业务88936件，办结率为100%，转办便民服务热线743件，办结743件，办结率100%，群众满意度达98%。

【公共资源交易】以平台信息化建设为重点，建成集评标专家管理、计算机辅助评标、远程异地评标、网络监控、变声询标、门禁、网络办公、电子行政监察为一体的综合性信息化交易平台。全年完成项目交易257个，成交额1.67亿万元，节约资金481万元，节约率为2.79%；其中工程项目79个，成交金额6756.87万元，节约资金133.21万元，节约率1.93%；政府采购178个，成交金额1亿元，节约资金347.87万元，节约率为3.36%；全年上解交易服务费40.5万元。

领导班子成员名录

主　任　肖　宁
副主任、交易中心主任　尚旭华
副主任、政务中心主任　吕小莉（女）
副主任　张　鹏
纪检组组长　程智文

（供稿：樊海华）

金融监管

2018年，县金融办认真贯彻党的十九大和十九届二中、三中全会精神，严格落实中央、省市县金融工作各项决策部署，深化金融体制机制创新，加强金融服务体系建设，细化工作措施，创新履职方式，有效助推了全县经济社会发展。

【监督检查】与人行、公安、工商等部门组成联合检查组，检查全县5家小额贷款公司、3家担保公司、1家典当行、5家电子商务公司、22家投资公司、3家第三方支付类企业及4家其他涉及投融资理财咨询类公司，现场下发限期整改通知单15份。建立全县小额贷款公司业务数据月报、季报和年报的工作制度，全年报送数据12次。

【风险防控】不断强化行业主管部门监管责任，印发《泾川县2018年春节期间非法集资风险专项排查工作方案》和《泾川县防范化解金融风险专项行动实施方案》，认真开展排查整治工作，切实消除了重点行业、重点领域风险隐患和潜在的风险苗头。

【金融宣传】依托科技、文化、卫生“三下乡”和“3·15”消费者权益日等重大宣传节点，深入开展“理性投资，远离非法集资”宣传和“金融知识宣传月”活动，教育公众自觉抵制非法集资，不断增强风险防范意识，努力营造良好的金融发展环境。

【风险整治】联合县公安局、工商局、工信局、商务局和人行等部门，组成联合排查整治工作小组，采取现场听取汇报、查阅资料、核对信息等方式，深入各类公司开展了专项排查整治，进一步了解企业运行情况和风险管控情况，形成了责任明确、分工协作的强大监管合力。

【便民服务】 全县农村地区布放ATM机111台，POS机720台，自助服务终端39台，便民金融服务点386个，基本实现了城乡金融服务全覆盖。同时，在全县215个行政村全部挂牌成立“农村金融综合服务室”，落实了办公场所，选聘了指导员。

【企业上市】 对有挂牌意愿的企业进行跟进培育，建立企业挂牌台账。目前，全县有8家企业在甘肃省股权交易中心“推介版”挂牌，企业融资渠道进一步拓宽。

领导班子成员名录

主　任　夏爱军

副主任　左文辉

（供稿：李玉婷）

机关事务管理

2018年，机关事务管理以“两学一做”学习教育常态化制度化和党章党规党纪学习教育活动为抓手，紧扣年内发展思路目标，扎实开展“转变作风改善发展环境建设年”活动，充分发挥节能管理、资产管理、车辆管理、后勤保障职能，不断提高管理水平，着力优化服务质量，有序推进各项工作。

【节能降耗】 联合县发改局等17个部门开展节能宣传周和低碳日活动，展出各类宣传展板80余幅，发放宣传画8000余份，宣传资料15000多份。分月度、季度、年度对全县各公共机构用水、用电、用煤、用油等能耗情况进行统计，掌握各单位各部门能源资源消耗情况。推荐泾川三中创建省级示范单位，县中医医院申报创建国家级示范单位。

【国有资产管理】 开展全县机关单位办公用房摸底清查，健全全县办公用房基础信息数据档案，配合县国有资产管理局做好办公用房的调整调剂工作，协助县公管办、大云公司做好县政府政务服务中心业务用房前期调配使用工作，有效实现资产保值增值。依固定资产管理系统，对各单位固定资产分类别逐一登记造册，建账立卡，做到账物一致。落实各项资产管理责任制，形成了有效的内部监督管理机制。

【公务用车】 完善了《车辆调度与使用管理细则》《驾驶员管理细则》《财务管理细则》等规章制度；建立“一人一车一库”“一车一卡一档”全程网格式、簿册式管理机制和车辆回场备案制度，对平台所有车辆统一喷涂甘肃省公务用车标识和监督电话。签订《公务车辆使用安全责任承诺书》《泾川县县级公务用车服务中心车辆保管协议》和《廉政提醒卡》，加强车辆定期保养维修，严禁公车私用，全年累计保障全县各项重大公务活动共8300车（次）。

【后勤保障】 及时采购办公用品、车辆配备物品，保障了平台运行顺利开展。及时对院内草坪和乔灌木进行浇水20余次，除草、修剪10次。完成政府公寓楼网络、电视维修工作，为加强楼内安全措施，定期排查隐患。完成了县委、县政府2个机关食堂的交接工作，保证机关职工正常用餐。

领导班子成员名录

局　长　周宏科

副局长　高　凡

　　　　张小燕（女）

纪检组组长　辛登峰

（供稿：朱小鹏）

政协泾川县委员会

2018年，县政协坚持以习近平新时代中国特色社会主义思想为指导，深入贯彻落实党的十九大和十九届二中、三中全会精神，认真落实县委决策部署，广泛团结参加政协的各党派团体和各族各界人士，高举爱国主义、社会主义旗帜，认真履行政治协商、民主监督、参政议政职能，为推动经济社会高质量发展做出了积极贡献。

重要会议

【政协常委会】

3月9日，召开县政协九届六次常委会议。会议传达学习了县委十七届四次全体会议暨县委经济工作会议精神，讨论通过了政协泾川县第九届委员会常务委员会2018年工作要点和有关人事事项。

6月28日，召开县政协九届七次常委会议。会议讨论通过了《构建工业主导型经济格局加快推进全县工业经济转型升级发展的调研报告（讨论稿）》《全县全域无垃圾专项视察报告（讨论稿）》《创建省级“全域旅游示范县”新品牌培育经济发展新动能的调研报告（讨论稿）》和《实施全民参保提升大病救助水平的建议案（讨论稿）》。同时，还审议通过了《泾川县政协常务委员会议事规则》等8项规章制度。

9月26日，召开县政协九届八次常委会议。会议讨论通过了《政协泾川县委员会关于加强和改进调查研究工作的实施意见》《县政协专门委员会联系界别工作制度》《全县农村危房改造视察报告》《全县农村“三变”改革调研报告》《关于“加快城区天然气及供暖管网升级改造”的建议案》和有关人事事项。

12月21日，召开县政协九届九次常委会议。会议书面通报了县政协九届二次会议以来提案办理工作情况；讨论通过了关于县政协九届三次会议有关事项；讨论通过了县政协第九届委员会常务委员会工作报告（讨论稿）和县政协九届二次会议以来提案工作情况报告（讨论稿），会议还讨论通过了其他事项。

12月27日，召开县政协九届十次常委会议。会议讨论通过了关于召开县政协九届三次会议的决定、县政协九届三次会议日程、县政协九届三次会议关于提案审查及立案的意见。

主要工作

【协商议政】 县政协紧紧围绕全县中心工作，深入调查研究，积极建言献策，确保各项工作围绕中心不偏离、服务大局不缺位。围绕脱贫攻坚、城镇建设、民生改善、社会治理等方面，广泛建言献策，共提出意见建议100多条，为县委、县政府谋篇布局、科学决策发挥了参谋助手作用。先后围绕“构建工业主导型经济格局，加快推进全县工业经济转型升级发展”、创建“省级全域旅游示范县”新品牌、农村“三变”改革开展调研活动，围绕提案立案协商、实施全民参保提升大病救助水平、持续完善市政设施，加快城区天然气及供暖管网升级改造、持续优化发展环境，大力推进非公经济发展等主题召开双月协商座谈会，形成的调研报告和建议案得到县政府和相关部门的重视和采纳。

【民主监督】不断强化协商监督职能，多谋民生之利，多解百姓之忧，多行惠民之举，让群众真正感到政协委员就在身边、人民政协离自己很近。围绕全域无垃圾专项治理、农村危房改造、全县重大项目建设情况开展视察，组织委员对全县重大项目建设和惠民实事办理开展监督性视察。积极配合市政协开展促进绿色安全食品产业发展、打造文旅融合发展旅游新业态、推进农村“三变”改革和重大项目建设观摩活动等调研视察、界别协商活动10次。选派20名政协委员担任特邀监督员和作风评议员，35名政协委员参与全县各类通报会、征求意见会、听证会等活动，有力推动了职能部门的工作落实和作风转变。积极探索提案“协商式”监督新路子，把协商贯穿于提案工作全过程，研究制定了《提案办理协商实施办法》，初步形成政府和政协领导督办重点提案机制、提案办理“三方协商”机制、提案跟踪督办机制，推进了提案办理协商工作的落实。县政协九届二次会议以来审查立案23件，已经办结20件，办结率达到87%。正在开展前期工作、计划列入以后年度办理3件。

县政协开展“重大项目”“惠民实事”视察活动

【文史文化】坚持把文史文化建设作为参政议政的特色内容，扎实做好文史资料的编纂工作，搜集整理文史资料110多篇20多万字，编辑出版了《王母宫山志》。热情接待外省及周边县区政协6个考察团来泾考察，先后赴两当、宕昌、会宁、静宁开展红色文化教育、提案协商督办、文史文化建设等交流活动。

【自身建设】积极履行政治领导责任，认真学习贯彻《中国共产党党组工作条例（试行）》和党章党规党纪，以提高政协履职水平为重点，以制度建设为抓手，制定修订了《党组工作规则》《党组理论学习中心组学习规则》，通过健全完善党建工作机制，全面加强党组政治、思想、作风、制度建设。10月，组织召开民主党派无党派人士座谈会，学习《关于加强新时代人民政协党的建设工作的若干意见》，进一步凝聚思想共识，不忘多党合作初心，不断增进政治认同、思想认同、理论认同、情感认同，把更多的人团结在党的周围。严格落实党风廉政建设主体责任，严肃党内生活制度，严守政治纪律和政治规矩，压实全面从严治党主体责任。严格落实意识形态责任制，加强新闻动态宣传报道工作，21条政协动态信息被省市刊物登载。带头贯彻落实中央“八项规定”及实施细则精神，坚决反对“四风”，进一步营造了干事创业的良好氛围。

领导班子成员名录

主　席　张寅虎

副主席　杨东峰（兼秘书长，12月病故）

王建平

冯维成

赵永瑞

办公室

主　任　董永峰

副主任　毛海成

　　　　梁　璨

学习提案与法制委员会

主　任　司腊奎

副主任　刘书林

经济和环境资源委员会

主　任　张拴成（9月止）

副主任　卢玉宏（9月止）

科教文卫体委员会

主　任　李贵郎（9月止）

副主任　安宏伟

民族宗教和“三胞”联络委员会

副主任　王德春

文史资料委员会

主　任　王鸿春

副主任　刘文乐

（供稿：拜皓文）

民主党派

民革泾川支部

【概况】 中国国民党革命委员会泾川小组成立于1985年4月，时有党员3人。1989年10月，经民革甘肃省委员会批准，民革泾川小组升格为民革泾川支部，有党员10人，经全体党员大会选举，成立民革泾川县第一届支部委员会。民革泾川支部现有党员21名，其中有市政协委员1人、县政协委员2人。

【主要工作】 开展坚持和发展中国特色社会主义学习实践活动。民革泾川县支部全体党员结合本职工作，开展形式多样的扶贫济困工作，为泾川县的扶贫、脱贫工作贡献了自己的力量。民革泾川县支部中的政协委员、人大代表，履行人大代表、政协委员职责，积极建言献策。

领导班子成员名录

主　委　杜志春

副主委　高富泰

委　员　张小燕（女）

（供稿：卢雪涛）

民盟泾川支部

【概况】 中国民主同盟泾川小组成立于1950年7月，隶属于民盟平凉支部。1956年9月，成立民盟泾川支部委员会。现有盟员40人，主要分布在教育、卫生、经济界。

【主要工作】 提交了《关于积极招聘幼儿园教师，提升幼儿师资力量》的提案；协助甘肃医学院等单位30多名专家赴玉都镇中心开展“落实精准扶贫，关爱群众健康”医疗义诊咨询活动1次；衔接明日之星基金会“希望工程、创客空间”公益捐赠活动落地泾川；组织兰州盛康医药公司对泾川县人民医院开展捐赠凝血设备活动。

领导班子成员名录

主　委　康　君

副主委　周君荣

委　员　王渭宁

孙晓燕（女）

陈善学

（供稿：卢雪涛）

群众团体

总工会

2018年，全县工会工作认真贯彻落实习近平新时代中国特色社会主义思想、党的十九大和十九届二中、三中全会精神，认真落实县委十七届三次全体会议暨县委经济工作会议全市工会四次代表会议精神，积极履职尽责，主动作为，开拓进取，工会工作创新发展，在全县经济社会发展中发挥了积极作用。

【工会改革】按照省市工会改革方案，制定《泾川县工会改革实施方案》，上报县委批准后，调整了机关内部机构设置，确定了兼（挂）职副主席候选人，健全相关制度，工会经费向基层倾斜，推选出席市四次工代会代表，提高了基层代表比例。

【组织建设】持续扩大覆盖面和提高规范化建设水平，按照“六有”标准，落实王村镇、温泉开发区、荔堡镇、丰台镇、罗汉洞乡、泾明乡、红河乡7个“示范乡镇（街道）工会”创建，扎实推进八大群体集中入会行动，新建基层工会组织17个，涵盖法人单位23个，发展会员488人，全县法人单位建会率、职工入会率达到95%和92%以上。

【技能提升】以“五比一创”为主要内容，重点组织非公企业和农民工开展劳动竞赛3场（次）。组队参加全市“导游服务”技能大赛，举办县级技能比赛3场（次），组织劳动竞赛展演3场（次）。按照“陇原工匠”和“五一双奖”命名表彰评选要求，推荐申报全总、省、市“五一双奖”3个、“工人先锋号”2个，完善劳模创新工作室3个，申报发放省级困难劳模补助资金10.47万元。大力开展技术革新、技术攻关、发明创造等群众性经济技术创新活动，征集创新成果3项、先进工作法3项，其中，县农村能源工作站秸秆沼气池的施工方法被第五届甘肃省职工先进技术操作法大赛组委会评为提名奖。

【职工维权】扎实开展“要约季”活动，发出要约书205份，集中签订集体合同210份，工资专项合同205份，女职工权益保护专项合同180份，劳动安全卫生专项合同180份，县内规模以上企业工资专项集体合同覆盖率达到90%。泾川天纤棉业公司等3户非公企业成为集体协商示范点。举办“尊法守法·携手筑梦”服务农民工法治宣传及“关爱生命·关注安全”知识讲座2期，全县职工劳动安全知识竞赛1期，参赛单位达43家。县天纤棉业公司二分厂前纺车间被中华全国总工会授予“全国安康杯优胜班组”称号。

【企业民主管理】实施《甘肃省厂务公开条例》，不断扩大以职代会为基本形式的厂务公开民主管理工作覆盖面，积极推进厂务公开工作向非公经济领域拓展。国有及其控股企业、事业单位职代会、厂务公开制度建制率动态保持在95%以上，已建会25人以上非公企业职代会、厂务公开制度建制率动态保持在85%以上。

【困难职工帮扶】年内，对131户全国级困难职工按国家级标准开展各类帮扶救助，其中医疗救助22人，每人发放救助金4860元；生活救助99人，每人发放救助金4700元；助学救助10人，每人发放救助金4000元。“夏送清凉”慰问一线职工800人，发放3万元的慰问品。筹集“金秋助学”和“面对面爱心助学”资金15.4万元，资助学生82名。办理职工医疗保险参保1780人。建立职工健康档案2497宗。为7名困难职工子女人均按月募集助学资金500元。

【职工文体活动】为基层工会下拨职工活动经费6万多元，用于基层工会开展各类文体活动，“五一”期间，举办了全县“体彩杯”职工篮球赛和职工书画展。

【会费管理】按照企事业单位工会经费全额税务代征规定，税务部门代征工会经费230.4万元。加大审计力度，规范工会经费拨缴、收管用程序，坚持规范管理，量入为出。

组织职工书画摄影展

【市工会四次代表大会代表】8月17日，选举出席平凉市工会四次代表大会代表19名，具体是吕金红、韩粉琴、梁鸿浩、侯小芳、赵阳生、袁智兴、刘锁琴、赵林义、马芬琴、张存兴、杜良敏、周君荣、安小梅、刘春社、尹强、李晓峰、虎小红、何根合、杨春燕。在市工会四次代表大会上袁智兴、赵阳生、何根合3人当选为市总工会第四届委员会委员，韩粉琴当选平凉市总工会第四届经费审查委员会委员。

领导班子成员名录

主　席	赵晓春（兼）
常务副主席	温东明（2月任）
副主席	郑金文
	李永祥
经审委员会主任	陈善学
经审委员会副主任	韩粉琴

（供稿：梁鸿浩）

中国共产主义青年团泾川县委员会

2018年，全县共青团工作深入贯彻落实党的十九大和十九届二中、三中全会精神，认真落实县委十七届四次全体会议暨县委经济工作会议、团市委三届六次全委会议精神，以切实增强政治性、先进性、群众性为目标，牢记初心使命，深化改革攻坚，积极助力脱贫攻坚，竭力服务青年群众，全面推进从严治团，不断强化自身建设，团结带领全县广大团员青年为决战脱贫、决胜小康、建设绿色开放幸福美好新泾川做出了积极贡献。

【组织发展】全县现有基层团组织640个，其中团委38个、团工委2个、团总支47个、团支部553个，团员9709名，专职团干5名，兼职团干1409名。

【青年工作】开展“我的中国梦”“缅怀革命先烈·弘扬民族精神”等主题团队活动90场（次），建成城关镇“青年之家·学习社”1处，举办青春大讲堂主题学习3期，参与团员青年2万余人。举办泾川县纪念五四运动99周年暨第三届“向上向善”好青年表彰大会，表彰命名38名“向上向善”好青年及先进个人46名。开展“全域无垃圾·团青在行动”等实践活动47场（次），组织300多名团员青年新建青年林2处、栽植油松等3400余株。

【希望工程】争取文雅爱心奖学金、“国酒茅台”“省青基会”等公益助（奖）学项目4个，向社会各界筹集“圆梦助学金”13.4万元，累计发放各类助（奖）学金41万元，惠及467名学生。为完颜洼小学建成价值10万元的支教中国2.0公益远程教室一座，为11所贫困村小学争取“思源·新浪扬帆公益基金——扬帆计划”公益项目，捐赠图书3200多本、体育用品2400多件。向县阳光义工协会捐赠1.8万元，委托其代理申请并配捐“壹基金”冬季温暖包212件，价值7.38万元。争取投资80万元，在窑店等8个乡镇中心小学建设“壹基金·壹乐园”音乐教室8间，预计2019年3月投入使用。积极与武清团区委开展东西部扶贫协作，建成“清青”农村青少年爱心图书站2处，捐赠图书2300册；为红河乡40名贫困学生每人发放助学金1000元；争取天津市青少年发展基金会投资50万元改造城关镇杨柳小学。

【少先队工作】全县现有少先总队15个，少先大队266个，少先队员1.6万名，少先队辅导员1212名。开展“红领巾心向党”“争做新时代好队员”等主题队日活动150多场（次），参与少先队员7500多名。

举行“壹基金”温暖包发放活动

【志愿服务】开展“五彩丝带·文明泾川”“阳光送考”“暖冬行动”“交通文明劝导”“学雷锋志愿服务月”等各类青年志愿服务活动42场（次），参与青年志愿者2000多人。联合县阳光义工协会，在城关镇朝阳小区建成“壹乐园·留守儿童服务站”，开展“关爱留守儿童”主题志愿活动30多场（次），服务留守儿童700多人。联合平凉众益农村社区发展协会等5家公益组织，为高平、红河2个乡镇8所学校209名留守儿童发放甘肃福彩“爱心包”209个，价值3.2万多元。

【杰出青年】高平镇许家坡村优秀大学生村干部力鹏当选共青团全国十八大代表、团市委兼职副书记；选举31名优秀团员青年代表出席平凉市第四次团代会。

领导班子成员名录

书　记　尚晓星

副书记　郑雪艳（女）

（供稿：张　欢）

妇女联合会

2018年，全县妇女工作以习近平新时代中国特色社会主义思想和党的十九大精神为指导，紧紧围绕省市县委新部署、新要求，创新思路、发挥优势、主动作为，全县妇女事业取得了新成效。

【宣传工作】组织开展“我与中国梦”“巾帼心向党·建功新时代”“巾帼大宣讲”“陇原妇女面对面·母亲讲堂乡镇行”等主题教育活动。举办演讲赛、网络答题抽奖、相亲大会、抵制高价彩礼万人签名和“全域无垃圾·巾帼在行动”、美丽庭院创建等34项妇女工作月主题活动。充分发挥电视、网络、微信公众号等新媒体作用，发布信息256条，泾川妇女微信公众号发布量和点击率在全省名列前茅。

【妇女发展】争取资金449.18万元，组建巾帼特色产业联盟47个，创建巾帼扶贫车间6个，培训家政服务员764人、陇原巧手583人，输出“陇原妹”708人，带动989名贫困妇女就业，年创收1.24亿元。协调落实社会救助资金164.38万元，救助留守儿童212名、留守和贫困妇女910名。培树“三八红旗手（集体）”“陇原脱贫攻坚巾帼先进集体（带头人）”、巾帼建功标兵等各类先进典型100多个。

【创建活动】深入开展“最美家庭”“美丽庭院”创建活动，评选表彰“最美家庭”和“美丽庭院”示范村（户）175个。开展“爱心妈妈”与留守儿童结对救助1092对，救助“春蕾生”117名。接待妇女来信来访来电14起，结案率100%，常态化开展“建设法治泾川·巾帼在行动”“平安家庭”和“不让毒品进我家”创评活动，评选示范户325个。

【两规划实施】紧盯“两规划”重难点指标抓培训、抓督查，完成2018年度统计监测报告和工作报告。落实农村妇女“两癌”检查专项资金198万元，年度检查16500例，对确诊的7例患者跟踪随访，确保得到有效治疗。争取全国妇联“两癌”救助资金21万元，救助“两癌”患病妇女21人。

【妇联改革】制定《泾川县妇联改革方案》，逐级召开妇女代表大会，配齐配强县乡村妇联主席和副主席。县乡村三级妇联工作经费和村妇联主席报酬全部落实到位，并列入财政年度预算。建立了《泾川县妇联“1+1+3”执委联系妇女群众制度》《泾川县村级妇联主席考核管理办法》和《泾川县妇联执委述职评议工作制度》，建立标准化妇女之家230个、妇联干部和妇联执委联系点和工作站278个。

县第十五次妇女代表大会

【妇代会】2018年7月12—13日，泾川县第十五次妇女代表大会召开，大会正式代表142名，特邀代表20名，列席68名。大会选举泾川县妇联第十五届执委31名，常委9名，主席1名，副主席1名。

第十五届妇联主席　李灵芳

第十五届妇联副主席　王秀玲

执委会常委（9名）

李灵芳　毛瑞红　王秀玲　杨　青　张淑惠
康慧敏　王红艳　赵娟娟　王桂梅

执行委员会委员（31名）

李灵芳　王秀玲　杨　青　张淑惠　康慧敏
王红艳　张　煦　何丽萍　田喜娟　脱丽英
李娇娇　吕小语　樊　莉　尚亚萍　赵娟娟
毛瑞红　杨丽婷　胡灵香　尚小燕　王桂梅
陈　可　易　娜　韩粉琴　卢　燕　王海燕
傅小英　罗林凤　王长征　邹晓芳　何亚萍
金琬宁（回）

领导班子成员名录

主　席　　李灵芳（女，2月任）

副主席　　王秀玲（女）

纪检组组长　杨　青（女）

（供稿：何丽霞）

科学技术协会

2018年，县科协以党的十九大、中国科协“九大”及县委七届四次全委会暨经济工作会议精神为指导，以贯彻实施《全民科学素质行动计划纲要》为总揽，以“两行动、两建设”为抓手，以四类重点人群科普工作为主线，切实履行“四个服务”工作职责，团结带领全县科技工作人员广泛参与，深入开展各项科普工作，取得了显著成效。

【科普示范】建成窑店镇为科普示范乡镇。创建了窑店公主、坳心2个科普示范村30个科普示范户。组建汭丰镇、窑店镇、罗汉洞乡3个农业技术联合会；建成丰台镇花椒产销专业技术协会、红河乡田赵村蔬菜产销专业技术协会；建成汭丰镇郑家沟村、泾明乡白家村2个科普示范社区。建成信泰建材厂科协1个，建成科普惠农服务站3处。

【科普宣传】组织开展“科技文化卫生三下乡”“防灾减灾日”、节能宣传周和低碳日、“全国科普日”等科普宣传44场次，参与群众5.64万人，发放宣传资料8.45万份，展出各类展板426面、科普展品168件，接受咨询9600人（次）。开展科普大篷车进乡村、进校园、进社区宣传活动44次。其中2018年9月在汭丰中学开展“全国科普日”活动暨“科普大篷车千户百村（校）”活动，组织科普大篷车7辆，展出科普展品148件（套），无人机、机器人表演2场（次），800余人参加了活动。

【科技创新】举办第33届泾川县青少年科技创新大赛，评选县级获奖作品141件，推荐参加市级竞赛作品48件，荣获市级奖励作品42件，省级获奖作品6件。在县三小开展青少年科学调查体验活动。

举行“全国科普日”暨“平凉科普·科普大篷车千户百村（校）”巡展活动

【科技馆巡展】在飞云中学、红河九年制学校开展“中国流动科技馆”巡展活动，2.8万人（次）参观了流动科技馆，激发了青少年创新精神和实践热情。

领导班子成员名录

主　席　　柳拴国

副主席　　康学忠

　　　　　彭　龙

纪检组组长　张小荣

（供稿：陶彩霞）

工商业联合会

2018年，全县工商业联合会全面贯彻落实全国工商联第十二次代表大会精神，牢牢把握工作主题，认真履行工商联职能，坚持政治建会、服务兴会、改革强会，以制度建设为着力点，切实提升工商联凝聚力和影响力，为促进全县经济跨越发展发挥了应有的作用。

【思想政治工作】加强和改进非公有制经济人士思想政治工作，强化企业文化建设，支持企业党建工作，引导企业党组织发挥政治引领作用；引导非公有制经济人士践行社会主义核心价值观，树立义利兼顾、以义为先的理念，积极承担社会责任，投身社会公益事业；组织全县非公经济人士学习习近平总书记在民营企业座谈会上的重要讲话精神，召开纪念改革开放四十周年座谈会，鼓励非公经济人士坚定发展信心，发扬企业家精神，为全县经济社会发展做出新贡献。

【光彩事业】在全县非公有制经济人士中开展“双思”“诚信”及“光彩事业”理念教育活动。非公经济代表人士100多人积极参与全县“光彩纪念林”营造，造林40多亩。工商联会员及会员企业积极参与精准扶贫建功行动，持续增大帮扶力度；积极投身社会公益事业，捐款70多万元，捐物价值100多万元。

【非公经济服务】利用法律顾问等平台，为民营企业提供政策、维权、培训、融资、信息咨询等服务，挽回经济损失8万多元。协调参与民营企业招聘周活动，会员企业安排劳动力就业持续在4000多人。在南北综合购销公司、信泰建材公司2户会员企业设立民营企业运行状况监测点，进行监测评估。确定南北公司、丰农公司、惠民小贷公司3户会员企业为企业文化建设示范点。

省工商联调研组来泾川县调研

【参政议政】 围绕企业文化建设、基层商会建设、中小企业融资难和转型跨越发展等非公有制经济发展热点、难点问题，开展调查研究、提交调研报告2篇。非公有制经济人士中的人大代表、政协委员积极参政议政，提交意见建议议案提案10条（次），组织考察调研、学习交流活动3次。

领导班子成员名录

主　席　　冯维成（兼）
常务副主席　郭文魁
副主席　　梁小平
　　　　　王小奇

（供稿：王　萍）

残疾人联合会

2018年，县残联按照县委十七届四次全会暨县委经济工作会议确定的工作思路，紧盯残疾人同步小康的战略目标，以残疾人脱贫攻坚和民生保障为重点，加快残联重点项目建设，落实残疾人各项优惠政策，残疾人事业取得显著成效。

【精准扶贫】 围绕残疾人“两不愁、三保障、两扩面”和全县脱贫攻坚重点，将全县3485名农村贫困残疾人纳入精准扶贫建档立卡范围，1022名残疾人精准扶贫户纳入低保范围，制定了“一户一策”帮扶措施，解决因残致贫家庭突出困难；配合住建部门完成40户残疾人危房改造，配合民政局为全县2817名残疾人发放“两补”资金259万元；为182名城镇重度残疾人代缴居民医疗保险32760元。

【医疗康复】 强力推进《残疾预防和残疾人康复条例》《国家残疾预防行动计划（2016—2020年）》落实，积极实施残疾儿童康复救助项目，为贫困下肢残疾儿童发放儿童轮椅15辆，按时足额为300名残疾人发放残疾人机动车辆燃油补贴，为504名有康复需求的残疾人提供相应的康复治疗，并享受相关医疗补助政策；为符合条件的321名一级智力、精神残疾人发放为民办实事助残扶贫项目残疾人托养服务补贴资金共计27.15万元；对符合条件的261户贫困重度残疾人家庭实施无障碍改造项目。

【教育就业】 继续推行普通中、小学校残疾学生随班就读机制，帮助45名未入学残疾儿童接受义务教育，为4名考上大学和5名考上高中的残疾学生发放助学金17000元，对130名有培训需求的贫困残疾人进行职业技能及农村实用技术培训，积极选送5名有需求的残疾人参加省、市的残疾人职业技能和盲人按摩培训；扶持王村镇雄发兴农果蔬保鲜有限公司建办残疾人就业基地，安置贫困残疾人10名，入股分红5人；在公益性岗位安置残疾人107人，全县残疾人就业渠道逐渐拓宽。

【宣传维权】 积极举办第28个“全国助残日”活动，组织助残志愿者服务队免费为困难残疾人理发、洗脚，为残疾人进行免费体检，对220名困难残疾人发放轮椅220辆，走访慰问了城区部分困难残疾人，发放慰问金3000元。积极向国家、省市县网站报送残疾人工作动态30多条，选送3名残疾人运动员参加全省第十届残疾人运动会，重视涉残信访案件办理，信访受理率达到100%，办结率达到95%以上。

【组织建设】 积极顺应“放管服”改革要求和党的群团工作需要，推动工作创新、推进残联改革；规范乡镇（街道）、村（社区）助残志愿者联络站及联络点建设，完成县残联换届工作；加强残疾评定，严格残疾人证核发管理，改进服务方式，采取上门服务的方式为343名残疾人办理残疾人证。

开展第二十八个“全国助残日”活动

领导班子成员名录

理事长　　徐永平

副理事长　史斌辉

　　　　　王　瑾（女）

（供稿：吴佐锋）

文学艺术界联合会

【概况】县文联下设13个协（学）会，有会员765人，其中国家级会员25人，省级会员56人，市级会员121名。

2018年，全县文联工作坚持以习近平新时代中国特色社会主义思想和党的十九大精神为指导，认真贯彻县委十七届四次全体会议暨县委经济工作会议精神，团结带领全县广大文艺工作者，积极参与县域特色文化发掘，深入开展文艺调研创作，为全县经济社会转型跨越做出了应有的贡献。

【文艺交流】春节前夕，组织县楹联学会、书法家协会会员，为群众义务书写赠送春联3600余幅、发放《西王母文艺》杂志300多册。举办2018年贺新春闹元宵书画展、“相约山水白家·聚焦秀美泾明”书画摄影展、“人面桃花映宫山·相约王母蟠桃园”主题摄影采风、“中国梦·劳动美”职工书画摄影，筹办了第五届蟠桃诗会。

5月5日，举办第五届蟠桃诗会

【文学创作】年内，县内青年作家杨军民的散文《回家的路》荣登2018年6月27日《人民日报》大地副刊。泾川籍作者在全国各级各类报刊发表文学作品280多篇（首）。

【书画创作】青年书法家刘小龙被甘肃省书法家协会培训中心特聘为专任教师。在平凉市第五届崆峒文艺奖评选中，杨昆的国画《光辉的历程》获美术类三等奖，刘小龙的书法《小楷花笺册》获书法类一等奖，陶方博的书法《文心雕龙·宗经第三》获书法类二等奖。

【协会工作】县摄影家协会举办采风活动4次。楹联学会创办《每周联盟》22期，民俗学会和民间文艺家协会围绕地方小吃开发、文物挖掘保护、传统技艺传承方面，撰写文章10余篇。音乐歌舞协会组织文艺演出6场次；戏剧家协会义务演出8场（次）。

领导班子成员名录

主　席　　　　　樊晓敏

副主席、秘书长　盖文华

（供稿：杜盆为）

法治军事

检　察

2018年，县检察院坚持聚焦主责主业，坚持服务中心大局，不断强化追诉、诉讼监督、司法审查职能，以保障脱贫攻坚和推进公益诉讼为突破口，全力推进六项重点工作，着力提升法律监督能力，着力强化从严治检，为建设绿色开放幸福美好新泾川提供了坚强的司法保障。

【刑事检察】 集中对横行乡里、欺行霸市、操纵经营、涉及“黄赌毒”等黑恶势力犯罪及其背后的“保护伞”进行深入细致的摸排调查，开展专题宣传3次，发放宣传资料10000余份。依法审查逮捕38件57人、审查起诉134件159人。开展“法治进校园”活动109场（次），受教育人数1.5万余人，发放资料2万余份。全年受理群众来信来访63件，其中来信6件，来访57件72人（次），检察长接待20人（次），提供法律咨询52次，受理民事诉讼监督案件2件2人，救助刑事被害人1人，发放救助金1万元。设立了12309检察服务中心，开通了12309服务热线和远程视频接访系统。

【公益诉讼】 加大惩治各类破坏生态环境违法犯罪力度。全年核查县环保局、国土局、林业局等行政执法部门涉及环境保护的案件27件，对涉及环境资源保护的11个项目工程和3个砂石场的整改整治情况进行现场监督检查，审查办理滥伐林木案件1件4人，办理的张某某非法占用农用地案被省检察院评为全省检察机关打击破坏环境资源违法犯罪专项活动“十佳法律监督案件”。加强公益诉讼案件办理。集中开展“保障千家万户舌尖上的安全”“美丽乡村建设公益诉讼”等专项监督活动，办理公益诉讼案件20件，发出诉前检察建议20件，回复并整改到位15件。恢复被污染土地22.7亩，督促清除各类垃圾约660吨，督促收回人防工程易地建设费28.8万元。

【脱贫攻坚司法保障】 依法批捕危害农村稳定犯罪34人，侵犯农村特殊群体合法权益的犯罪5人，脱贫攻坚领域职务犯罪1人；审查起诉危害农村稳定犯罪57人，侵犯农村特殊群体合法权益的犯罪8人，扶贫领域职务犯罪1人；移交司法救助线索2件，落实司法救助1件；协调有关部门解决农民工工资报酬共计14件98.3万余元；开展绿色通道接访20次；对建档立卡贫困户上门服务395次，开展法治讲座4次。

【法律监督】 依法履行追诉职能，依法提起公诉159人，出庭支持公诉134场（次），追诉漏犯4人，其中起诉贪污贿赂等职务犯罪案件2件2人，故意伤害、抢劫、强奸等严重暴力犯11件13人，盗窃、诈骗等侵财犯罪17件26人，涉毒犯罪5件6人，危险驾驶、交通肇事75件75人，其他犯罪24件37人。

对有案不立、以罚代刑等问题，监督侦查机

关立案2件、撤案2件，纠正漏捕1人；针对社区矫正工作中的违法情形和监管疏漏提出纠正意见和检察建议14件，开展羁押必要性审查案件6件，检察纠正刑事执行违法案件3件，监督收监3件。受理各类民事行政监督案件33件，办结28件，提前介入公安机关侦查案件3件，向公安机关发出《逮捕案件继续侦查取证意见书》15份，书面监督纠正公安机关侦查行为违法情形10件（次）。

【司法体制改革】完成检察官、检察辅助人员、司法行政人员三类人员的定岗分类，择优遴选出的9名员额检察官全部调整到一线办案岗位。实施内设机构改革，设立刑事检察部、检察业务管理监督部、民事行政检察部、政治部、办公室等“四部一室”。

深化司法责任制，明确检察官、检察辅助人员的职责权限，突出了检察官办案主体责任，严格落实检察官办案的亲历性。完善案件质量预警、技术性证据审查等创新机制，以及撤案、撤诉、无罪案件分析通报、案件质量逐案反馈等制度，确保了案件质量，捕后起诉案件有罪判决率保持100%，无捕后判轻刑案件，无错捕、错诉案件。加大案件评查力度，采取集中评查、交流互查、跟庭评查等方式，确保办案质量和效率有较大幅度的提升。年内开展案件质量评查4次，专项分析督察2次，入额检察官人均办案31件，检察长、副检察长人均办案22件。

构建完善以证据为核心的刑事指控体系，健全诉前主导和审前过滤机制，加强提前介入引导侦查取证。严格执行检察长列席审委会制度，与法院积极衔接，建立了常态化机制。

【阳光检察】自觉接受社会各界监督，组织观摩庭审4场（次），通过案件信息系统发布案件程序性信息180件、发布重要案件信息64件，公开法律文书151份，利用检察内外网、“两微一端”等媒体发布工作信息2300余条。

领导班子成员名录

检察长	苏亚君
副检察长	史　炜
	王文平
	史锁贵
纪检组组长	吕生宸
党组成员、侦查监督科科长	牛奇志

（供稿：张有林）

审　判

2018年，县法院坚持以习近平新时代中国特色社会主义思想为指导，全面贯彻党的十九大和十九届二中、三中全会精神，紧紧围绕“让人民群众在每一个司法案件中感受到公平正义”的工作目标，立足于经济社会发展的新形势和人民群众对法院工作的新期待，坚持司法为民、公正司法，忠实履行宪法和法律赋予的职责，为建设绿色开放幸福美好新泾川提供有力的司法保障。

2018年，全院共受理各类案件2862件，办结2671件，员额法官人均结案134件，同比分别上升49.1%、47.4%和34.1%，案件数量增幅较大。

【刑事审判】认真开展扫黑除恶专项斗争，审结各类刑事案件151件，判处刑事被告人160人。依法严惩故意伤害、寻衅滋事、诈骗等严重侵害群众生命财产权利、妨害社会管理秩序等犯罪30案39人；惩治危害社会公共安全犯罪，判处危险驾驶及交通肇事等犯罪75案76人。坚持宽严相济刑事政策，对轻微犯罪、过失犯罪及具有初犯、偶犯、从犯等法定从轻、减轻情节的被告人，依法适用非监禁刑，判处缓刑80人。

【民商事审判】审结民商事案件1918件，同比上升26.2%。其中审结侵权纠纷案件143件，制裁侵权行为，保护公民人身、财产权利；审结金融借款、民间借贷等案件591件，维护金融市场秩序。探索家事审判改革，审结各类家事案件692

件，切实保障未成年人、妇女、老年人合法权益，维护婚姻家庭和谐稳定。积极化解矛盾纠纷，力求案结事了，调撤结案1179件，调撤率65%，同比上升2.1%。

【行政审判】审结行政案件5件。严格执行异地管辖制度，对县域内的行政案件，指导当事人到指定法院立案。主动延伸行政审判职能，充分发挥司法建议作用，重质求效，确保司法建议落地有声。积极探索建立行政机关与人民法院机制，有效化解行政争议。

【执行工作】集中开展执行“百日会战”，受理案件730件，结案597件，结案率81.8%，到位标的5509.8万元。成立全县基本解决执行难“百日会战”总指挥部，统一安排部署。以执行“百日会战”为契机，对2011年以来受理的执行案件全面清仓梳理，共清理各类执行案件1138件，执结833件、终本305件。全院形成了领导挂帅领战、逐案挂图作战、进度挂牌销号的决战工作新常态。规范执行案款管理，启动“一案一账号”系统，确保案款及时发放到位。强化执行案件流程管理，做到全程留痕，节点可控。充分运用执行案件信息系统、数字法院应用系统，按要求录入案件执行信息，实现执行节点全公开、执行过程全监督，全面实现阳光执行。实现指挥中心与单兵设备音频视频互联互通，全流程监控执行，实施集中执行活动24次，出动警力362人（次），向公安机关报送协助查找被执行人121人，以涉嫌拒执罪移送公安机关8案9人，立案4案5人，判刑4案4人，拘传68人、拘留44人，扣押车辆25辆，限制高消费146人（次），纳入黑名单112人，在电视台曝光3批53人。

【司法改革】积极探索建立大立案、大民事、大执行格局，解决案多人少矛盾，全年员额法官人均结案134件，同比上升34.1%；认真落实《院（庭）长办案规定》，院领导带头办理重大疑难复杂案件203件，推进以审判为中心的刑事诉讼改革，同步实施非法证据排除和庭前会议制度，建立了涵盖侦查人员、刑事案件证人、专家证人、鉴定人等证人出庭长效机制，证人出庭渐现常态。深化陪审改革，创新管理方式，人民陪审员参审案件336件，普通程序案件陪审率继续保持100%。完善12368诉讼服务平台机制，全年提供服务547次；积极推进诉讼服务中心信息化建设，为当事人提供网上查询、网上缴费等诉讼服务。加强司法救助力度，为困难群众缓、减、免诉讼费5.6万元，向家庭困难的申请执行当事人给予司法救助27万元。拓宽案件评查方式，采取网上常规评查和网下重点评查方式，评查裁判文书2008件，评查率83.6%，委托第三方评查2014年以来上网法律文书3296件，案件公正评价指标有了较大提升，服判息诉率达到95%以上，上诉案件发回改判率由上年的25.8%下降到10.4%，司法公信力进一步提高。

【队伍建设】坚持以“队伍能力素质提升年”活动为契机，开展了院党组成员轮流上党课、机关党支部书记述职、创建“十星级”党支部、举办法律知识竞赛、“法官讲堂”、观摩示范庭、集中观看廉政警示教育片、组织学术论文撰写、优秀裁判文书评选等活动，建立《岗位考勤督查细则》，严格执行廉政约谈、审务督察和信访案件督办制度，先后2次对纪律松散的干警进行了通报批评。

【信息化和司法公开】在人民网、中国新闻网、甘肃法院网、甘肃长安网等媒介发表稿件64篇。打造泾川县法院自媒体，开通官方微博、微信，法治宣传步入三位一体“微时代”。在中国裁判文书网公布裁判文书956份，公开其他信息868件，巡回审判57件，网上同步直播庭审319件。举办“公众开放日”活动，邀请社会各界零距离感受法院日常工作，满足人民群众对法院工作的知情权、参与权、监督权。投资60多万元维修了太平、玉都法庭，完善人民法庭功能，优化设施配备。购置了执法数据采集站、安装多元智能访客登记系统。不断加快“智慧法院”建设，建立和完善卷宗实时查询系统，实时扫描的影像件即时对外公开，方便当事人查询。

领导班子成员名录

院　长　　冯乃元
副院长　　王新政
　　　　　朱春龙
　　　　　孙会义
纪检组组长　鲁晓龙

（供稿：王军宏）

公　安

2018年，全县公安机关认真贯彻习近平总书记“对党忠诚、服务人民、执法公正、纪律严明”总要求，围绕全县中心工作，按照“12366”工作思路，深入推进“四项建设”，全面深化公安改革，严厉打击各类刑事犯罪，强力推进社会治安综合治理，全力打造平安、法治、和谐、文明新泾川，切实提高人民群众的安全感和满意度，有力维护了全县社会大局平安稳定。

【维护稳定】完善分级响应应急处置机制，充实了应急处突尖刀队警力，不断修订完善应急处突工作预案，全面提升维稳水平及应急处突能力，充实了应急处突尖刀队警力。圆满完成全国及省市“两会”、上合组织青岛峰会等重大安保任务，确保敏感节点平稳渡过；加强对全县网站和自媒体的安全监管和微博、QQ、微信等传播渠道的动态监控，及时发现并妥善处置影响稳定的各类有害信息20073条。

【刑事破案】深入推进扫黑除恶专项斗争等整治行动，综合运用情报信息分析研判、高危人群管控、收销赃控制渠道、串案并侦等多种措施，始终保持对打击刑事犯罪的凌厉攻势。全县共发立刑事案件490起，破案绝对数229起，破现案149起，破案率30.4%。围绕“命案必破”“命案优先”理念，2起命案均在第一时间破获，追回各类上网逃犯39人。破获“两抢一盗”等多发性侵财案件49起，公诉22人。受理各类经济犯罪案件15起，立案13起，破案3起，为群众挽回经济损失570余万元。

【社会治理】紧紧围绕“智慧公安”建设，强化数据资源智能采集和深度融合共享，真正把基础工作信息化建设成果转化为现实战斗力。扎实推进全县社会治安防控体系建设，强化安全防范，办结行政案件1252起，处罚违法人员1895人，其中行政拘留476人。受理、审核护照2548人（次）、港澳通行证及签注2372人（次）、台湾通行证及签注62人（次），无一起违规办证或群众投诉发生。严格落实高速公路、国省道、农村公路和城市道路“四位一体”管控措施，全县12个乡镇交警中队挂牌成立并开展工作，开展道路交通文明畅通提升行动计划，提升科技信息化管理水平，深化道路交通秩序大整治，全县道路交通事故起数和死亡人数同比分别下降28.13%和20.69%。

【基础警务】始终把夯实基层基础摆在突出位置，深化警务机制改革，创新基层社会治理，强化治安要素管控，打牢长远发展根基。推动情报信息、技术手段、系统权限向基层一线开放，建立全天候请求服务和信息推送机制。深入开展“护校安园”专项行动，着力整治全县253所中小学、幼儿园及周边治安环境；强化56家金融机构城乡营业网点、51家要害部位、90家内部单位的安全防范工作。持续加大对全县71家快递公司、10家物流货运部的检查监管力度。强化警务运行机制改革，深入推进“一标三实”基础信息采录工作，全局共采集信息520611条，单项工作综合考核全市第一。

【规范执法】积极推行“互联网+政务服务”等便民利民措施，全面梳理更新74项权力服务事项，清理取消各种不合理证明和手续3项。积极稳妥推进户籍制度改革，放宽农村转移人口进城落户条件，大力推行居住证管理制度和无户人员登记户口规范，户籍管理服务能力持续提升；咬定法治公安建设目标，持续深化执法规范化建设，不断提升公安执法公信力，王村派出所荣获全省执法示范基层单位。

【队伍建设】坚持以全面从严治党统领全面从严治警，深入实施政治建警、服务升级、全警提能、管理增效“四大行动”，深化“美丽警营”建设，全面完成执法勤务警员职务和警务技术职务序列套改前期工作，认真开展党建工作达标评先等活动，建立完善战时政治工作机制，坚持党建工作在一线，并健全全警实战训练体系，大力加强队伍正规化、专业化、职业化建设，着力打造“最有气质的忠诚警队”。充分发挥典型引领作用，赵真同志荣获全市首届“我最喜爱的十大人民警察”，景峰同志入选全省第五届“我最喜爱的十大人民警察”，1个集体、8名个人分别被市局荣记三等功和个人嘉奖。

领导班子成员名录

县政府党组成员、公安局党委书记、局长、督察长　梁文义（11月止）
县政府副县长、公安局党委书记、局长、督察长　李　强（12月任）
党委副书记、政委　陈国仓
党委副书记、副局长　赵　真
纪委书记　陈林忠（2月止）
副局长　张永锋(2月任纪委书记)
　刘俊英
副政委　王宏绪
副局长、涉油安保大队大队长
　李世虎（2月涉油安保大队大队长止）
党委委员、城市治安管理大队大队长
　吕燕川（2月城市治安管理大队大队长止）
党委委员、工会主席　刘卓锋
党委委员、交警大队大队长　陈　伟

（供稿：尚赟鹏）

司法行政

2018年，全县司法行政工作认真贯彻县委十七届四次全委扩大会暨县委经济工作会议精神，扎实推进“转变作风改善发展环境”建设年活动，积极组织开展扫黑除恶专项斗争，深入推进特殊人群管理、社会矛盾化解、法治宣传教育、法律服务等重点工作，为全县经济社会协调健康发展提供了有力保障。

【党的建设】全力推进“两学一做”学习教育常态化、制度化，建立了党组（中心组）学习、谈心谈话、提醒约谈、民主生活会、“三会一课”等党建工作制度和办法。全年召开局党组（中心组）学习会议11次，党员学习会议11次，开展主题党日活动11次，全系统党员干部的政治素质、工作能力有了明显提升。

【基层建设】投资80余万元，彻底翻修改造了飞云、太平、罗汉洞、党原、玉都、王村、汭丰等7个司法所办公用房，投资40余万元为具备平台建设条件的10个司法所统一购置电子显示屏、触摸查询一体机等设施，统一规范村（社区）公共法律服务工作室标牌标识。高标准建成县公共法律服务中心，建成乡镇公共法律服务工作站。依托村级便民服务中心建成村（社区）公共法律服务工作室。

【特殊人群管理】坚持每周二矫正日集中活动，由司法所组织社区矫正人员开展集中学习和公益劳动。县局和检察院抽组人员实地检查，对22名未按时参加学习和劳动的社区服刑人员进行训诫谈话。组织70名社区服刑人员到平凉监狱开展警示教育活动，选派1名干部到平凉监狱挂职锻炼。年内与监狱（所）实现远程会见12人（次），收监执行社区矫正对象2名。全年接收安置帮教对象192名，社区服刑人员98名，截至年底，在册管理的安置帮教对象788名、社区服刑人员

124名。

【人民调解】对全县乡村两级人民调解员进行重新调整、备案、登记，聘用专职调解员16名，健全完善了县、乡、村（社区）、组四级调解网络，调解人员达到1100人。联合县信访局开展人民调解化解信访积案专项活动，重点关注涉黑涉恐、非法集资等违法犯罪活动以及可能引发群体性事件、越级上访等矛盾纠纷，加强劳动争议、交通事故、征地拆迁、食品安全、安全生产、物业管理等重点领域和突出问题。全年排查各类矛盾纠纷2882起，调处2794起，调处成功率97%，为专兼职人民调解员发放办案补贴2.2万元。

【普法宣传】大力宣传《宪法》，整理编辑《宪法》宣传片1部，开展《宪法》专题讲座、报告、宣传等活动34场（次），编印普法宣传资料10万余册，打造“法治宣传一条街”，设立法治宣传长廊34个，在城关镇凤凰村、玉都镇下坳村建立大型法治文化公园（广场）2处，建立县、乡普法微信群17个，拍摄法治主题微电影5部。全年开展各类形式的宣传活动56场（次），发放资料9.64万份。

【法律服务】印发《泾川县“一村（居）一法律顾问”工作实施方案》，督促协调全县16名律师完成“一村（居）一法律顾问”签约工作，为全县215个村委会和3个社区居委会统一制作了法律顾问公示牌。办理各类公证事项630件、律师事务210件、法律援助案件94件，提供法律咨询516人（次）。

领导班子成员名录

局　长	袁安林
副局长	何德海
	刘晓文
纪检组组长	杜金荣

（供稿：王　瑾）

人民武装

2018年，全县武装工作以学习贯彻习近平新时代中国特色社会主义思想和强军思想为引领，按照“紧盯转型打基础、正规抓建促发展”的工作思路，认真贯彻军分区党委（扩大）会议精神，狠抓各项工作任务落实，确保各项工作按时完成，有力推动了部队建设转型发展。

【国防动员】突出应急应战能力建设，修订完善方案预案，协调经费为基层武装部充实了物资器材，集中对民兵应急分队进行了训练演练。从严从优选择合格青年入伍，圆满完成市征办赋予我县新兵征集任务，合格率、择优率大幅提升。

【双拥工作】主动对接地方民政、退役军人和扶贫部门，深入贫困乡村座谈征询、实地查看、入户走访，在找准扶贫主攻方向、充分挖掘内部潜力的基础上，精心筹划部署开展扶贫工作。积极参加城区和各乡镇植树造林活动，栽植“民兵林”13余亩地3400余株。配合民政部门为670户烈军属全部悬挂了光荣牌。

【党的建设】结合“两学一做”学习教育，进一步规范党内政治生活，肃清郭徐流毒影响，推进军委党的建设会议精神贯彻落实，把讲政治贯穿于学习工作的方方面面，在日常工作中增强政治敏锐性，切实加强对干部职工队伍的教育管理。认真履行好党委的主体责任，持续抓好廉洁从政、党规党纪和警示教育，坚决纠治存在问题。

领导班子成员名录

部　长	杜　鹏
政治委员	夏松喜（8月止）
	张智坤（8月任）
副部长	徐万奎

（供稿：武社平）

消防大队

【概况】泾川消防大队现有消防救援人员4名，文职人员11名，代管的政府专职队队员共21名，配备个人防护装备和灭火救援器材32类137件。

【防火监督】开展冬春火灾防控、夏季消防检查、易燃易爆危险品场所治理等专项活动8次，检查单位2702家，发现火灾隐患8162处，下发责令改正通知书2299份、行政处罚决定书70份、临时查封决定书36份，罚款63.15万元，行政拘留8人。联合工商、安监等部门开展消防专项整治行动，立案3起，罚款2.5万元。

【业务培训】举办派出所消防业务培训4期，培训专兼职人员150余名，建成“消防工作示范派出所”4个。定期召开消防监督执法例会，上报典型案例1个、火灾案例1个、论文2篇。

【安全宣传】发放中小学消防知识读本5000本，在县电视台开设《消防119》栏目，播出消防公益广告40余条、消防安全提示字幕200余条。确定“七进”试点单位14家。开展各类大型消防宣传活动12次，开展第28届“119”消防宣传周活动启动仪式，深入学校开展疏散演练，在城区主要街道悬挂宣传横幅150幅，发放宣传资料2万余份，展出消防宣传展板20余次。

举行消防宣传活动

【联合执法】联合相关部门到易燃易爆单位、劳动密集型企业开展消防演练42次，维护保养市政消火栓24次，张贴二维码标识牌125张，修订重点单位防预案54份。全年接警出动191次、出动警力1234人（次）。

领导班子成员名录

大队长　韩堂堂

教导员　吴　鹏

工程师　贾　亮

参　谋　王韫韬

（供稿：吴　晶）

农林水牧

农 业

2018年，全县农业工作以习近平新时代中国特色社会主义思想为指导，认真贯彻落实中央和省、市、县委农村工作暨扶贫开发工作会议精神，紧紧围绕整县脱贫，持续推进农业供给侧结构性改革，全力加快现代农业发展进程，夯实产业扶贫攻坚基础，为农民增收、农村稳定提供了产业支撑。

【产业扶贫】组建了全县产业扶贫工作办公室，编制了果、菜、牛、马铃薯、果蔬保鲜库、贫困村农民专业合作社全覆盖6个产业扶贫三年行动实施方案，组织农牧系统91名干部职工包抓91个贫困村和5206户贫困户，帮助制定了“一户一策”产业扶贫计划，在贫困村新建果园1.59万亩，其中苹果2897亩，核桃4441亩，花椒5934亩，柿子2250亩；搭建日光温室160座，钢架大棚948座，种植大棚西瓜4440座2261亩，露地蔬菜8809亩；扶持贫困户养牛0.68万头，养猪2.57万头，养鸡8.43万只。

【龙头企业建办】鼎康牛业公司、雄发兴农果蔬公司等龙头企业，申报落实特色产业发展贷款1.03亿元。县上设立龙头企业发展资金100万元，全力支持富原红果品、鼎惠农业、旭康食品等龙头企业做大做强。新建32个贫困村农民专业合作社，全县5家龙头企业带动合作社45家、贫困户4136户，入股资金4022.5万元，群众户均获得分红200元以上。

【农业保险】保险苹果、玉米、小麦、公益林等65.6万亩，肉牛、能繁母猪、奶牛分别承保2397头、2335头、93头，日光温室、大中拱棚承保130座。高原夏菜承保913亩，累计赔付灾害损失1145.3万元。

【农业主要指标】全县农作物播种面积52.26万亩，粮食作物播种44.45万亩，总产12.34万吨，比2017年10.63万吨增长16.08%。建成王村章村、燕雷，红河朱段、龙王桥，泾明白家，高平董家等21个设施蔬菜小区，总投入4732.6万元，新建日光温室160座，钢架大棚948座；蔬菜种植总面积达到1.9万亩，总产达到1.75万吨。实现水产品总产量583吨，实现产值930万元。年内申报绿色食品1个，无公害农产品3个；全年施用有机肥面积达到38.9万亩，推广测土配方施肥78.03万亩，全年化肥施用总量7.18万吨，化肥施用总量较上年减少0.29万吨，推进绿色防控，小麦病虫专业化统防统治面积10.9万亩，小麦病虫绿色防控面积6.9万亩，回收废旧农膜954.64吨，回收率达到80.4%。

【生产主体培育】培育省级龙头企业3家，市级龙头企业15家；新建合作社131家，累计建成各类农民专业合作社751个，其中有8个被农业部列为国家级，23个被省农牧厅列为省级，有51个被市农牧局列为市级示范社，有38个合作社被县农牧局列为县级示范社，共有社员5.19万个，带动非成员农户4.7万户，资产总额24.44亿元；新建家庭农场14家，共建成家庭农场70家，其中27个被列为市级示范社，5个被列为省级示范社。

【农技推广】建立冬小麦、玉米、黄豆、马铃薯、高粱等作物新品种试验示范基地6处762亩230个新品种；联合省农科院新建技术研发基地300亩，培育新型职业农民642人，开展产业扶贫村干部培训3期232人、“科技明白人”培训1935人、优势产业示范培训100人等各类培训总计4.86万人次。

【农业执法】全年出动执法人员488人次，查处肥料案件10起、农药3起，未备案经营种子的违法案件8起。

【项目建设】年内争取各类投资8773.935万元，占任务8000万的109.7%。开工项目18项，完成投资5078.03万元，占总投资5783.8万元的87.8%。

【“大棚房”清理】排查各类用地496宗4165.78亩，清理违规用地2宗4亩，所占耕地恢复到位；完成703座日光温室，3134座钢架（塑料）大棚建档立卡工作。对省自然资源厅反馈我县442宗卫片图斑数据，逐图斑进行核实清理，对10宗土地违法行为，正在进行调查处理。

领导班子成员名录

局　长	任掌元
副局长	史金贵
副局长、农村经营管理局长	乔光明
副局长、农技中心副主任	薛军生
副局长	郑　达（挂职，5月任）
纪检组组长	梁宝勤

（供稿：袁金选）

畜牧养殖

2018年，全县畜牧兽医工作坚持以党的十九大和十九届二中、三中全会精神为指导，紧盯精准扶贫，聚焦重点环节，加强产业开发和项目建设，狠抓动物防疫和卫生监督，全县畜牧产业健康稳步发展，为农业增产、农民增收提供了有力支撑。

【产业发展】全年牛饲养量和出栏量分别达到2.89万头和1.5万头；猪饲养量和出栏量分别达到12.82万头和6.19万头；羊饲养量和出栏量分别达到1.84万只和0.55万只；鸡饲养量和出栏量分别达到104.81万只和46.69万只；肉、蛋、奶产量分别达到7277.54吨、406.2吨和30.2吨。新建、改扩建养殖场6个，其中养牛场3个，养猪场2个，养鸡场1个。

【项目建设】紧抓国家增加农业农村投入和扶贫开发的机遇，实施续建项目1项，争取列建项目5项，争取中央、省级财政投资914万元。

【产业扶贫】建办养殖企业一家，累计完成投资1630万元，养殖“平凉红牛”420头。成立养牛专业合作社18个，吸纳建档立卡贫困户740户和易地搬迁户529户为社员。遴选7个养牛专业合作社，通过分红的形式，带动185个贫困户，户年分红1500元。落实基础母牛补贴，为2149个贫困户补贴基础母牛4429头，兑付资金221.45万元。全面落实新购买仔猪、基础母牛、鸡崽和畜舍养殖圈舍补助政策，补助资金345.47万元，涉及1429户5702人。

【动物防疫】认真开展动物疫情排查，累计排查H7N9流感养殖场及养殖大户7496户，排查禽数42.36万只。针对非洲猪瘟，检查生猪1197头，生猪产品3585.67吨。开展消毒灭源工作，发放消毒药品1185.4公斤、灭蚊棒170根，检查运载畜禽车辆747辆，处置疫情13起。

【动物卫生监督】检疫畜禽59.02万头（只），屠宰检疫生猪8869头，屠宰检疫肉牛42头。养殖环节无害化处理生猪112头、扑杀染疫生猪30头。修建遮雨式堆粪场3200平方米、沉淀池1440立方米、沼气池2座240立方米，埋设排污管道5200米。

【草原生态】上传2018年新一轮草原生态保护补助农牧户信息68998条，及时处置太平镇朱家沟村、王村镇墩台村草原火情2次。兑付2018年草原生态补奖资金92.169万元。

【科技推广】建成黄牛改良点18个，冻配母牛6198头。举办养牛技术和畜牧防疫培训班5期，培训群众752人（次），印发资料1570多份（册）。落实粮改饲试点任务1.8万亩，青贮饲草5.4万吨。

领导班子成员名录

局　长　　刘鹏忠
副局长　　何喜贵
　　　　　史宏博
纪检组组长　李志兴

（供稿：徐宏星）

农机管理

2018年，全县农机工作认真贯彻落实省、市、县农业农村工作会议精神及县委经济工作会议精神，以满足农民群众对机械化生产的新需要为目标，以提升重点作物、关键环节机械化水平为重点，强化农机科技与服务创新，加快“机器换人”步伐，为推进全县农业供给侧结构性改革，加快全县农业农村现代化提供了有力支撑。

【指标完成】至年底，全县农机总动力达17.71万千瓦，农机总收入1.08亿元，农机纯收入4800万元，完成机耕61万亩、机播55万亩，机械收割47万亩，农业机械化水平显著提高。

【科技推广】在党原、玉都、太平、张老寺农场等乡镇示范推广玉米机械化收割技术，召开现场作业演示会7次，受训群众0.35万余人，辐射带动玉米机械化收获7.9万亩；引进新机具300余台（件）。

玉米生产全程机械化示范项目现场会

【农机培训】举办农机培训班10期1668名。其中农机驾驶员培训班3期103名；机械化深松整地、玉米生产全程机械化培训班7期1500名；乡镇农机专干培训班3期65名。

【安全生产】严格按照“四长”责任制的要求，县乡村组层层签订农机安全生产责任书。利用科技“三下乡”“安全月”和“三夏”生产、农机检审验等时机加大宣传教育，印发《农机安全管理知识问答》《致参加“三夏”跨区作业农机手的一封信》、农机安全宣传手册等宣传材料2.5万份，悬挂横幅40多幅，发送手机短信36期5.1万多条。检验拖拉机、联合收割机3620台，检验率为90.7%；审验换发到期农机驾驶证341本，换证审验率为90.2%。

【农机合作社建设】全县注册农机合作社14家，合作社成员151户，从业人员223人，其中机手及修理工138人；拥有各类农业机械358台（套），其中大型拖拉机76台，小麦、玉米联合收获机械25台（套），配套机械257台（套），资产总值1389万元。

【农机补贴】省局安排我县2018年中央农机购置补贴资金600万元，年底已录入系统补贴资金460万元，补贴各类农机具270台件，受益户160户，其中100马力以上拖拉机27台、收获机械7台。

【农机作业补贴】2018年安排泾川县农机深松整地作业面积3万亩，项目专项补贴资金60万元，年底完成深松整地作业3.29万亩，占任务的109.9%，兑付农机深松整地作业补贴资金54.4652万元。安排玉米全程机械化示范面积5000亩，实际完成玉米生产全程机械化示范面积5100亩，占任务的102%。

领导班子成员名录

局　长	袁锁林
副局长	王保生
	郭儒奎
纪检组组长	卢云霞（女）

（供稿：焦衍龙）

农村经营管理

2018年，县农村经营管理工作坚持以党的十九大和习总书记系列重要讲话精神为指导，强化农村集体“三资”管理，突出农村土地确权颁证，积极探索农村集体产权制度改革，规范土地流转程序，严格农民负担监管，创新专业合作社建设。

【土地确权颁证】认真贯彻落实省市政策要求，紧抓建档立卡、完善承包合同、数据入库、问题纠错、纠纷仲裁、证书颁发等重点工作，年内审核公示和完善合同土地承包70057户，占确权任务的99.4%，确认家庭承包耕地面积338257块625852.54亩，累计清理土地承包档案71210卷，调查承包方71210万户，共建立登记簿206个村67440户，颁发经营权证书205个村67250户。完成确权登记颁证档案归档67500户，建立县级确权登记颁证数据库。

【农村财务监管】逐乡镇进行了跟踪指导，依托清产核资工作，对所有村组级账务逐项逐笔清理核实，以账对物查盘亏，以物对账查盘盈，使历史遗留的白条顶库等问题得到了有效的解决。年内，全县所有乡镇利用村级集体“三资”管理网络端口，及时运转账务。

【土地流转】制定了《泾川县2018年农村土地承包经营权流转以奖代补扶持项目实施方案》，完善党原、汭丰2个乡（镇）土地流转服务站，调解土地矛盾纠纷2起，处理信访案件2起。年内，全县流转土地4.4306万户、流转面积14.0810万亩，分别占家庭承包经营总户数的59.87%和家庭承包经营土地总面积的19.97%。

【农经项目建设】完成3家示范性合作社项目建设30万元，天津武清区帮扶合作社项目建设17家，涉及资金170万元；32家贫困村合作社全覆盖项目建设，涉及资金240万元。完成5家农民合作社、2家家庭农场中央财政转移支付项目申报工作，涉及资金66万元。

【农村集体产权制度改革】全县农村集体产权制度改革试点工作已完成清产核资、成员身份界定工作，清理核实资产32207.65万元，债务8904.04万元，成员身份摸底317724人，身份界定312286人，资格保留1575人，计313861人，占全县农业人口的96.63%。对具有稳定经营性资产的城关镇凤凰村、玉都镇玉都村、泾明乡白家村等4个村6个社完成了折股量化工作，挂牌成立了股份经济合作社。

领导班子成员名录

局　长　乔光明

副局长　辛晓丽（女）

　　　　杨尚坤

（供稿：何文波）

农业园区管委会

2018年，农业示范园区认真贯彻落实省、市、县会议精神，以机制转换加快创新为着力点，以招商引资为突破口，全力加快园区改革发展步伐。

【重点工作】召集探索机制转换研讨会2次，开展招商引资工作3次，参加兰洽会商务推介1次。开展园区现状调查，撰写了《重振农业园区，建立现代农业产业园》的调研报告。

【基础建设】更新供电线路3处640米，维修办公楼防水处理53平方米，对园区过境桥涵和排洪渠道进行清淤清障。及时兑付土地租赁费25.63万元，化解矛盾纠纷3次。

【园区服务】集中开展园区环境整治3次，对办公楼周围、日光温室前后、道路林带、苗圃地内的杂草、纸屑、草帘、粪土等进行彻底清理。修剪行道侧柏墙400米，平整道路3条800米，清理垃圾10多吨；通过手机短信、印发技术资料、现场指导等措施，指导菜农及企业开展防灾、抗灾工作。

领导班子成员名录

主　任　吕建军

（供稿：赵录琪）

扶贫开发

2018年，全县扶贫开发工作认真贯彻落实中央和省市县精准扶贫精准脱贫各项决策部署，以实现整县脱贫摘帽为目标，全力开展“九大冲刺行动”，认真落实“一户一策”精准帮扶计划，强化问题整改，着力推动各项扶贫措施落实，较好地完成了年度脱贫任务。

【脱贫退出】经过省市级抽查，全县稳定脱贫退出4113户13525人，占计划脱贫1万人的135%；24个贫困村达标退出，占计划退出19个贫困村的126%。至年底，全县剩余建档立卡贫困人口1165户3700人，贫困发生率下降到1.15%。

【精准管理】严格贫困人口识别纳入和脱贫退出标准，严把贫困人口识别关，紧盯“两不愁、三保障”目标，2018年全县新识别133户435人，返贫12户41人。

【产业扶贫】全县新建苹果园1.3万亩，其中贫困村0.92万亩，基本实现了适宜区贫困户果品产业全覆盖；扶持新建雄发蔬菜、鼎康牛业等5家龙头企业，探索建立贫困户与市场利益联结机制，动员17家龙头企业和4731户贫困户参与“三变”改革，入股专业合作社59家；建成日光温室55座、钢架大棚510座，种植高原夏菜3314亩、马铃薯1893亩，贫困户牛猪饲养量分别达到0.64万头、2.44万口。输转劳动力7.1万人（次），实现劳务收入16.8亿元，完成劳动力技能培训8890人，其中建档立卡贫困劳动力培训5416人，就业技能培训5189人，创业培训330人，“两后生”培训828人，新型职业农民培训400人。

【基础设施】实施农村危房改造1506户，建成易地扶贫搬迁集中安置点10个、住房主体540户（套），搬迁入住477户1599人，全县C、D级危房全部清零；硬化村组道路44公里，改造县乡道路30公里，整治“畅返不畅”路段64公里，农村道路通畅率达到100%；新打深井7眼，建成调蓄水池5座，埋设更换供水管道66.8公里，修建检查井71座，完成自来水入户1650户，饮水安全农户比例达到100%；新建改造10千伏线路21.9公里，完成0.4千伏线路主体工程52.7公里，安装变压器25台；全县91个贫困村实现了4G网络和有线宽带网络全覆盖。

【公共服务】 推进43个中小学、幼儿园基础设施项目建设，实现了91个贫困村幼儿园全覆盖，学前教育三年毛入园率达到92.5%，九年义务教育巩固率达到98.37%，发放各类教育资助资金2200多万元、助学贷款2565.79万元，有效阻断了贫困代际传递；深入推进健康扶贫“三个一批”行动计划，完成家庭医生签约服务2493人，签约率100%，全县16家公立医疗机构均设立“一站式”结报服务窗口，完成贫困人口免费体检8523人，所有建档立卡贫困人口全部参加了城乡居民基本医疗保险；新纳入低保对象2315人、特困供养对象86人，全面落实“两项补贴”保障政策，新增残疾人“两补”对象150人、经济困难老人补贴对象145人，提标后全年共发放农村低保资金3735万元、特困人员供养资金541万元。

【资金管理】 2018年中央、省、市共安排财政专项扶贫资金11293万元，其中到县资金10571万元（第一批中央资金5968万元，第二批中央资金2689万元，第三批省级资金1514万元，市级扶贫专项资金400万元），易地扶贫搬迁贷款贴息资金722万元（直接支付到融资平台）。紧扣脱贫验收指标，着力用有限的资金解决短板弱项，围绕产业开发、基础设施建设、村庄环境综合治理等，共安排项目188个，其中到户资金8890万元，占资金总量的82.3%；产业发展资金6896.5万元，占到户资金的77.6%。全年统筹整合财政涉农资金19094.59万元，涉及县财政、发改、林业、农牧等18个部门的162个项目，安排农村基础设施建设项目30个7713.01万元，农业生产发展项目132个11381.53万元。

【东西部协作】 天津市武清区与泾川县对口帮扶，落实财政帮扶资金2460万元，社会帮扶资金及捐物折款100.25万元，建成设施蔬菜园区6个，搭建日光温室83座、钢架拱棚194座，种植露地蔬菜403.7亩，建成罗汉洞柿饼加工车间1处。举办东西部劳务协作现场招聘会2场（次），输转劳动力1054人，培训干部群众870多人（次）。

领导班子成员名录

主　任　高隆华（2月止）
　　　　杨旭升（2月任）
副主任　毛红涛
　　　　赵　亮（2月任）

（供稿：薛建平）

林　业

2018年，全县林业工作围绕建设绿色开放幸福美好新泾川的奋斗目标，以大地增绿、环境增美、农民增收为核心，大力推进林业生态工程建设，持续发展果品产业，深化林业综合改革，加大森林资源保护，强化措施，狠抓落实，较好地完成了年度各项重点工作任务。

【生态绿化】 以城乡面山、道路林网、公园小区、河流堤岸为重点，大力实施荒山造林绿化治理及补植、城区景观绿化提升，完成生态造林绿化2.63万亩。集中对王村完颜民俗文化村、罗汉洞挽头坪柿子主题文化园、泾明白家牛角沟古人类遗址乡村旅游景区进行绿化美化，提升了景区绿化效果。

甘肃日报在城关镇营造记者林

【林权改革】鼓励林业经营大户建办家庭林场，发展林下经济，新增家庭林场4家，新建林下养殖示范点5处，带动全县发展林下养鸡、养鹅32万只；新建林下种植示范点3处，带动全县林下种药1.2万亩，林下经济产值达到1.56亿元。完成了官山林场体制改革，76名在职人员工资全部纳入县级财政拨付，福利待遇得到保障。

【森林防火】全面落实森林禁伐和封山管护等措施，扎实开展“绿剑2018”专项打击行动。在春节、清明、寒衣节等重点时段，大力开展护林防火宣传和巡查，组织开展森林防火“进校园”“进集市”等专项宣传35次，发放防火宣传资料7.4万份，巡回督查42次，消除火灾隐患5起，全年未发生森林火灾。

【森林管护】开展林区巡查22次，调处纠纷9起，查处破坏野生动物案件21起，其中刑事案件2起、行政案件19起，处理违法人员20人，移送起诉5人，罚款15.05万元。办理采伐证18份，征收植被恢复费75.4万元。防治森林病虫害8600亩，检疫苗木113万多株、花卉0.77万株，核发产地检疫合格证11份，签发植物检疫证106件。对全县214株古树名木全部建立档案，进行挂牌保护，编印出版《泾川古树名木》绘本。

【项目建设】积极争取国家、省级重点林果业建设项目，年内下达林果业项目26个，到位资金6130.9万元，目前已完成18个，支出4573.28万元，占总投资的74.6%。

领导班子成员名录

局　长	李志峰
副局长	李宝船
	张永龙
	王惠军（女）
纪检组组长	赵西峰

（供稿：张小亮）

果　业

2018年，全县果品产业围绕产业增效、果品提质、农民增收这个中心，多措并举落实果园标准化管理措施，强化项目实施管理，努力为果农提供技术及相关保障服务，进一步加快果品产销体系及全县果品产业稳步发展。

【果品产业转型】持续推进果品产业转型升级，全县完成果园新植补植4.2亩，其中新栽苹果0.4万亩，补植补造近3万亩，新建核桃园0.24万亩，其他0.59万亩。建成玉都郭家咀、丰台湫池等现代苹果矮砧密植示范园区9处，栽植烟富6号、烟富8号、维纳斯等新优品种1419亩。巩固提升出口基地5万亩，GAP基地0.52万亩，有机果品基地0.3万亩，整体管理水平有所提升。

【技术培训推广】县果业局技术人员深入村组培训果农3.4万人（次），邀请西北农林科技大学、甘肃农业大学果树专家6人在窑店、丰台、泾明等乡镇开展集中培训6期900多人，有效提高了乡村干部和果农的果园管理技能。委托专业技术学校举办杂果经济林培训班2期，培训贫困户果农1700人。组织技术人员、果农代表赴陕西洛川、富平和甘肃庆阳、静宁等地观摩学习现代果业发展模式和技术。

【果园管理】全年落实挂果园修剪15.3万亩、拉枝4.3万亩、追肥19.7万亩、果树病虫害综合防治21万多亩；幼树全部落实刨苗定杆、覆膜、施肥、间作套种、修剪拉枝等措施；丰产果树落实

冬季果园管理培训

了拉枝、疏枝、秋施基肥、打药、套袋等技术措施；改造低劣果园3万多亩。

【生产服务】 印发《2018年全县果品产业发展工作安排意见》，围绕季节下发果园标准化管理工作安排意见，在《果业简报》、泾川果业网和果业信息平台发布重要生产技术操作规程10多期。为新幼园补贴肥料价值500万元；为新建园供应苹果、核桃、花椒苗木50万株（其中矮化中间砧苹果苗木10多万株）。“4·7”低温冻害发生后，印发救治资料2万多份，组织技术培训45场（次），培训果农2500人（次）。拨付果园补助资金120多万元，财险公司为9个乡镇4118户1.5万亩果园理赔1014.5万元。

【推介营销】 组团参加了第二十四届“兰洽会”、第十七届中国西部国际博览会、2018中国（武清）京津冀优质农产品展示交易会暨对口帮扶地区特色农产品展示会、第十六届中国国际农产品交易会暨第二十届中国中部（湖南）农业博览会，制作泾川果业宣传片1部，扩大了泾川苹果的知名度和影响力。在联合国教科文组织《信使》杂志（世界语版）宣传泾川苹果4次。开展“泾川苹果”“泾川柿饼”地理性标志申请认证工作。着力推广“互联网+果业”发展模式，以富原红为主的龙头企业，在成都、广州、昆明、重庆、东南亚设立营销点，利用国内外大型超市和直销窗口推介营销泾川苹果。

“富原红”苹果荣获第十六届中国国际农产品交易会金奖

领导班子成员名录

局　长　史小锋

副局长　贾拴勇

　　　　李　彤

（供稿：吴向华）

水　务

2018年，全县水务工作认真贯彻落实县委、县政府和市水务局关于水利改革发展的各项决策部署，聚焦职能定位，准确研判形势，以民生水利为核心，积极争取项目，弥补短板，加大水环境治理，着力夯实基础、增强后劲，全年各项重点工作任务按期完成，为全县生态文明建设和经济发展提供了有力保障。

【项目建设】 年内组织实施农村饮水安全巩固提升、黑河防洪治理、高效节水灌溉、泾河蔡家咀至长庆桥段防洪治理、泾河百泉渡槽至G312水泉寺大桥段防洪治理一期工程、汭河袁家庵段河堤续建、泾河景村大桥至城西沟段防洪治理工程等9个重点工程项目累计总投资20261.33万元。年内完成固定资产投资9423万元。

【河道管理】 对泾河罗汉洞景村至泾明沟门前9.1公里可采区河段采砂权进行公开挂牌出让，建成采砂加工厂2处。对温泉开发区至城关东庵段泾河河道进行清淤清障，完成清淤57.2万平方米，清除杂物3.9万立方米。开展河湖“清四乱”工作，清运河道垃圾700多吨。

11月22日，省水利厅组织水库下闸蓄水验收

【抗旱防汛】修订完善《泾川县山洪灾害防御及防汛应急预案》《城区防洪应急预案》等预案。投资82万元，实施山洪灾害非工程措施补充完善项目，更换自动监测站点遥测终端6处、无线预警广播太阳能板及充电控制器1个、主机11个。对城关、荔堡、高平等7乡镇实施了县级平台延伸，开展防灾知识和监测预警平台操作培训1场200人（次）、山洪灾害应急抢险演练3场（次）。

【农村饮水】年内延伸和改造主支管道38.6公里。更换维修机泵16台（套），安装水处理设备58台（套），安装智能水表11000块。实施水源地保护，完成投资103.7万元，在南部、北部、东北部水源地一级保护区建设隔离围栏17500米，安装界标30个、警示牌14个、宣传牌12个、界桩标志21个。年内农村供水158万吨，水费收入540万元。

【节水灌溉】投资500万元，在泾河川区实施了设施蔬菜配套节水灌溉工程，维修大口井9眼、深井1眼，埋设田间管道106公里，新建200和600立方米蓄水池各1座，100立方米沉砂池1座，新增节水灌溉面积3432亩。

【水政执法】全力做好入河排污口巡查监管，对16个入河排污口进行综合治理，定期巡查，杜绝不达标排放污水问题。对保留的4处入河排污口和计划设置的14个乡镇污水处理站，分别印发《关于办理入河排污口设置审批的通知》，并跟踪督办。关停自备水源井14眼，累计压减地下水60万立方米以上。

【河长制工作】建立了县、乡、村三级河长制工作体系，推动了河长制工作落实。编制了洪河等6条县管河流“一河一策”方案，制定河长制工作问题清单、任务清单、目标清单、措施及责任清单，层层签订了河长制年度工作目标责任书。实施重点沟道综合治理，增强了防洪能力。年内开展督查检查15次、巡河检查92次。

领导班子成员名录

职务	姓名
局　长	何科元
副局长	吕义郎
	李永伟
	张田世
纪检组组长	王兴辉
党组成员、水管总站站长	袁振峰
党组成员、水建站站长	雷跃红

（供稿：吕文华）

水土保持

2018年，全县水土保持工作坚持以习近平新时代中国特色社会主义思想为指导，围绕全县经济社会发展总体部署，以生态文明建设为主线，积极争取项目，巩固和提升全县水土成果，持续加大水土保持监督执法力度，水土保持综合治理水平进一步得到提升。

【项目建设】实施农综开发黄土高原塬面保护项目，总投资696.90万元，其中中央专项资金500万元，地方财政资金193.88万元，群众投劳折资3.02万元。项目涉及丰台镇4村保护塬面16.67平方公里，项目内容为实施坡改梯工程、修建排水渠、沟头回填及防护工程、硬（砂）化道路、营造水保林等，项目于2018年12月底竣工。

【水保宣传与执法】举办生态环境培训班1次、水土保持法律法规培训会1次，发放宣传资料

10000份，发送手机短信3000条。现场监督检查46次，发放督查意见书45份，发放责令整改通知1份，审批生产开发建设项目水土保持方案7个，征收水土保持补偿费9.24万元。

【防汛工作】汛前对各淤地坝坝体、溢洪道（洞）、上坝道路、蓄水情况、警示牌或标志物等进行拉网式排查，排除险情132处，夯填坝体沉降裂缝5条，配备了水泵、发电机、排水管等排导设施，准备草袋、编织袋6000条。

领导班子成员名录

局　长	黄勤生
副局长	吕忠明
	董小花（女）
纪检组组长	王德义

（供稿：脱文剑）

平凉农业总场

【概况】甘肃省平凉农业总场隶属于甘肃省农垦集团有限责任公司，为省属国有企业，下属张老寺、五举、万宝川三个农场分别位于平凉市泾川、崇信、灵台三县。企业经营范围主要为农作物、林果、农副产品种植、收购、加工销售。垦区现有总人口5221人，各类从业人员741人，在职职工358人，管理人员95人。

【农垦改革】2018年2月，按照农垦改革总体要求，我场资产及人员整体入组甘肃亚盛实业（集团）股份有限公司，成立了平凉农业分公司，平凉农业总场作为存续农场与分公司并存，当前的经营主体为分公司，总场的工作任务主要为项目建设及对接地方相关工作。受亚盛股份公司委托授权，平凉农业分公司负责张老寺、五举、万宝川三家分公司的管理考核。

【生产经营】2018年实现主营业务收入1136万元，职均年收入达到4.2万元。全年完成农作物种植面积24262亩，其中玉米11924亩，苹果2100亩，苗木1319亩，小麦2020亩，核桃1383亩，山楂360亩，酸枣2186亩，其他作物2970亩；完成统一经营农作物种植面积5411亩。

【项目建设】年内完成了10500亩新一轮退耕还林及6665亩高标准农田建设两个项目，总投资1270万元。

【职能分离】按照企业办社会职能分离移交总体部署，在省农垦集团公司的统一领导下，在平凉市以及泾川县、灵台县和崇信县政府部门的大力支持下，我场供水、供热、物业、市政设施、社区管理、职工医院、离退休职工等社会职能移交资产已通过核查，各单位全部完成了资产移交清册的签字确认，社会职能分离移交工作顺利完成。

【强农惠农】年内落实各类惠农补助资金325万元，补贴面积3.43万亩。

领导班子成员名录

党委书记、经理	陶发福
党委副书记、场长	李鸿毅
纪委书记、工会主席	杨　勇
副经理	姚文虎
财务总监	马新民

（供稿：张　越）

工 业

工业和信息化

2018年，全县工业经济以习近平新时代中国特色社会主义思想为指导，认真贯彻落实党的十九大和十九届二中、三中全会及县委十七届四次、五次会议精神，坚持稳中求进工作总基调和新发展理念，不断改革创新、攻坚克难，在项目建设、招商引资、党的建设、经济运行监测等方面扎实工作、锐意进取，有力推动了全县工业经济长足发展。

【指标完成】 全县工业企业总产值完成3.8亿元，同比下降18.3%；规模以上工业企业总产值5143.6万元，同比下降36%；完成主营业务收入3.9亿元。

【经济调度】 深入企业衔接项目、破解难题，落实稳增止滑、保产促销措施，积极探索新形势下监测企业生产运营新方法，适时召开小微企业金融服务推进会，推荐12户企业参加了市工信局、市人民银行举办的融资洽谈会，为富原红、汇丰重油等企业衔接贷款4100多万元。培育新裕建材公司等新企业。

【招商引资】 制定《进一步加强招商引资优化营商环境的若干意见》，编印《投资项目指南》和《招商引资项目宣传推介册》，论证储备年产500万双棉袜、保温装饰一体板和高档装饰包装箱等招商项目41项。在第24届“兰洽会”签约4个项目，签约资金11.15亿元。邀请兰州正大、华润电力、江苏友联、甘肃城投等企业来泾考察，对接洽谈了2万头生猪育肥场、中高档纸箱加工、大数据产业园、生物质发电、辣椒玉米深加工等项目。

【项目建设】 天纤棉业二期建成了20万锭厂房；15兆瓦光伏发电项目建成投运，已发电900多万度；8000万块煤矸石烧结砖项目完成场地平整、道路、隧道窑主体工程；汇丰1万吨油泥废物处理项目通过环评和安全验收；鼎康高端肉牛育肥场全面建成，入栏肉牛420头；50万吨建筑垃圾处理项目购置了设备，已进行试产。

【信息化建设】积极协调电信、移动、联通三大运营商，逐村实施宽带网络覆盖工程，经检测，行政村3G/4G宽带网络覆盖率达到98%。

县上召开新型城镇化建设暨加快工业化发展会议

领导班子成员名录

局　长	温东明（2月止）
	盖宗良（2月任）
副局长	鲁红运
副局长	王武亮（挂职，5月任）
纪检组组长	杨建明

（撰稿：何文轩）

能源开发

2018年，全县能源开发工作以项目建设为支撑，加快项目实施进度，强化能源市场监管，较好地完成了年度目标任务。

【项目建设】全年生产原油1.88万吨，新批井位5口，落实井场临时用地23.1亩，复产油井55口，兑付各类涉油资金27.04万元，上缴原油规费、井位费57万元。高平加油站迁建、泾崇路加油站新建、泾崇路加气站新建等项目已开工建设；丰台加油站全面建成。昌吉—古泉1100千伏特高压直流输电线路工程项目、平凉750千伏变电站330千伏配套送出线路工程全线贯通。户用分布式光伏发电项目备案17户，装机容量117.69千瓦；目前，全县累计登记备案户用分布式发电项目43户，装机容量达到261.94千瓦。在煤炭专营市场建成洁净煤配送中心400平方米，通过公开招标确定了未通燃气乡镇行政事业单位冬季取暖洁净煤供应企业3家，完成洁净煤配送8042吨，拨付补贴资金541224元。

【煤炭市场整治】优化完善煤炭专营市场和二级配送网点运行机制，严格落实煤炭专营市场“六有、四统一”管理要求和“授权经营、统一标识、装袋出场”“一单、一票、一卡”等制度，带动城区及15个乡镇建成二级配送网点34处，联合环保、工商、执法、质监、公安等相关部门开展违规经营、乱堆乱倒散煤摊点清理整治专项行动，累计检查320多次，关闭取缔城区及城郊散煤摊点9处、乡村散煤摊点33处、乡镇门店乱堆散放摊点120余处，查处、劝返走乡串户违规经营劣质煤炭车辆（农用车、三轮车）182辆（次）。在煤炭专营市场建成煤质检测室3间70平方米，县级抽检100批次，合格99批次，合格率为99%。出台了《泾川县城区居民取暖民用洁净煤补贴办法（试行）》，印发了《关于加快推广使用民用洁净煤工作的通知》。

【加油站地下油罐防渗漏改造】县内现有成品加油站12家、油罐53个，需要防渗漏改造的加油站11座、油罐49个。至目前，已全部进行改造备案，完成加油站防渗漏改造9座、油罐43个。

【天然气建设】不断加大煤改气力度。投资1800万元，敷设王村、汭丰、丰台、玉都、党原5乡镇天然气管网53.8公里，已全部实现通气供暖。

【行业监管】深入开展“安全生产月”活动，扎实开展了春节、“五一”等重大节日期间能源行业安全生产大检查。实地察看施工现场、油气管道线路、管道标志桩（警示牌）的设立及防控点预防情况，对存在的安全隐患问题进行反馈，下发整改通知单，要求限期整改，全年能源行业安全生产零事故。

领导班子成员名录

局　长　路明华

副局长　刘俊奎

　　　　雷军平

（供稿：杜志锋）

循环经济产业园区

2018年以来，园区党工委、管委会以“活力园区、绿色园区、安全园区”为发展目标，狠抓经济运行、项目实施、招商引资、企业服务等，各项工作进展顺利。

【企业生产】完成工业总产值3.76亿元；增加值0.43亿元；产品销售收入3.73亿元；上缴税金667.02万元。

【项目建设】全年实施重点项目9个。天纤棉业二期20万锭棉纱生产线项目，累计投资1.35亿元，完成了主厂房建设，正在进行地坪硬化及风道开挖工程。商品交易和农产品批发市场项目，累计投资3.05亿元，批发大棚、零售大棚、保鲜库全部竣工；商品交易市场内建材区域完成了3栋商铺主体，汽配区完成商铺基础；配套住宅小区完成基槽开挖及部分井桩施工。循环经济产业园城西片区公租房项目，完成竣工验收并交付使用。西关六路和西关正街道路项目全面建成，完成投资866万元。家园东路道路硬化和污水管网工程建成投运，完成投资184.7万元。汭河风情线污水管网西延工程已全面建成投运，管网西起华润陶瓷公司，向东接入汭河风情线污水管网，埋设排水管网1930米，完成投资141万元。果蔬循环化综合利用项目，正在积极协助，促其转型发展。广胜食品、阿杏饮料项目已完成项目备案、总平图、效果图设计等前期工作，待征地完成后开工建设。

【招商引资】论证储备招商引资项目94个，外出考察2次，对接项目2个；正在跟踪洽谈的项目有：鸭王集团矿泉水生产线、正大公司生猪屠宰、不锈钢系列制品、标准化厂房、博泽生态园、中通快递分包中心及陇东新能源汽车等。

【服务企业】解决各类问题60余件，确保了企业正常生产运营。衔接市、县环保部门为天纤棉业公司锅炉改造项目争取补助资金87.8万元；衔接县住建局对天纤二期通道口绿化带进行了柏油罩面；协调天纤、旭康公司完成了二期项目区排水管网敷设；协调兑现南滨河景观大道项目占用的天纤棉业公司、万美房地产公司、正大饲料公司土地及地面附着物补偿574.2万元。督查安全、环保30余次，发放整改通知书20多份，排除隐患80多处，有效防范了安全、环保事故的发生。

领导班子成员名录

党工委书记　刘潇甫

管委会主任　袁鹏飞

党工委副书记　张小英（女，2月止）

副主任　姚小平

　　　　王武亮（挂职，5月任）

综合办公室主任　樊鹏图

（供稿：王美淇）

供　电

【业绩目标】2018年全年售电量累计完成1.96亿千瓦时，占计划1.88亿千瓦时的104.32%，同比增长6.1%；综合线损率6.97%；平均电价完成597.51元/千千瓦时。电费回收完成100%，其他指标均完成目标值。

【安全生产】严格落实“管业务必须管安全”主体责任，层层签订安全生产责任书。全面推行作业现场受控可视化管理，全面推行“四图两表”，全年排查各类隐患15488处，完成拉线绝缘子改造8759条，向县安监部门报备隐患46处，举办安全培训考试8场220人/次。圆满完成“元旦”“春节”“国庆”等重大节日，中、高考保电及全县重大活动重要会议供电任务。

【电网建设】 投资1918万元，新建改造10千伏线路30.6公里；新建改造0.4千伏线路55.38公里；新建10千伏配电变压器40台7000千伏安。储备2019年农配网项目，总投资6416万元。解决了荔堡镇“七一电站”辖区内5个行政村1900户居民用电转网问题，完成10所中小学电采暖和1个敬老院配套电网建设任务。

【经营管理】 优化城区供电服务体系设置，实施营配末端融合调整，创建五星级供电所1个，四星级供电所1个。年内新增用户3564户、容量6.53万千伏安，主动接收用户资产2户，完成电能替代项目13个1225.8万千瓦时。全面开展智能交费应用，更换无费控功能表8270块，互联网+线上缴费率完成67%。完成856户“两保户”免费电量资金兑付。大力开展线损综合治理，创新实施计量装置精细化改造，降损工作成效明显，台区线损合格率达到91.17%。

领导班子成员名录

经　理　赵晓瑛

副经理　罗军明

　　　　荆惠民

　　　　朱文强

　　　　刘成芳

（供稿：景永倩）

商贸流通

商业贸易

2018年，全县商务工作紧盯外贸出口和社会消费品零售总额，主动适应经济发展新常态，持续推进市场体系建设，大力促进电子商务发展，多方挖掘潜力，不断强化行业监管，全县商务工作整体进展良好。

【目标完成】全县社会消费品零售总额完成25.88亿元，同比增长7%。

【市场体系建设】争取项目补助40万元，建成荔堡镇便民市场。配合循环经济产业园区加快农产品批发市场项目建设进度，拨付省上奖补资金180万元。论证上报乡镇农贸市场、活畜交易市场和林木交易市场项目6个，概算投资3900多万元，冷链物流体系建设项目4个，概算投资4000多万元。

【电子商务】指导14个乡镇、91个贫困村开展农特产品网货宣传推广、网上交易，积极推行“龙头企业+电商+农户”发展模式，丰农公司、旭康食品公司、陇原红果品公司等20多家龙头企业入驻淘宝、京东、地特网等网络交易平台。成立了全市首个“平凉红牛电商交易中心”和泾川县电子商务协会，涌现出了泾川县绿源果业有限责任公司、康稼庄园农民种养专业合作社、丰农电子商务有限公司等一批电商示范企业，培育了“康稼庄园”“广胜烘焙映象”等一批优秀网店，

举办“陇上泾川”电子商务县域公用品牌新闻发布会暨京东苹果采摘节活动

带动催生了各类电商经营主体。目前，全县有电子商务企业45家，开办农特网店260个。培训电商人员3112人（次），其中电商扶贫全覆盖培训215人，东西部协作项目培训100人，建档立卡贫困户培训800多人（次）。

【网货产品开发】举办“陇上泾川”电子商务县域公用品牌新闻发布会暨京东苹果采摘节，授予党原镇赵家村、泾明乡白家村电商示范村和农旅示范村荣誉称号，新华社、甘肃日报、甘肃电视台、甘肃新闻广播网、今日头条等10多家新闻媒体进行了宣传报道。在县政府门户网设立“国家电子商务进农村综合示范项目”专栏，开通“泾川电子商务”微信公众号，发布了工作动态和电子商务操作技能、电子商务基本常识等相关专业知识，年内在各大媒体发布电子商务工作动态新闻30多条。

【外贸企业发展】全县有外贸进出口备案登记企业10户。年内，陇原红果品贸易有限责任公司出口苹果实现出口总额1275万元人民币。

【商贸促销】借助“3·15”、端午节和“五一”劳动节、国庆节等节假日，积极组织商贸企业开展促进消费活动。指导宏海电器公司、星鼎购物广场、丰农电子商务公司积极利用网络交易平台扩大消费，促进了销售额同比增长。帮助陇原红等7家果品经销企业联系签约订单，提供销售服务。联合工商、食药监等部门集中进行侵权假冒、商业欺诈、商业贿赂等问题整顿。深入商场超市抽查检查，狠抓非洲猪瘟防控宣传和应急措施落实，确保了肉品安全和稳定供应。

【放管服改革】年内办理各类备案登记58户，其中酒类经营备案登记19户，再生资源回收利用备案登记37户，单用途商业预付卡备案登记2户。对各类办理事项，都及时在甘肃政务服务网、泾川门户网进行公布。

【商务执法】集中检查商场超市、再生资源回收、典当拍卖、酒类和成品油销售企业12次，下发督办件和限期整改通知书18份，整改问题隐患45条。牵头开展再生资源回收市场专项整治，摸排全县废品收购站62家，取缔了1家严重影响环境污染的收购企业。检查酒类经营户766户（其中散装酒6户），抽查酒类流通随附单2500份，发放宣传单2200多份，以会代训、以案说法培训500多人（次），处理酒类举报投诉3件。

领导班子成员名录

局　长　　刘　泰

酒类商品管理局局长　　李灵平

（供稿：康建军）

供销合作

2018年，全县供销工作以推进供销社综合改革为统揽，以乡村综合服务社建设为抓手，不断强化服务理念，改进服务方式，全力推动供销社各项工作有序开展。

【农资供应】组织供应各类化肥20120标吨，同比增长2.4%，农膜312吨，同比增长1.9%。

【电商培训】县丰农农资公司成立泾川县众诚职业技能培训学校，承办了平凉市助推产业扶贫村干部（果品产业）培训班，灵台县、华亭县、崇信县、泾川县58个深度贫困村的村主任、村支书、村第一书记和帮扶队队长共232人参加了培训。举办贫困村电商人才、对口帮扶电子商务、陇原巧手骨干培训班等7期，培训345人。

【项目建设】投资199.3万元，建办泾川县农产品标准化加工中心，建成果品生产线一条、小杂粮生产线一条、柿饼生产线一条，所有产品已上市。县丰农农资公司投资229万元，在甘家沟村建成泾川县农产品标准化管理运营中心，占地1000平方米，安装接通电子商务数据库系统。

领导班子成员名录

主　任　　杨昌宏

副主任　　张维宏

王小东

纪检组组长　脱向红

（供稿：毛如奇）

粮　食

2018年，全县粮食工作以供给侧结构改革为主线，以落实粮食安全行政首长责任制为重点，加强企业管理，提升储备能力，推进项目建设，规范流通秩序，着力构建供给稳定、储备充足、调控有力、运转高效的粮食安全保障体系。

【粮食安全】把落实粮食安全行政首长责任制作为头等大事来抓，成立了全县粮食安全协调领导小组，及时与相关部门和单位沟通协调，建立了保障区域粮食安全的长效机制。建立了粮食安全责任约谈、责任追究、督查抽查制度，全面靠实工作责任，形成相关部门齐抓共管、抓粮食安全的工作机制。

【企业监管】不断完善国有粮食企业经营制度，从严核算经营成本，对企业财务和经营情况进行了内部审计，做到账目清楚，账实相符，管理严密。严格执行军粮供应政策，完成军粮供应1.75吨。认真贯彻粮食收购政策，想方设法开展经营活动，增加企业经营效益，全年实现利润25万元，较上年增长108%。

【仓储改善】实施粮库智能化升级改造项目，争取项目资金115万元，对盛谷公司城关和玉都分公司2个收储库点进行改造，实现粮库业务数字化、网络化及智能化；切实加强省级和县级储备粮管理。认真落实“两安责任”（储粮安全和安全生产）、“一符三专四落实”和“一符四无”管理措施，实行储备粮管理“终身制”，层层签订储备粮管理目标责任书，做到责任到人、岗位到人、任务到人，年内没有发生储粮安全事故。

【粮油供应】着力推进粮食行政许可“放管服”改革，从严审核11户涉粮企业经营资质，将原审核发证的36户个体粮食经营者纳入粮食经纪人管理。持续实施“放心粮油”工程，积极开展农超对接和个体粮油门店改造，累计建成“放心粮店”10户。全年开展粮食市场专项检查12次，下发整改通知书5份。

领导班子成员名录

局　长　刘存锁

（供稿：刘永福）

烟草专卖

2018年，泾川县烟草专卖局认真贯彻落实省市烟草局各项安排部署，强化市场日常监管，全面推进标准化党支部建设，深入推进现代零售终端建设，加大打假工作力度，强化基础管理，各项工作保持了平稳的发展态势。

【业务经营】全年销售卷烟6792.3箱，同比7210.82箱减少了418.52箱，降幅5.8%，卷烟单条值82.59元，同比78.97元增加了3.62元，增幅4.58%。

【市场监管】全年查处各类涉烟案件102起，查处卷烟103.056万支，案值43.1706万元。其中真品卷烟79起，登记保存卷烟78.016万支，案值28.7441万元；假冒卷烟21起，数量1.16万支，标值1.2925万元；走私2起，登记保存卷烟23.88万支，案值13.134万元。上缴财政专卖罚没款3.98万元。查处一起涉烟网络非法经营案件，历时三个多月，出动100多人次，深入新疆、广东、湖南、陕西四个省10多个城市开展调查取证，逮捕3人，涉案金额244.5万元。

【安全管理】利用“安全生产月”“119消防日”“122交通安全宣传日”等活动，加大对员工安全知识培训，积极开展应急预案演练，提高员工安全防范意识；加强日常安全隐患排查，有效预防不安全事故的发生，提高安全管理工作水平。

领导班子成员名录

局　长　姚进才

副主任　潘彦文

副局长　王光宇

（供稿：刘　勇）

盐务管理

【食盐购销】 全年购进盐产品647.5吨，其中食用盐512吨，总额67.92万元。完成销售656吨109万元，其中小袋盐456吨，占计划的80%，上缴税金12.37万元。

【盐政执法】 出动宣传车85台（次）、人员825人（次），入店宣传3903家，发放宣传材料10856份。未经许可从事食盐批发案件1起，依法查扣食用盐16.8吨，没收盐产品，处罚2.8万元。

领导班子成员名录

经　理　侯炳杰

副经理　赵小军

　　　　兰海涛

（供稿：口春红）

交通通信

交通运输

【概况】 2018年底，境内公路总里程1258公里，其中国道145.57公里，省道90.67公里，县道133公里，乡道135.6公里，村道753.16公里。按技术等级分高速公路74.54公里，一级公路14.49公里，二级公路57.05公里，三级公路154.5公里，四级公路754.12公里，等外公路203.3公里。公路网密度为每百平方公里89.3公里，每万人35.1公里。通公路的乡（镇）14个，占乡（镇）总数的100%，通公路的建制村215个，占建制村100%。有二级客运站1个，乡镇客运站19个，村级客运站1个，行政村停靠站225个。有营运车辆1017辆，其中班线客车104辆，出租汽车103辆，货车735辆，教练车75辆，城市公交车22辆。

2018年，全县交通运输工作在县委、县政府的正确领导和省市相关部门的大力支持下，认真贯彻落实县委十七届四次全体会议和全市交通运输工作会议精神，紧盯“四好农村路”目标，强化责任担当，积极主动作为，较好地完成了年度各项目标任务。

【公路建设】 全年实施国省道及农村公路建设项目10项199公里，完成投资5.3亿元，其中国省道项目3.62亿元，农村公路1.68亿元。S202泾川至田家沟景区连接公路完成沥青混凝土路面铺装，全长4.9公里，按一级公路技术标准建设，8月20日建成通车。改建高平至邵寨公路（原尚至董家段）12.39公里，按三级公路技术标准建设，沥青混凝土路面，于2018年4月20日开工，10月建成通车。改建南李至三山公路10.38公里，按三级公路技术标准建设，沥青混凝土路面，4月20日开工，10月建成通车。改建丰台至蒋家公路（丰台至张观察段）6.83公里，按三级公路技术标准建设，沥青混凝土路面，4月20日开工，11月建成通车。实施农村公路安全生命防护工程6条68.48

公里，建成C25混凝土防撞护栏136米，波形梁护栏15708米，橡胶减速龚155米，单、双柱式交通标志牌93块，反光凸镜6块，道口标注172根。实施红河乡龙王桥村至丰台镇湫池沟村公路改建工程7.8公里，按四级公路标准设计，水泥混凝土路面，5月开工，当年完成全部路基工程和5公里混凝土路面工程。完成向明至上塬公路养护维修工程5.06公里，新建凤凰桥、东庵桥2座52米，完成农村公路“畅返不畅”路段整治22条64公里。国道312线凤翔路口（陕甘界）至平凉东（曹湾村）段公路改扩建项目（高平至何家坪试验段）全长18.681公里，总投资3.95亿元，年内完成部分路段路基工程，完成投资2.7亿元。

【公路养管】以建设“四好农村路”为抓手，选聘乡村道路护路员500名，按照“定岗、定员、定里程”的要求，加强日常管护力度，全力做好水毁道路修复工作，投入资金92万元，回填沙砾4817立方米、土方8899立方米，新建涵洞2道16米、梯形边沟98米，铺筑沥青混凝土路面407.2平方米，保证了道路畅通。全县重点管养道路平均好路率达到98.5%，主要养护路线平均好路率达到96.1%。

【路政巡查】加大路政巡查监控力度，劝返超限超载运输车辆82台，卸载砂石料、煤炭、水泥及转载货物20余吨，拆卸加高栏板车14台，清理公路“三堆”220立方米，清理广告杂牌8块，清理路面秸秆堆积物110立方米，全县路产完好率98%以上，超限率控制在4%以内。

【客运市场管理】推进场站设施建设，泾川县汽车站项目完成站务楼基础工程，高平董家汽车站、荔堡大寨汽车站、太平乡七千关汽车站已通过竣工验收。培育客运市场，大力提升运输服务保障能力，投放新能源公交车16辆，开通公交专线4条，更新县内班线客车10辆，淘汰报废高耗能货车97辆，新增节能型货车17辆。新增出租汽车66辆、教练车6辆，群众出行条件得到显著改善。全县乡（镇）和行政村全部通班车。狠抓培训教育，利用道路运输从业人员网络远程继续教育平台培训从业人员610人，诚信考核3026人，考核合格率100%。

【运输市场监管】联合县交警大队、城市综合执法局开展了“三反一查”道路交通安全综合治理行动、道路客运市场专项整治行动、公路货运车辆超限超载联合执法专项整治行动、道路运输行业扫黑除恶活动、机动车驾驶员培训市场专项整治活动。共出动执法车辆540辆（次），执法人员3900人（次），检查车辆4760辆（次），查处“黑车”98辆、非法教学车辆1辆，查处超限超载货车9辆，纠正违法行为620余次，有力地维护了客运市场秩序。全年完成客运量203.41万人，客运周转量10007.02万人公里，货运量199.65万吨，货运周转量57775万吨公里。

领导班子成员名录

局　长	刘兴国
副局长	史林森
	景广杰
纪检组组长	袁瑞生
党组成员、道路运输管理局局长	左东元
党组成员、县乡公路管理站站长	刘仲文

（供稿：吕国君）

高速路政管理

【概况】平凉路政执法处泾川高速路政大队负责辖区内福银高速G70线和青兰高速G22线76.02公里路产路权管理工作，现有职工14名。

【路权管理】全年赔偿案件立案156起，结案156起，依法收回公路赔偿费2579883.00元；共勘验大件运输车辆804台，圆满完成“818”国家重点物资运输车队等监护任务3次；召开路政协调会、座谈会、联席会19次；维护公路养护、施工作业的正常秩序44次。牵头联合辖区交警、救援、收费等联勤单位对路域环境进行了4次集中整治。

【路政宣传】联合高速交警、养护、收费、超限检测站等部门在凤口主线站、陕西长武收费站、凤口停车区、泾川服务区等地开展路政宣传工作，散发宣传资料4170余份，制作更换、悬挂宣传标语13幅；牵头组织开展应急演练2次，开展消防安全应急处置知识讲座1次。

【路政执法】拆除跨路天桥上方设置的非公路标志牌及单立柱标志牌14004平方米；联合泾州高速交警大队处罚超限车辆26辆，辖区超限车辆控制在0.5%以内；对辖区天桥上和通道下32处堆积物进行清理，消除了安全隐患。

领导班子成员名录

大队长　陈志龙

（供稿：孙艳霞）

高速公路收费

【概况】泾川高速公路收费管理所成立于2009年8月，隶属于平凉高速公路管理处，管辖G22线（青兰高速）平定高速公路K1458至K1543段，全长85公里，所机关位于泾川县温泉开发区，年底有干部职工299人。

【通行费征收】全年征收车辆通行费9455.52万元，减免“绿色通道”车辆43528台，减免金额290.91万元。全年法定节假日期间累计减免7座及以下小型客车18.26万辆，减免金额712.81万元。

【稽查管理】强化“绿色通道”车辆查验、录像备份，对改型车、黑名单和灰名单车辆管理进行严格要求，加大“改型车”查验及无卡、超时车治理力度，全年查处逃费车1165辆，追缴通行费6.43万元。

【业务能力建设】以亮化品牌服务为目标，安排2名内训师分阶段对6个收费站文明服务进行培训和考核，全年评定“一星级收费员”487名、“二星级收费员”181名、“三星级收费员”66名、“四星级收费员”6名，微笑之花31名、微笑之星169名、岗位标兵13名、岗位能手70名。组织全所42名监控员进行了全方位的岗位培训，各收费站监控记录全部实现了标准化要求，达到了六站统一。

【ETC办理】设立“ETC流动办理点”，成立ETC宣传推广小组，有针对性地对服务区、旅游景点、大型停车场、车辆检测站等车辆密集地进行宣传推广，并主动联系辖区合作银行、各乡村及周边县区进行有效宣传推广。9月15日至12月31日，共发行OBU电子标签874台，陇通卡874张。

【路况管理】管辖路段全年发生交通事故221起，接到上级警卫任务车队保畅27次，处理收费投诉9起；及时采集、发布天气及路况信息272条，情报板信息40条，微信、QQ天气路况信息2942次。

【安全生产】坚持安全生产第一要务，调整充实了安全生产领导小组，层层签订目标责任书，修订完善了安全生产预案；积极与“一路四方”联勤单位协同联动，圆满完成了冬季防滑保畅任务，为广大司乘人员提供了安全畅通的通行环境；结合“安全生产月”系列活动，认真组织安全知识培训和各类安全生产应急演练；通过开展“平安高速百日行动”和“双节”期间安全生产大检查行动及网络安全宣传等活动，增强了职工安全防范意识。积极开展安全隐患排查，专项检查22次，函寄意见反馈书11份。开展路域环境整治，集中清理24次，开展不定期检查180余次。全面防范和遏制重特大事故的发生。

【信息报送】年内在各类交通刊物和网站投稿638篇。其中省市级报纸杂志上稿3篇；厅、局门户网站、微信公众号上稿25篇；平凉高速嗨服务上稿69篇，市县政府网站上稿8篇。

【廉政建设】每月组织1次廉政理论学习，每季度观看1部廉洁警示教育片，所站两级聘请7名党风廉政义务监督员严格执行民主集中制。凡涉及人事变动、重大资金支出的一律上会研究，凡牵涉职工利益的一律开会讨论，支部开展站股级管理人员廉政集体约谈4次，进行党员、管理人员诫勉（提醒）谈话7人，处理违规违纪党员2人。对工作人员履职情况、纪律作风、工作落实等情况予以监督。

领导班子成员名录

党支部书记　韩　萍
所　长　陈国杰
副所长　柳　春

（供稿：景晓艳）

公路管理

2018年，全段公路管理工作以习近平新时代中国特色社会主义思想为指导，按照省、市公路工作会议的总体部署，以“公路路域环境联合整治百日专项行动”为契机，以常态养护、科学养护、预防养护、精准养护、安全养护为重点，努力做好公路全面养护工作，为县域经济发展、群众出行提供了便利条件。

【公路养护】全年清扫风郿一级等辖区6条公路路面2148千米、桥面59300平方米，整理路容路貌680千米，清理垃圾937立方米，刷新防撞墙3570米，刷新里程碑、百米桩710块，清洗隧道护轮石1173.6米、隧道标线660平方米、隧道洞壁9388.8平方米、隧道轮廓标道钉686块，清洗护栏2035米；修补沥青路面15416.75平方米，更换涵洞盖板11块，维修破损路肩墙2154.42平方米、破损边沟89.83立方米，浇筑缺损防撞墩3块，粘贴防撞墩瓷砖694平方米，补栽里程碑14块、百米桩268根，填补路基缺口696立方米、清理水毁路基塌方泥石流7706立方米，回收、清扫防滑料272立方米，清理疏通边沟198千米；在省道202线唐洼里隧道进出口各50米试验段涂刷了亮光型隧道防火阻燃漆600平方米，贴黄黑双色瓷砖1740块。

【应急抢修】从基层站队抽调专人在段应急值班室24小时应急值班；汛前组建由45人的应急抢险队，在段机关、各养管站、隧道专业化养护队储备雨衣60套、铁锹50把、铁丝200公斤、编织袋1400条、探照灯2组、对讲机4对、锥形防撞桶300个，组织自卸车3台、装载机1台、挖装机1台、巡查应急车5台。7月10—11日连续降雨，造成省道202线滑塌量5000多方，我段立即启动应急预案，调动人员机械对灾害路段全力抢通；7月15日夜11时许，S202线再次发生塌方，我段组织突击队连夜奋战5小时，于16日凌晨4时20分基本抢通；冬季对辖养6条公路进行养护、划线包干，堆放足够的防滑材料788平方米、融雪剂35 T、路面冷补料60 T。

【安全生产】成立安全生产领导小组和消防安全领导小组，深入开展公路和消防设施隐患排查治理；层层签订安全生产目标责任书和安全生产承诺书，印发了《各部门安全生产工作责任清单》《领导干部安全生产职责清单》。将安全生产责任落实到段各领导、各部室、各站队、各岗位。今年共开展安全知识竞赛活动1次、安全应急演练2次、消防安全培训2次、安全专题学习4次/200人。

【后勤保障】配置锥形标志400个，购买夏季安全标志服100套、反光马甲100套、雨衣100套、冬季标志服服60套、冬季劳保防水棉鞋53双，更换安全标志牌30面、施工标志牌10套，购买车辆爆闪6套，保养维修机械、车辆22台（次）。

【职工保险】为全段49名职工购买100万元保额的意外伤害险和6万元大病救助险，为5名临时工购买60万元保额的意外伤害险和6万元保额的医疗险；为115名职工办理基本医疗保险，52名办理工伤保险和生育保险；组织全体职工进行健康体检。

领导班子成员名录

书　记　李　戈

段　长　马宇驰

副段长　王风平

　　　　魏永强

（供稿：赵燕子）

高速交警

【概况】平凉市公安局交通警察支队泾州高速公路大队，编制38人，现有民警24人。

2018年，高速公路交通管理工作以党支部建设标准化为契机，严抓队伍管理、严查严惩重点违法行为、严防道路交通事故，持之以恒开展降事故、保安全、保畅通活动，认真履行职责，确保辖区道路安全畅通，圆满完成全年交通管理工作。

【综合治理】全年组织开展集中整治20余次，查纠交通违法行为63320起，其中现场查处20469起，非现场录入42851起，其中查处无证驾驶38起、准驾不符19起，行政拘留36人，醉酒驾驶2起，毒驾1起，配合参与警卫任务4次。拦截抓获兰州市局侦办的经济犯罪嫌疑人1名，配合县公安局侦破全省首例走私“电子烟”案件1起。

【事故处理】辖区发生交通事故260起，造成10人死亡、34人受伤、直接经济损失145万元。开展道路交通安全隐患排查治理4次，治理隐患点10余处。

【安全宣传】组织大型宣传26场，其中到县汽车运输公司宣传8场，进学校宣传5场，进高速公路沿线村镇宣传3场，进驾校宣传3场。

领导班子成员名录

大队长　　杨红宁

副大队长　白有琦

（供稿：马宝龙）

汽车站

2018年，泾川车站以群众安全及时出行为重点，以提升经济效益为核心，认真贯彻落实市县交通运输工作会议精神，强责任、抓管理、激活力、促转型，较好地完成了全年的各项工作任务。

【经营情况】全年经营收入324.5万元，占任务的98.78%，利费总额174.55万元，占任务的101.48%。投入客车90辆，完成客运量277784万人（次），完成旅客周转量19154万人公里。2017年度质量信誉考核为2A级车站。

【春节客运】春运期间，车站各职能部室人员深入车站生产一线，增加售票窗口、延长车票预售期，开通预售票、电话订票、网上订票等多种售票业务。及时调整班次密度，根据旅客需求对西安班线实行流水式发车，多渠道联系长途班线车辆进站输送旅客。

【售票信息化建设】6月3日正式开始投入微机售票，7月车站参与公路网自助机售取票活动，11月开始利用制作二维码进行收款。8月开通了微信支付，旅客实现自主联网购票。全年完成联网、自助售票43428张，同比增长339.87%。

【安全管理】细化目标靠实责任，层层分解签订了安全生产目标责任书。车站和驾驶员签订安全目标责任书103份、承诺书103份，员工和车站签订安全生产目标责任书32份；安全生产承诺书32份。车站严把车辆安全技术关和出站源头管控关口，全年安检客车32772辆次，检查出站车辆51595辆次；利用X光全年检测旅客行礼包30万余件，无一例旅客携带“三危物品”乘车。强化隐患排查治理，全年排查各类隐患15起。

领导班子成员名录

站　长　刘义红

副站长　杨　婷（女）

（供稿：胡丽丹）

邮　政

2018年，全县邮政工作认真落实省、市分公司工作安排部署和县委十七届四次全委会暨全县经济工作会议精神，全面贯彻发展新理念，落实党建新要求，继续强化管控、转型发展，强化内部管理，推动规范运营，较好地完成了各项工作目标。

【业务收入】 全年总收入1895万元，同比增长10%，其中邮务类收入353万元，寄递类收入112万元，金融类收入1430万元。

【邮政设施】 全年进口邮件54.3万件，出口邮件12.8万件，积极改造邮件处理设施安装，自助机具15台，监控探头20处，室内外信箱38个，配备电动三轮车24辆。

领导班子成员名录

总经理　　王肖沣
副总经理　曹生祥（11月止）
　　　　　叶　瑞（11月任）

（供稿：云淑能）

电　信

2018年，泾川电信分公司认真贯彻国家和省、市关于加快信息化发展各项决策部署，强化内部管理、创新工作方式，多方筹资实施设备改造提升，不断拓展服务项目，努力扩大服务市场，有力地推动了全县信息化工作发展。

【网络建设】 全县215个行政村均实现了光网宽带、电信电视接入，完成村级电商服务点光纤化改造。平凉分公司和县政府签订了“智慧泾川”建设协议，与县教育局合作建成了泾川县教育云平台，建成中街小学、光彩幼儿园等智慧校园189所。

【服务与管理】 投资80万元，实施安定街营业厅及各乡镇营业网点的软硬件设施改造，改造服务网点162个。落实国家提速降费政策，实现了100M光纤宽带、4K高清电视免费接入、免费使用，实现流量不清零，全国无漫游，接听免费。至年底，中国电信网络中有移动用户50977户，宽带用户38581户，宽带电视用户31900户，经营收入4038万元。

领导班子成员名录

总经理　　程　光
副总经理　张全红（12月止）
　　　　　贾　骏
　　　　　潘小波
　　　　　贾志强

（供稿：赵新民）

移　动

【经营业绩】 至年底，全县有移动用户16万户，经营收入7500万元，上缴税金27.4万元，全县有2G223处、4G387处，直放站5个，移动网络覆盖率99.5%。

【业务拓展】 在乡镇设立营业厅62个，在县城增设代办渠道8个，发展代办点覆盖全县的农村186个，基本形成了“乡乡有点，村村有店”的农村服务营销网络，光纤宽带覆盖210个行政村，服务光纤宽带用户数3万左右。

领导班子成员名录

总经理　　李晓刚
副总经理　刘建兵
　　　　　刘　鹏

（供稿：李海娟）

联　通

2018年，按照省、市公司的统一部署安排，以业务提升为目标，以互联网线上产品为契机快速渗透，线上线下同步宣传，全员开展聚类市场及异业合作促销，实现了用户规模增长。

【指标完成】全年完成收入1500万元，同比增长215万元，净增用户6000户。其中移动业务完成收入1418万元，净增用户5300户；政企业务完成收入68万元，净增用户580户；家庭客户业务完成收入14万元，净增用户120户。

【城域网建设】全县管道总长度16.55公里，其中新建城北光交箱5个，城南光交箱6个，利旧光交箱3个，城东光交箱（水畔华城门口）1个，共计15个。

【工程建设】至年底，有无线移动基站195个，共享铁塔站址159个，联通自留物理基站36个、干线机房2个，光缆线路全长700公里，干线光缆258公里。

【接入网建设】全县宽带FTTH端口2032个，宽带出账用户320户。年内在党原赵家村新建社会化合作宽带村，改造城东小区39栋楼宇，新增FTTH端口1200个。

领导班子成员名录

总经理　史悦红（女）

（供稿：尚芬琴）

财税金融

财　政

2018年，全县财政工作认真贯彻落实省、市财政工作会议及县委十七届四次全体会议暨县委经济工作会精神，按照“稳增长、调结构、促改革、惠民生、防风险”的要求，狠抓财政收支征管，精准发力措办实事，持续深化财政改革，强化财政资金监管，不断提高财政科学化、精细化管理水平，各项工作进展顺利，为全县经济社会事业发展提供有力的资金保障和财力支撑。

【财政收支预算】全年公共财政预算收入累计完成21596万元，占年预算19450万元的111%，同比多收3078万元，增长16.6%；大口径财政收入累计完成40828万元，同比多收7362万元，增长22.9%。其中，中央级收入完成14024万元，省级收入完成5208万元，县级收入完成21596万元。一般公共财政预算收入中税收收入完成13903万元，占年预算的141.9%，同比多收5466万元，增长64.8%。非税收入完成7693万元，占年预算的79.7%，同比少收2388万元，下降23.7%。分征管部门税务系统完成14585万元，占年预算9800万元的148.8%，同比多收5644万元，增长63.1%；财政系统完成7011万元，占年预算9650万元的72.7%，同比少收2566万元，下降26.8%。全县公共财政预算支出累计完成225788万元，占调整预算数225788万元的100%，同口径相比多支4109万元，增长1.9%。

【基金预算】全县政府性基金收入累计完成10041万元，占预算33000的30.4%，同比少收11551万元，下降53.5%。政府性基金支出完成26640万元，占调整预算26640万元的100%，同比多支20445万元，增长3.3倍。

【重点支出】安排教育事业资金16833.42万元，科技文化安排资金2582.11万元，安排城乡居民养老保险、城乡居民基本医疗保险、工伤保险、失业保险、生育保险等社会保险补贴22474万元；全面落实城乡低保和五保供养提标政策，城市和农村低保标准分别提高了7.6%和6.3%；城乡居民基础养老金由每月85元提高到103元；安排城乡医疗救助资金1904万元、乡村医生养老保险补助资金238万元。

【住房建设】落实棚户区和农村危房改造等保障性安居工程项目资金22883.12万元，其中中央省级11497.8万元，县级配套2116.32万元，利用债券9269万元。发放廉租住房租赁补贴资金39.4万元。

【惠农资金】累计发放精准扶贫专项贷款8438户41955万元，占省上下达全县三年贷款额度4.32亿元的97.2%；2018年已回收贷款1330户6650.6万元，已续贷2219户10905.4万元，回收率99.52%。县财政安排专项扶贫资金支出2253.84万元，收回部门存量资金安排扶贫支出1999.8万元。全县通过“一册明，一折统”发放各类惠农资金29项33642万元；共统筹整合18个部门财政涉农资金19094.59万元，其中用于农村基础设施建设资金7713.06万元、用于农业生产发展资金11381.53万元。

【项目建设】安排易地扶贫搬迁工程（建档立卡贫困人口易地扶贫搬迁安置住房建设）资金1627.2万元；支持生态文明建设（泾川县城区生活污水处理厂提标扩容工程）专项资金1900万元、土壤污染防治专项资金1350万元；支持中小河流治理工程（泾河泾川县景村大桥至城西沟段1612万元、泾川县百泉渡槽G312水泉寺大桥段2467万元）资金4079万元；中央车辆购置税收入补助地方6778万元用于农村道路建设。农业综合开发投资1298.42万元。

【财政监督】切实履行会计监督职责，重点对县交通局、农机局、能源局、教育局、商务局5个行政事业单位会计工作实施监督检查。查出会计准则、会计制度执行不严格，账簿设置、账务处理、会计核算不规范，财务报表编制不完整，财务管理内部控制制度不健全等6类10个具体问题。依法进行了处理，并督促限期进行整改。

领导班子成员名录

局　长	任小平
副局长、非税收入管理局局长	辛红涛
副局长、农业综合开发办主任	吕文贵
纪检组组长	董玉成

（供稿：张　博）

国　税

【概况】2018年6月，县国家税务局有干部职工52人。

2018年上半年，全县国税工作认真贯彻落实全市国税工作会议精神，以组织收入为中心，坚持依法行政，优化纳税服务，采取有效措施，强化税收征管，全力服务全县经济社会转型跨越发展。

【税收业绩】截至6月28日，国税局完成税收收入10533.47万元，占市局下达任务15000万元的70.22%。其中县级收入完成3042.3万元，占县级任务4300万元的70.75%。

【税收优惠】全面落实税收优惠政策，推进供给侧结构性改革、扶持小微企业，2018年上半年，2636户享受小微企业增值税优惠，减免增值税450.08万元，135户享受企业所得税优惠，减免企业所得税1765.32万元。

【税务稽查】立案检查纳税人7户，辅导10户纳税人完成自查，累计完成稽查239.78万元，弥补企业所得税亏损17.93万元，调减留抵税额5.02万元。查处非法发票78份，涉及金额138.40万元，查补税款18.48万元，加收滞纳金2.51万元，罚款12.24万元。

【税收征管】强化纳税信用管理。纳入纳税信用管理的纳税人共610户，其中A级纳税人35户，

B级纳税人242户，M级纳税人293户，C级纳税人19户，D级纳税人21户。应对上级推送风险纳税人14户，经核查，14户纳税人共补缴企业所得税340.86元、补缴增值税3.54万元、加收滞纳金0.37万元。

【税收服务】聚焦“最多跑一次”便民办税，深化“一厅通办”办税模式，安排专职人员负责辅导纳税人注册使用电子税务局、下载安装“陇税通”手机APP，对使用电子税务局及手机APP进行网上增值税申报、车购税申报、发票领用、发票认证等业务办理演示指导，对新办纳税人推出“套餐式”服务，对库存纳税人推出“点餐式”服务，对乡村交通不便地区纳税人开展“线下辅导”服务。开通应用手机终端预约、实时查询大厅等候人数等功能，上半年预约纳税人107人（次）。下班时延时办理纳税76人（次），延长办税时间90小时。

领导班子成员名录

局　长　　王　晖（7月止）
副局长　　朱海鹏（7月止）
　　　　　陈文奎（7月止）
　　　　　牛惠生（7月止）
纪检组组长　张文耀（7月止）

（供稿：贾正真）

地　税

【概况】至6月底，县地税局有干部职工49人。

2018年上半年，全县地方税务工作认真落实省、市地税工作会议和县委经济工作会议精神，坚持稳中求进总基调，围绕税收现代化目标，坚定不移地带好队、执好法、服好务，努力树立新形象，展现新作为，较好地完成了上半年全县税收工作任务。

【税收业绩】2018年上半年，县地税局共组织各项收入11677万元，同比增收7048万元，增长152%。其中地方税收收入完成6563万元，同比增收3355万元，增长105%；非税收入完成393万元，同比增收182万元，增长87%；社会保险费收入完成4597万元，较上年同期增收3391万元，增长2.81倍；工会经费完成124万元，同比增收120万元，增长87%。

【税收宣传】充分利用政府网站、区域网、税收宣传月、法制宣传日，采取悬挂横幅、条幅，印发标语、传单，设咨询台、QQ群、微信群，送税法上门等多种形式，积极开展法制宣传教育，营造依法纳税的良好氛围。

【税收征管】积极做好环保税开征的准备工作，全面落实《国地税合作规范4.0版》。加强地方级“小税种”征管，努力堵塞“营改增”后所得税、城建税和教育费附加的征管漏洞，扎实做好个人所得税全员明细申报和年12万元个人所得税申报工作，依托“互联网+甘肃地税”和大数据平台全面推行“四办”改革，进一步完善“一窗受理，集成服务”工作机制，实现公布涉税事项办税“最多跑一次”的服务承诺。

领导班子成员名录

局　长　　刘海龙（7月止）
纪检组组长　景红生（7月止）
副局长　　刘小军（7月止）
　　　　　何凤玺（7月止）
　　　　　卢红生（7月止）

（供稿：贾正真）

税　务

【概况】根据国家和甘肃省机构改革实施方案，省级及省级以下国税地税机构合并。2018年7月20日，国家税务总局泾川县税务局挂牌，内设办公室、纪检组、法制股、税政一股、税政二股、社会保险费和非税收入股、收入核算股、纳税服务股、征收管理股、税收风险管理股、财务管理股、人事教育股、机关党委13个机构；1个事业单位（信息中心）；城区设第一税务分局（办税厅）、第二税务分局、城关税务分局，农村设王村、玉都、荔堡、窑店、高平8个分局，有干部职工100人，其中男职工79人，女职工21人，中共党员68人，

2018年下半年，泾川县税务局以习近平新时代中国特色社会主义思想为指导，聚焦“收税、服务、管理”，迅速整合人员、场所，保证业务工作连续运行，积极探索完善机制，强化税收征管，全力服务全县经济社会转型跨越发展。

【税收业绩】全年完成收入44838万元，同比增长8877万元，同比增长24.68%。其中税收收入31811万元，同比增长38.23%，增收8799万元；各项基金（费）完成12291万元。

【税收征管】全年自然人客户端注册率100%，组织培训职工2期、培训纳税人2期5班400人次，提高办税操作能力。与环保局开通信息共享平台，加强征收复核，全年征收22万元。按照企业财务核算情况，区别清算方式，全年入库土地增值税1600万元，同比增长68.24%。全年增量房共办理契税业务2871笔、入库税款1648.91万元，同比增长近10倍。加强城镇土地使用税管理，全面核查以前年度土地转让信息8项，对未纳城镇土地使用税疑点重点复核，全年征收入库851万元，同比增长207.22%。

【税收宣传】把深化“放管服”改革和优化营商环境结合起来，利用税企微信群、税企QQ群、12366短信平台，办税厅LED电子滚动显示屏，向纳税人宣传办税事项内容。利用政府网站、区域网、税收宣传月，采取悬挂横幅、印发标语和传单、设咨询台、送税法上门等多种形式，开展法制宣传教育，营造了依法纳税的良好氛围。

【服务发展】围绕供给侧结构性改革、扶持小微企业、促进节能环保等重点工作，及时抓好各项税收优惠政策落实。全年，有5487户小微企业享受增值税优惠，减免税额934.17万元。严格执行西部大开发，560户纳税人享受企业所得税优惠，减免企业所得税1797万元。

领导班子成员名录

局　长　　王　晖（10月任）
副局长　　刘海龙（10月任）
　　　　　景红生（10月任）
　　　　　朱海鹏（10月任）
　　　　　陈文奎（10月任）
　　　　　刘小军（10月任）
　　　　　牛惠生（10月任）
　　　　　何凤玺（10月任）
　　　　　卢红生（10月任）
纪检组组长　张文耀（10月任）

（供稿：贾正真）

人民银行

2018年，人行泾川县支行认真贯彻人行总行、分行的工作安排部署，扎实落实好稳健中性货币政策。充分发挥货币政策和宏观审慎政策双支柱调控功能，发挥指导作用，优化了货币政策传导机制，积极引导金融机构科学制定信贷规划，盘活存量，认真执行普惠金融定向降准政策，对达标金融机构执行差别存款准备金率，引导信贷资金向“三农”、中小微企业等领域倾斜，促进了全县货币信贷总量适度合理增长。

【主要指标】至12月末，全县各项贷款余额为692290万元，较年初增加21115万元，增长3.15%；各项存款余额为969439万元，较年初增加39418万元，增长14.24%，全金融机构存贷比71.41%。

【金融扶贫】累计向农商行发放扶贫再贷款9.7亿元，至11月底余额3亿元，发放精准扶贫小额信用贷款4.06亿元，惠及农户8172户。督促引

导农商行降低整体贷款利率1～2个百分点，主动对接省政府2500亿“两贷款一基金”，成立了泰源担保公司，投入注册资金4000万。与县金融办、扶贫办联合调研、筛选扶贫产业项目36个，衔接落实特色产业贷款1.03亿元，基础设施项目贷款8000万元。结合泾川县文化旅游扶贫产业项目规划，向大云寺提供2亿元综合授信；结合农村“三变”改革向凤凰村美丽乡村建设项目提供2000万元的信贷支持。设立村级助农取款服务点325个，实现了行政村100%全覆盖；全县建立信用档案农户64419户，占总农户的91%；评定等级农户58016户，占总农户的80%。

【金融支企】组织开展了“行长走访企业”活动，对每一户企业融资情况进行了会诊，实施“一企一策”，全年金融机构支持中小微企业70户，贷款余额7.6亿元，开办应收账款抵押贷款企业4户，金额1.08亿元。督导金融机构对县域企业贷款执行了利率下浮的优惠政策，目前国有商业银行企业贷款年均利率多在6%～7.5%区间，农商行贷款利率在8.5%左右。实施绿色金融支持项目6个，发放绿色产业项目贷款1.27亿元，绿色金融取得突破性发展。

【风险监测】建立了法人金融机构风险预警机制，设立主要风险监测指标，加强对全辖金融机构按月报送大额贷款进行监测，严密监测法人金融机构风险状况，做到动态监测，即时管控，及时提出预警信号和预防建议，年内发出了6份风险提示函、1份预警通知书。认真落实“一把手”负责制和重大事项“零报告”要求，对重大金融风险事项做到早发现、早预警、早处置，防范风险事件扩散蔓延。

【依法追贷】会同司法部门开展不良贷款清收专项行动，重点对金融借款合同纠纷案件中多年未履行义务的“老赖”实施打击，累计强制清收不良贷款3465.8万元，曝光失信人501人次，拘留45人次，公安机关立案侦查4人次，审理金融借款合同纠纷案件224件，审结率100%，执结率98%。

领导班子成员名录

行　长　　雷　霖
副行长　　吕新鹏
　　　　　王玉林
纪检组组长　郑小平

（供稿：李明轩）

工商银行

【概况】中国工商银行泾川支行年底有员工15名，其中具有助理经济师以上专业技术职称的11名。

【业务经营】年底，实现营业效益720万元，同比减少93万元；存款36206万元，较年初增加3360万元，其中储蓄存款20861万元，较年初增加1641万元；对公存款15344万元，较年初增加1719万元；各项贷款余额16877万元，较年初增加7077万元，其中个人贷款余额12587万元，较年初增加6883万元，公司贷款余额4290万元，较年初增加194万元；收回不良贷款300多万元。

【业务拓展】围绕代发工资客户、商友客户、投资理财客户、5万元以上中高端客户、县域农村客户、互联网年轻客户等客户群，加大大额存单、节节高、薪金溢、存管通等储蓄存款创新产品的宣传力度，大力开展精准营销。

【金融创新】与县委组织部签订党费云平台收缴合作协议，全县187个党委（支部）1.2万名党员党费全部实现线上收缴，该业务属全省首推，受到工行甘肃省分行嘉奖。

【内控管理】坚持依法合规经营，防范经营风险。切实抓好重点岗位、重点部位、重点环节的防控力度，对关键风险点实施重点管控。合规销售各类理财产品，采取有力措施严防“飞单”问题的发生。

领导班子成员名录

行　长　王宏兵

书　记　杜晓龙

副行长　祝　晖

副书记　徐世文

（供稿：祝　晖）

农业银行

【概况】 中国农业银行泾川支行有营业网点10个，从业人员117名，各类专业技术人员74名，党员52名。

2018年，县农业银行泾川县支行以农总行、省分行业务工作会议精神为指针，坚持稳中求进工作总基调，围绕效益提升、风险管控、转型发展、党建统领四大目标，组织全行员工凝心聚力、开拓奋进，扎实做好存贷业务、经营转型、风险防控、机制保障、基层党建五项重点工作，较好地完成了年度工作任务。

【党建工作】 党委认真落实全面从严治党主体责任，不断完善工作措施，年内网点独立支部建设达到100%，以“两学一做”经常化为重点，党员在业务工作中的示范引领作用明显增强，党支部的凝聚力和战斗力增强，有力地促进了业务工作开展。

泾川现代农业论坛开幕式

【业务成绩】 年末，全行各项存款余额达到24.72亿元，其中储蓄存款余额20.76亿元，对公存款余额3.95亿元；各项贷款余额达到110284.77万元，其中法人客户贷款余额74831万元，个人贷款余额31761万元，城市个贷余额219869万元，涉农贷款余额11908万元。

【“三线一网格”建设】 成立“三线一网格”管理模式推广工作领导小组，制定了实施方案，围绕业务经营对各支部纪检、监察员重新明确和配置，各网点监察员均由运营主管兼任，规范了日常经营行为，有效杜绝了各种违纪违规行为的发生。

领导班子成员名录

行　长　张林果

副行长　慕晓乾

代小红

纪委书记　樊小鹏

（供稿：郭振强）

邮储银行

【概况】 泾川县支行位于泾川县城综合市场门口，下设营业部、信贷部及窑店镇支行，有员工26人。

2018年，县邮储银行坚持以习近平新时代中国特色社会主义思想为指导，认真贯彻落实省、市分行及县委县政府重大决策部署，坚持把党建工作摆在重要位置，狠抓经营管理，不断拓展业务范围，较好地完成了全年的各项目标任务。

【业务成绩】 至年底，储蓄余额35067.03万元，发展公司账户68户，公司存款余额1037.13万元，各项贷款结余16030.03万元。完成收入1584.07万元。

【个金业务】 至年底，自营网点储蓄余额35067.03万元，累计净增-2171.77万元，其中活期存款为8574.65万元，活比为23.95%。

【信贷业务】 累计发放贷款14269.59万元，累计净增-5577.05万元。其中小企业贷款本年发放金额5580万元，净增-4283.2万元；小额贷款发放

2580.5万元，净增-1865.26万元；商务贷款发放1712.4万元，净增-354.93万元；消费贷款发放4396.69万元，净增1426.34万元。全年清收不良贷款365.23万元，不良贷款核销314.96万元，业务工作在全市排名前列。

【信用村创建】按照创建标准和要求，经过筛选评定，为丰台镇4个行政村及党原镇7个行政村授牌，建成11个信用村。

领导班子成员名录

副行长　李　鸣（主持工作）

　　　　王彩虹（女）

（供稿：刘　蕊）

建设银行

2018年，建行泾川支行全面履行职能，以促进县域经济发展和服务地方民众为重点，继续加大普惠金融贷款投放力度，不断创新信贷产品，支持中小微企业快速发展，积极发放住房按揭贷款，服务全县经济社会发展，取得了较好的工作成绩。

【业务指标】年末，各项存款余额26958万元，比年初增加4714万元，增长21.2%。其中储蓄存款余额19177万元，比年初增加2831万元。对公存款余额7781万元，较年初增加188万元。累计投放各类贷款21481万元，较年初增加7295万元。

【风险管控】2018年，按照分行“三审三建议三沟通两查一报告”的要求，扎实开展业务办理工作，逐项进行排查，从风险源头做好排查和防范，坚持对重点业务和高风险业务从事前的审批、事中的审核、事后的审查进行全流程监控，全年无违规放贷业务发生。

领导班子成员名录

行　长　　贾维忠

副行长　　张春涛

营运主管　魏向利

（供稿：冯安平）

农业发展银行

2018年，农业发展银行泾川支行深入贯彻党的十九大和十九届二中、三中全会精神，认真落实省市农发行和县委县政府的工作部署，以服务乡村振兴战略为总抓手，以服务农业供给侧结构性改革为主线，坚持抓党建、促发展、强管理、防风险，有效防控信贷风险和重大责任事故及案件，为支持地方农业和农村经济发展做出了积极贡献。

【业务成绩】年末，各项贷款总额达到109586.89万元，较年初增加6633.39万元，增幅6.44%。信贷结构和资产质量不断优化，连续6年实现不良贷款余额和不良贷款比率继续保持为“零”。各项存款余额30070.78万元，较年初增加10708.51万元，增幅55.31%；全年人均存款达到1768.87万元，同比增加749.8万元，增长率73.58%。全年实现中间业务收入0.86万元，同比减少0.46万元，下降34.85%。年末，全行实现收入4544.72万元，支出3989.41万元，账面利润555.31万元，同比减少453.42万元，降幅44.95%。全年应计利息4732万元，实收利息4660万元，各项贷款综合利息收回率98.49%。

【党建工作】坚持把政治建设摆在首位，坚持“两学一做”学习教育活动常态化制度化。组织全体员工系统学习党章党规、习近平总书记系列重要讲话。参观吴焕先烈士陵园和保至善烈士纪念馆红色文化基地，引导党员职工传承红色基因，保持共产党人政治本色。严格落实“三会一课”等制度，人均抄写学习笔记16000余字，撰写心得体会4篇，领导班子成员结合自身学习讲党课12次，组织全体党员进行十九大学习知识测试2次，观看警示教育专题片2次，精心打造党员活动室，组织学习“全国优秀共产党员”黄群、宋月才、姜开斌、王继才同志先进事迹。

【服务发展】及时组织储备粮贷款876万元，支持灵台县粮油购销公司储存县级储备小麦450万公斤。办理省、市、县储备粮贷款展期9笔，金额2727.5万元，财务挂账贷款展期12笔，金额8850万元。组织核查粮食库存4次，确保了辖区内4户粮食企业，1943.03万公斤储备粮的安全。12月13日，发放3000万元旅游扶贫贷款用于泾川大云寺·王母宫大旅游景区开发及周边配套产业建设。12月25日，泾川县人民医院整体迁建项目20000万元项目成功获批，于28日发放贷款15000万元。

【贷款营销】初步对接了泾川、灵台、崇信三县的林业项目，其中崇信林业项目已完成评级工作，项目评估资料初步收集到位。泾川县农鑫、泾延2户农业合作社基础资料收集齐全并在CM2006系统进行了模拟评级，泾川县富原红果品贸易公司基础资料已收集到位，准备进行评级授信测算。

【经营管理】强化成本管理，努力克服存款主要依靠派生的“路径依赖”，组织开展稳存增存活动，积极营销非贷客户及财政性存款。积极推行利率定价审查协商机制。合理配置财务资源，努力增收节支，着力降低非生息资产占用。以银监局市场乱象专项治理、省分行综合检查等内外部检查为重点，对内外部检查和自查发现的36个问题（含基金管理方面存在的问题1个），限期整改，已整改问题36个，紧盯重点环节和关键岗位员工，有针对性地开展案件风险排查，按季召开案件防控工作例会和内控合规管理例会，严防案件发生，将风险苗头消灭在萌芽状态。

【风险防控】认真落实贷后监管，通过强化贷后监管、重大事项报告等方式，防止杜绝不良贷款发生。集中人员对2017年末存量贷款进行了风险排查，及时发现并掌握了平凉市窑店粮库、灵台县粮油购销有限责任公司涉嫌虚开增值税发票，甘肃平商基金公司涉诉等风险状况，及时上报、现场核实、制定预案，妥善化解了风险隐患。严格按照贷后检查尽职管理系统操作要求，坚持每月按时录入和加载到贷后检查尽职管理系统，确保贷后监管的有效性和合规性。

领导班子成员名录

行　长　路广林

副行长　吴　锋

　　　　白一峰

（供稿：王金明）

农商银行

2018年，县农商银行认真学习贯彻党的十九大及十九届二中、三中全会精神，以“固基础、强管理、提质量、控风险”为统揽，在市场低迷和监管政策加大的压力下，全行上下众志成城，攻坚克难，扎实工作，各项业务实现了稳中有升。

【经营业绩】至年底，各项存款余额381593万元，较年初净增15436万元，完成省联社年计划34800万元的44.36%，存款净增20290万元，完成计划17400万元的116.61%。截至12月末，各项存款占全县金融机构的39.40%；各项贷款余额391678万元，较年初负增1716万元，各项贷款占全县金融机构的56.58%；五级不良贷款余额58218万元，较年初反弹39562万元，占比14.86%；电子银行业务替代率80.79%，完成省联社计划68.04%的118.70%。实现各项收入31712万元，其中利息收入28150万元，净利润2906万元。

业务技能竞赛

【党建工作】 抓党建，聚合力，统领全局发展，纵深推进全面从严治党从严治行。坚持党建工作与业务经营结合，以支部标准化建设为抓手，狠抓基层党建工作。对10个支部班子进行了改选，树立先进党支部2个，建立了以支部为核心带领片区支行抓业务的工作机制。年内组织开展评选“服务明星”、开办道德讲堂、培养入党积极分子、接收新党员、开展宗旨意识教育等活动，使党的阵地建设进一步加强。

【惠农助农】 坚守服务“三农”主业，围绕全县脱贫攻坚与乡村振兴。持续加大贫困户特色种养、乡村旅游、劳务输转等信贷支持力度。扎实推进农村金融综合服务室建设，延伸拓展“飞天e码通”“背包银行”及助农取款终端功能。以全县“特色产业质量效益提升年”活动为契机，持续加大资金投入，扶持壮大富原红果业、鼎康牛业、雄发果蔬等龙头企业。

【科技金融】 采取上门入户宣传、LED宣传、微信宣传、户外广告等多种方式，促进客户对电子银行业务的了解，开展手机银行、云闪付、飞天e码通、信用卡等业务的营销推介，增进了业务办理进度。

【文化建设】 参加全县社火巡游展演，“庆三八·献爱心”职工募捐、庆“五四”青年职工大会、界石铺党员主题教育、十九大会议精神学习等活动；开展各类主题实践活动和谈心交流联结职工感情，年内走访慰问职工36人次，与职工谈心交流70多人次，市级卫生文明单位创建成功。

领导班子成员名录

董事长　王玺原
行　长　李耀龙

（供稿：张　欢）

甘肃银行

2018年，甘肃银行泾川支行认真贯彻落实总、分行会议精神，紧密结合县情，积极增加信贷投放总量，全力保障对重点建设项目、新兴产业、现代服务业、中小企业、“三农”工作和民生工程的金融服务，较好地发挥了金融支撑经济发展的职能。

【指标完成】 年底各项存款余额97136万元，比年初增加8579万元，增长9.7%。其中储蓄存款余额68638万元，比年初增加19871万元，增长40.7%。对公存款余额14949万元，较年初负增长。累计投放贷款27546万元。

【主要工作】 加大支农贷款，帮助群众发展种植、养殖和其他副业生产，并对支农再贷款的投放及时进行检查监督。全力配合县金融办、县人民银行开展征信管理和反洗钱工作，做好贷款发放核准行政许可、年审和银行信贷登记咨询系统管理工作。按要求顺利接入企业和个人信用信息基础数据库，加强征信系统数据核对。加强与相关单位的业务交流与合作，拓展了业务空间，增强自我发展能力。

领导班子成员名录

行　长　朱新生
副行长　王晓鹏
　　　　赵宇飞

（供稿：雷小清）

中银富登村镇银行

2018年，中银富登村镇银行立足泾川经济发展，按照县委经济工作会议要求，以支持农村发展、扶持中小微企业发展为重点，创新信贷方式，积极为县内的中小微企业、工薪阶层、“三农”客户提供金融服务，为县域经济发展做出了应有贡献。

【业务成绩】 至年末，银行总资产29481.66万元，其中各项贷款6782.36万元；负债总额为23083.59万元，其中各项存款22430.13万元。

领导班子成员名录

董事长　张浩东

行　长　王东科

（供稿：周　博）

人保财险

2018年，县人保财险公司认真落实省、市公司的安排部署，围绕全县经济发展需求，创新方式，强化服务，全力落实各项政策措施，积极破除发展困境，努力提升经济效益，各项工作取得了新进展。

【保费收入】全年完成保费收入1729.41万元，同比增长8.01%。其中车险累计保费收入1102.05万元，同比增长9.27%；商非保费收入158.28万元；农险保费收入469.08万元，同比增加13.99%；赔款1878.48万元，同比上升190.88%，其中苹果保险赔款1080万元。

截至11月底，全县车险市场累计保费2079.6万元，其中人保公司车险保费974.47万元，占51.73%。

领导班子成员名录

经　理　吴春乐

（供稿：章建军）

人寿保险

2018年，中国人民人寿保险公司泾川县支公司认真贯彻党的十九大精神和省、市公司业务部署，创新工作方法，狠抓业务建设，努力提升经营能力，各项工作都取得了一定成绩。

【保费收入】实现个险保费312万元，短险保费26.2万元，其中个险短期险收入42.60万元，团险短险收入16.40万元，互动保费收入70.27万元。

【工作成效】年内团队晋升3个营业组，新聘业务人员72人，卡折式保单销售持续增长，全年实现短险保费收入42.60万元，收缴学生平险保费16万元。

领导班子成员名录

经　理　鲁军亮

（供稿：毛文婧）

经济管理

发展与改革

2018年，县发改局认真贯彻落实县委十七届四次全体会议暨县委经济工作会议精神，紧盯目标，聚焦重点，强化措施，真抓实干，较好地完成了确定的目标任务。

【经济运行】 全年完成生产总值41.73亿元，增长2%；固定资产投资12.5亿元，下降49.6%；规模以上工业增加值0.6亿元，下降44%；社会消费品零售总额26.13亿元，增长8%；一般公共财政预算收入2.16亿元，增长16.6%；城镇居民人均可支配收入25479元，增长9%；农村居民人均可支配收入9683元，增长10%，全县经济取得平稳较快发展。

【项目储备】 深入研究国家投资政策和产业导向，围绕基础设施、乡村振兴、新型城镇化、文化旅游、教育卫生、养老服务、"互联网+"、新型能源等重点领域，谋划论证了一批投资额度大、带动作用强的大项目、好项目，全县论证储备国家重大项目库三年滚动计划项目686项，估算总投资781.6亿元。

【项目监管】 强化重大项目建设调度，年内实施500万元以上项目73项，完成投资17.8亿元。县医院整体搬迁项目建成主体，大云寺·王母宫大景区旅游基础设施、文旅综合体等项目加快推进，南滨河景观大道建成通车，重大项目的带动

2018年5月28日，全县"转变作风改善发展环境建设年"活动暨重大项目建设推进会召开

作用持续增强。强化项目管理，积极推行并联审批、集中审批、网上审批，进一步优化流程、压缩时限，切实提高项目审批效率，全面落实投资评审、工程招标、合同管理、质量监理、审计验收、责任追究“六项制度”，项目资金监管得到加强。

【易地搬迁】“十三五”期间，全县计划搬迁1912户7676人，其中建档立卡贫困户1634户6563人。2018年涉及9个乡镇63个村，计划搬迁529户2034人，全部为建档立卡户。概算总投资1.225亿元，目前，已开工建设521户，建成主体516户，王村、太平、汭丰、罗汉洞、玉都基础设施已开工建设，年内建成住房主体，力争搬迁入住。为2016年易地扶贫搬迁户配套产业发展资金入股分红。

【“十三五”规划中期评估】对“十三五”规划实施以来各项目标、任务和政策措施执行情况、实施效果进行中期综合评价，对执行效果和落实情况进行分析评价，提出调整和修订意见，新增项目61个，投资28.69亿元。

【“放管服”改革】按照《甘肃省投资项目并联审批办法（试行）》规定，不断健全完善发改、规划、国土、环保等部门并联审批机制，深入实施重大项目前期审批“百日攻坚行动”，围绕审批立项、初步设计、开工报建环节，实现线上线下同步审批，优化审批流程，压缩审批时限，提高工作效能。

【公车改革】印发《泾川县公务改革工作实施方案》，在制度完善、平台建设、车辆处置、标识设置、司勤人员招录、服务保障等方面积极推进，对涉及车改的222辆车全部封存，逐步进行处置。改革后，全县留用车辆99辆，其中一般公务用车保留44辆，执法执勤用车保留55辆，下剩123辆公车目前已处置115辆，占车辆总数的93.5%。全县安置司勤人员90人，针对县公务用车服务平台司勤人员缺少的实际，为平台选聘司勤人员15名。

【社会信用建设】制定印发《社会信用体系建设工作实施方案》《社会信用信息归集、使用和管理办法》《信用建设联合激励和惩戒实施方案》《社会信用体系建设考核办法》等，明确各相关部门在推进社会作用体系建设工作中的主体责任、目标任务和考核办法；完善“双公示”信息报送制度，建立“信用泾川”平台工作群，梳理填报法人和自然人行政许可、行政处罚事项信息数据4211项，其中行政许可2347项，行政处罚1863项，联合惩戒案例1例；及时落实7天行政许可和行政处罚“双公示”、一周“零报告”等相关任务；下发工作通报2期。在年终考核中，泾川社会信用体系建设位列全市第二。

领导班子成员名录

局　长　王新义
副局长　卢建荣
　　　　杨小勇
纪检组组长　袁绍华

（供稿：吕军强）

物价管理

2018年，全县物价工作以稳定价格总水平为目标，加大价格检查力度，强化价格基础工作，全面落实各项价费政策，充分发挥价格调控作用，有效保证了县域内价格市场的健康发展。

【价格调整】公布了《泾川县县级管理商品和经营服务价格目录》，对县恒泰公交公司投入运营的4条线路公交车的票价进行批复，调整全县行政事业单位供热价格。督促县电力公司落实工商业电价政策，分别于7月、8月、11月县电力公司完成相关退费，调价政策落实到位。会同粮食、农牧、商务等部门，稳定粮油肉库存，保证全县粮、油、肉、菜、化肥等重要商品市场供给充分，价格基本稳定。

【收费管理】会同县财政局建立行政事业性收

费单位动态管理台账，建立收费单位收支状况报告、收费政策、收费目录清单，全面推行收费公示制度，强化了事中、事后监管；依据国家、省市相关文件要求，重新梳理更新了《泾川县行政事业性收费目录清单》《泾川县行政事业性收费标准目录清单》《泾川县行政事业性收费取消、降低、免征目录清单》，在县政府门户网站进行了公示。结合市上规范调整补增的医疗服务项目，对乡（镇）级医疗价格项目执行中存在内涵表述不清、影响临床操作的8项医疗服务项目进行了规范；对乡（镇）级11项医疗服务项目价格适当调价；对12项进行了补增。

【监督检查】全年检查各类商场（门店）83家、药店23家、供热企业3家、电信企业2家、旅游景点4处、殡葬服务单位3家、涉企收费单位22家、转供电主体34家，召开价格提醒告诫会5场（次），约谈重点企业负责人6次8人，下发价格提醒告诫书280多份，随机抽查各大超市购物小票50份、餐饮企业结账单13张。通过检查，维护了市场价格秩序，规范了价格行为。

【价格咨询】及时受理群众反映的价格热点问题，切实维护消费者的合法权益，共受理价格举报投诉6起，回复网站留言18起，办结率达到100%。

【“双随机、一公开”】建立监管对象名录库和行政执法人员名录库，全年开展双随机抽查16次，其中物价部门开展的随机抽查11次221户。联查其他部门双随机抽查5次136户。

【公平竞争审查】督促21个单位对制定的政策措施进行了集中审查清理，重点对含有地方保护、指定交易、市场壁垒等内容进行清理。共查阅文件8175件，存量清理5270件，增量审查2905件，涉及市场主体文件29件。

【价格认定】认真落实新的《价格认定规定》，依法开展涉纪、涉案价格认定工作。

【价格监测】每周确定专人深入监测点，对服务价格和农业生产资料价格进行监测，及时掌握商品价格变动情况，强化监测分析预警，全年上报各类监测表33份，其中农业生产资料报表22份，服务价格监测报表11份。受理各类价格认定案件24起，标的金额72.5917万元。

领导班子成员名录

局　长　李存林

（供稿：贾振华）

统计工作

2018年，全县统计工作认真贯彻落实省、市统计工作会议和县委经济工作会议精神，以提高统计数据质量确保数据真实为目标，以提升统计能力为着力点，切实加强统计监测预判预警，不断夯实统计工作基础，为全县经济社会发展提供有效保障。

【统计业务】根据第三次全国农业普查结果，完成农业增加值及相关农业数据衔接修正工作，2017年第一产业增加值由20.01亿元调整到10.1亿元，全县地区生产总值相应由50.77亿元调整到40.91亿元。承接并开展由调查队移交的规模以下工业企业、限额以下批发零售、限额以下住宿餐饮企业调查等“四下企业”抽样调查业务，完成第七次全国投入产出调查抽中的7户企业人员培训、数据填报、审核等工作。综合核算、农业、工业、商贸、固定资产投资等行业统计月报、季报、年报，以及企业联网直报顺利开展，城乡划分、人口抽样调查、小康社会监测等统计业务有序进行。

【统计服务】完成全县公众对生态环境满意度情况调查，发布泾川县第三次全国农业普查公报5期，完成2017年《泾川统计年鉴》编印。按照《甘肃省精准脱贫验收标准及认定程序》规定的贫困人口、贫困村退出验收指标要求，组织开展统计口径业务培训，抽组人员参与2018年全县贫困人口退出人均纯收入考核工作。

【统计法制】围绕国家统计局2017年底对泾川县反馈的问题全面开展整治。制定《泾川县关于深化统计管理体制改革提高统计数据真实性的实施意见》《国家统计局执法检查反馈问题整改方案》，重点对17方面进行整改。对2016年以来在库并联网直报的规模以上工业、服务业等19户企业，以及14个乡镇和温泉开发区第三次全国农业普查数据全面开展核查。对县域内2户限额以上住宿餐饮企业、6户建筑业企业、4户房地产企业开展自查，核查固定资产投资项目186个，完成3户工业企业和2户商贸企业2017年数据修正。申报恒兴果汁、王母泉啤酒等15户企业退出"四上企业"名录库，新增入库企业1户。在县委党校举办统计知识及法律法规培训班2期，培训乡镇、部门领导干部和统计人员218人。

【第四次全国经济普查】印发《关于开展第四次全国经济普查的通知》，成立组织机构，抽调工作人员组建办公室。全县17个乡级单位划分为223个普查区、239个普查小区，选聘普查指导员92人、普查员471人，组织完成普查区地图绘制，收集县编办、工商、民政、税务等部门有关数据整理合并形成全县单位清查底册。购置PAD流量卡、印制单位清查告知书、个体户清查表、单位清查表、宣传手册等3.4万份。在县政府门户网、泾川发布微信平台、县电视台持续开展经济普查宣传，向手机用户发送政策信息4万多条。完成"两员"培训1000多人（次）。组织全县普查员从9月份起对县域内从事经济社会活动的全部法人单位、产业活动单位，以及从事第二产业和第三产业的个体经营户进行"地毯式"逐一清查，共清查法人及产业活动单位2600多个，个体经营户5100多个。

召开全县第四次全国经济普查工作业务培训会

领导班子成员名录

局　长　张剑冰

副局长　李培建

　　　　王晶平

（供稿：王海峰）

抽样调查

【住户调查】依照《统计法》规定，开展住户收支与生活状况调查，全县抽取130户调查户，推行电子记账户126户，推广率为96.9%，按照国家、地方调查任务要求，调查按季度、年度将数据进行审核、汇总、上报。

【农产量及畜禽监测调查】全县抽中5个国家调查点，7个地方调查点，季节性开展农产量调查。通过估产、排队、抽样、打碾、推算、折损等调查程序，客观反映本地域农业生产形势。畜禽监测调查按季度走访7个乡镇、20个村所有调查企业和散养户开展调查，分析当前畜禽养殖形势及存在的问题，及时上报，准确反映全县畜禽生产经营活动情况。

【贫困监测、农民工监测及劳动力监测调查】按照调查方案进村入户开展调查，按季度上报贫困监测及农民工监测数据，客观反映全县贫困发生率及农民工就业状况；按月上报劳动力调查情况，全面掌握全县劳动力从业、失业等情况，为国家宏观决策提供数据支撑。

【网络直报调查】全县开展新设立小微企业、农产品价格、工业品价格、中间消耗等网络直报调查，注重现场调查，每季度定期进行入户，做好各项调查、直报工作。

【其他工作】按季度向县政府、县直有关部门提供调查统计数据；先后4次抽调业务精、懂政策、会调研的人员参与县级脱贫验收和全县脱贫人均纯收入计算培训工作。

领导班子成员名录

队　长　温建君

副队长　刘林福

纪检员　马　伟

（供稿：柳　杨）

审计工作

2018年，全县审计工作围绕全县工作中心，不断加强对财政预算执行、政府投资项目、民生资金筹集使用管理、领导干部经济责任履行等方面的审计监督，全年各项重点工作进展顺利。

【预算执行审计】对本级财政预算执行情况、县地税局税收征管与税收政策执行情况和11个重点部门预算执行情况进行审计。查出各类违规资金68444.29万元，管理不规范资金3963.57万元，审计决定收缴县财政资金10032.25万元，归还原渠道资金58412.04万元，上缴非税收入4.5万元，出具审计报告13篇，提出审计建议3条。

【经济责任审计】对9名部门主要负责人任期和任中经济责任进行审计，查出各类违规资金90.13万元，管理不规范资金39.72万元。

【政府投资审计】重点对田家沟科技示范园区治理及骨干坝除险加固工程等7个项目进行审计。委托中介机构对东大街二期改造工程等10个项目竣工决算进行审计，审计核减项目工程款210万元。委托甘肃金政会计事务所对全县易地扶贫搬迁工程建设情况进行审计。

【民生资金审计】对全县2017年新型职业农民培育工程资金管理使用情况等9个民生项目进行了审计。

领导班子成员名录

局　长　韩东堂

副局长、经济责任审计办公室主任　闫玉成

贾永春

纪检组组长　杨再励（女）

（供稿：多保鑫）

国土资源管理

2018年，全县国土资源工作以习近平新时代中国特色社会主义思想和党的十九大精神为指导，认真贯彻落实省、市国土资源工作会议和县委经济工作会议，以促进经济发展为出发点，以优化国土资源配置为主线，以保护与合理利用国土资源为目的，积极探索国土资源保障科学发展的新机制，进一步完善工作管理体制、创新工作机制，全面完成了年度各项工作任务。

【用地保障】主动对接用地单位，审核报批各类建设用地1863.49亩，出让土地9宗129亩，收缴出让金9700万元，划拨供地9宗2951.33亩，批准临时用地9宗224.04亩。

【耕地保护】进一步健全了耕地保护责任体系和补偿激励措施，县乡村层层签订了耕地保护目标责任书，落实耕地保护任务59.55万亩、基本农田保护面积48.3万亩。实施土地整治项目1个，完成总投资500万元，总规模3061.65亩，新增耕地337.5亩，实现了耕地占补平衡。

【地质灾害防治】制定了县、乡、村地质灾害防治预案和全县突发性地质灾害应急预案，完成76户搬迁避让工程项目。对受重点隐患威胁的农户实行24小时不间断巡查、监测，确保了群众生命财产安全。

【资源管理】完成3户采矿企业年检年报工作，全县砂石黏土企业“三率”达标率100%。开展采砂粉石企业专项治理巩固提升活动，全县矿产资源管理秩序进一步规范。

【执法监管】开展国土资源动态巡查448次，发现违法违规行为44起，立案查处8件。完成卫片执法检查和“大棚房”清理整顿任务，对已确定的违法占用图斑逐一向责任主体、乡镇和涉及部门进行了反馈，落实相关整改措施。

【不动产登记】按照“放管服”改革要求，不动产登记等相关行政审批事项业务进驻县政务服务中心，办理不动产登记结果查询3000多件，颁发不动产权证书3076本。

领导班子成员名录

局长、不动产登记管理局局长　　梁小峰
副局长、土地储备中心主任　　赵　勇
副局长、统一征地事务办公室主任　　高贵成
副局长　　王　鑫
不动产登记管理局副局长　　辛永发
纪检组组长　　梁春荣

（供稿：张小亮）

工商行政管理

2018年，全县工商行政管理工作以推进市场监管现代化为目标，以商事制度改革为主线，着力营造良好的市场准入环境、市场竞争环境和市场消费环境，为大众创业、万众创新提供了新活力。

【监管对象】2018年，新发展市场主体1640户（私营企业287户，个体工商户1198户，农民专业合作社142户），个体户“转型升级”65户。至2018年底私营企业达到1484户，非公经济固定资产投资2.95亿元，非公企业新增从业2494人。

【证照改革】全面落实“多证合一、一照一码”登记模式，发放“多证合一”营业执照824份。按程序开展企业简易注销登记，注销私营企业130户，依法吊销私营企业5户，注销个体工商户1331户、农民专业合作社18户。全面推进“四办”改革，设立登记时间压缩至3个工作日。严格履行“双告知、一承诺”制度，推动市场主体登记信息在工商部门与审批部门、行业主管部门之间共享应用、互联互通。

【商标注册】全年申请商标208件，注册成功92件，商标注册量达到355件。

【市场监管】全面实施“双随机、一公开”抽查监管机制，加强事中事后监管，全年开展不定向抽查2次，抽查个体工商户521户，农民专业合作社28户，企业96户。对石油、网络、电子商务，旅游等市场进行了定向抽查，抽查市场主体42户。

【红盾使命行动】组织开展节日市场、校园周边环境整治和打击传销与规范直销等专项行动。对商标侵权行为进行专项整治，查处侵权牛栏山酒225瓶，标值4590元。共查处侵犯商标专用权案件8起，案值4.28万元，罚款4.2万元。联合公安、人行、金融办等部门对全县22户投资公司进行了清查整顿。

【红盾护农行动】春秋两季开展农资市场专项整治，出动执法人员437人次，发放宣传资料0.64万份，检查农资经营户227（户次），抽检化肥18批次，查处违法农资案件13起，案值25.694万元，罚没款2.6万元。

【消费维权】全年调处消费者投诉110件，调处率100%，为消费者挽回经济损失43.49万元，办理“诉转案”4起，案值3.7万元，罚款0.65万元。

【市场安全检查】配合公安、消防、安监等部门对液化气、成品油、烟花爆竹、危险化学品经营场所进行安全生产检查，全年出动执法人员480余人（次），开展检查120多（次），检查经营户244户（次）。

领导班子成员名录

局　长　　张太平（11月止）
副局长　　杜君平

贾自慧
袁小林（6月止）
毛永明
纪检组组长　郭富祥

（供稿：闫振中）

质量技术监督

【质量监管】对县域内建材、农资、机械等工业产品进行监督管理，委托检验抽样66份，抽查合格率95%以上。培育“甘肃名牌”产品1个，1户企业通过质量信用等级A级评审。开展各类产品抽样（含煤质样）226份，合格率为95.3%。

【计量监管】指导制定地方标准2个；检测计量器具3900台（件），其中压力表1560台（件），各类衡器2000台（件），血压计340台。

【特种设备监管】开展气瓶充装单位、危化品企业、小型锅炉、压力管道等专项整治13次，检查特种设备使用重点单位32家。组织开展特种设备安全检查24次，检查在用设备230台。

【法规宣传】利用消费者权益日、法制宣传日、安全月等活动，宣传《产品质量法》《计量法》《标准化法》《特种设备安全法》等法律法规，发放宣传资料1200余份，展出图片100余张，接待咨询900余人，受理投诉举报3起。

领导班子成员名录

局　长　袁小林（6月止）

（供稿：吕英俊）

食品药品监督

2018年，全县食品药品监督管理工作认真贯彻县委十七届四中全体会议暨县委经济工作会议和省市食品药品监管工作会议精神，紧紧围绕食品药品安全重点工作任务，突出问题导向，加大监管力度，靠实监管责任，强化日常监管，加大整治力度，提升监管效能，保障了全县群众饮食用药安全。

【监管对象】全县有食品生产经营对象2920户，其中食品生产企业18户、食品生产加工小作坊403户、食品经营单位1604户、药械生产经营单位407户、化妆品经营单位120户。

【监管执法】全年监督检查食品药品生产经营单位18622户（次），出动执法9230人（次），查办各类食品药品违法违规案件126起，罚没款56万元。其中食品违法违规案件83起，罚没款36.6万元，药械化违法违规案件43起，罚没款19.4万元。全年未发生食品药品不安全事故。

【示范创建】创建省级食品安全示范店2户、市级示范学校食堂1所、市级食品安全示范店4户、市级示范餐饮集中区1个、市级药品经营使用示范店6户。

【餐饮安全监管】全年办理食品经营许可申请203户、食品小经营登记证337户、食品生产加工小作坊登记证311户，办理食品摊贩登记卡62张。核发食品药品从业人员健康证、培训证3316本。备案各类群体性聚餐2645次，注册食品安全电子追溯管理平台143户，开展网上巡查10474户（次），记分1693户（次）。

【食品药品抽检】全年完成食品安全监督抽检810批（次），占全年任务的101%（其中食用农产品抽检243批次，餐饮食品和现制现售食品抽检260批次，专项抽检177批次，餐饮具抽检120批次），不合格20批次，不合格率3%，上半年食品安全监督抽检在全市综合排名第一。抽检药品36批次，医疗器械1批次，完成食品快速检测并录入甘肃省食品快速检测监控系统5479批次，不合格25批次，合格率99.5%。上报药品不良反应报告238例，医疗器械不良事件可疑报告66例。

【油烟治理】城区295户餐饮服务单位油烟净化装置全部安装到位，清洁能源使用率100%。

【药械监管】扎实开展以城乡接合部和农村乡

镇的小药店、小诊所为重点（即两小）的专项治理工作，药品流通领域、无菌和植入性医疗器械和打击化妆品“四非”专项整治，药品化妆品流通领域专项整治，违法违规经营使用医疗器械专项整治等工作，下发《责令改正通知书》115份，开展药械经营使用单位负责人集体约谈32次1563人（次），立案43起，结案率及罚没款入库率均达到100%。开展基层过期药品清理回收工作，设立过期药品回收点20户，配发过期药品回收箱20个，发放过期药品等宣传资料5000余份，回收过期药品675盒。

【从业人员培训】 采取集中培训和上户培训方式，对全县3327余户从业人员进行分类分环节培训，覆盖率达到99%以上。按季度对农村食品安全协管员、农村流动厨师、大中型餐饮、超市及生产加工企业负责人进行食品安全知识培训，并组织考核考试。

【信息公开】 在泾川门户网站公示行政处罚案件114起、食品抽检结果175批次。办理12331投诉举报196件，实名来信举报1件，回复网站留言20件。

领导班子成员名录

局　长	蒋金玉
副局长	郝　强
	袁怀民
纪检组组长	吕书锁

（供稿：辛文辉）

安全生产管理

2018年以来，全县安监工作认真贯彻落实县委、县政府各项决策部署，自觉践行“安全生产、预防为主、综合治理”的工作理念，严格落实党政领导干部“党政同责、一岗双责、失职追责”的工作要求，切实加大安全生产工作的领导和监管力度，不断夯实基层基础工作，突出抓好专项整治及“打非治违”等重点工作，及时消除安全隐患，有效防范和坚决遏制各类生产安全事故。

【事故统计】 全年发生事故125起，死亡18人，受伤11人，直接经济损失14.13万元。与去年同期相比，事故起数、直接经济损失分别上升78.57%、247.17%，死亡人数、受伤人数下降37.93%、59.26%。其中道路交通事故18起，死亡18人，受伤11人，直接经济损失4.9万元；与去年同期相比，事故起数、死亡人数、受伤人数分别下降43.75%、40%、26.7%，直接经济损失上升88%。火灾事故107起，直接经济损失9.23万元，无人员伤亡。煤矿、危险化学品、烟花爆竹、建筑施工、农业机械等其他行业领域均未发生生产安全事故。

【组织领导】 全面落实党政领导领导责任。县委、县政府及时传达学习国家、省市安全生产工作相关规定和会议精神，定期召开会议专题部署安全生产工作，县政府与乡镇、部门签订了目标管理责任书，压实了工作责任。制定印发《泾川县安全生产委员会及其成员单位安全生产工作职责》，建立了行业主管部门权责清单，明确了监管范围和对象，实行分级分类监管。领导组织开展专项督查58次。

【制度建设】 制定印发了《关于推进安全生产领域改革发展的实施意见》。认真落实企业安全准入和不符合安全条件退出关停制度，全面落实所有新办企业和新建工程安全生产预评价、企业诚信奖惩和黑名单制度，有力推动了企业安全生产诚信建设。制定了安全生产执法信息公开、企业生产经营安全责任追溯等制度，建立了违法行为信息库。坚持专项督查、随机抽查、联合执法相结合，扎实开展监管执法，安全执法工作水平稳步提升。健全安全生产投入机制。鼓励支持企业推进科技创新，更新安全设备，加大经费投入，落实技防措施，有效保障了企业生产安全。

【安全监管】 全年检查各类生产经营单位247

家（次），排查安全隐患619条，下发督办件20份、强制措施决定书8份，整改到位608条，处罚违法行为8起，收缴罚款29.57万元，一批安全隐患得到了有效治理。

【应急管理】把应急救援体系建设纳入安全生产目标管理，细化措施，制定应急预案，修订完善生产安全事故、危险化学品等应急预案6个，组织开展应急演练11次。建立事故应急救援联席会议制度，初步形成了“分类管理、分级负责、条块结合、属地管理”的应急管理体系。加快推进生命防护工程和在线视频监控系统建设，在重点领域、重点部位、重点企业安装了视频监控客户端，实现了安全生产监管的可视、可控和实时监管。

【宣传教育】扎实开展安全生产“百日宣传教育”“法律八进”和“安全生产月”等活动，广泛宣传安全生产先进典型、工作动态和违法行为，累计推送安全信息10万多条，发放宣传资料5万多份，发放安全知识教育读本8万多册。积极参加全国应急和安全知识网络竞赛，举办“安康杯”知识竞赛和安全知识培训班，干部群众安全生产意识进一步增强。

领导班子成员名录

局　长　　邓彦君
副局长　　郭瑞廷
纪检组组长　史慧琴（女）

（供稿：赵永杰）

住建环保

住房与城乡建设

2018年，全县住房和城乡规划建设工作以推进新型城镇化建设为统揽，大力实施城市综合开发，全面加强小城镇、中心村建设，持续加快保障性住房建设，全县城乡人居环境显著提升。

【项目建设】全年实施城镇开发建设项目36个，完成投资9.6亿元，城镇化率达到40.03%，城镇化发展步伐明显加快。

【南滨河景观大道建设】总投资4.92亿元，至年底，国道312线完成主路面改造、绿化带及慢车道新建，配套建设给排水、强弱电管道埋设、护栏安装等，土方回填2.5万立方米，铺设雨污水管道2500米、给水管道1700米、强弱电管道1700米，完成花岗岩道牙安装3400米、人行道铺装10000平方米、绿化带黄土回填3万立方米，栽植乔木6900棵、灌木100万株，安装路灯614盏。省道304线完成管网配套、桥涵拼宽、主路面柏油罩面、亮化及慢车道施工，清表5万立方米，路基土方回填10万立方米，土工格栅铺设8万平方米，桥梁加宽1座，铺设雨污水管道8200米、给水管道3600米，安装花岗岩道牙15000米，安装路灯260盏。11月底全线贯通并投入使用，完成投资2.5亿元。

【街路改造】投资934.48万元，完成新城西路东段、幸福路、文景路西侧人行道及主路面基层施工。幸福路建设，总投资532万元，建设内容包括路面工程、人行道工程、亮化等附属配套工程。新城西路（东段）全长635米，总投资401.78万元，建设内容包括路面工程、人行道工程、亮化等附属配套工程，年底建成投入使用

【城区公厕改造】投资210万元，对城区10处公厕实施改造提升。年底完成建设路、青年路、中山北路、东大街、泾崇路5处公厕；石家巷、粮食局、中山南路3处公厕正在施工；农林路、安定

街2处公厕正在筹备实施。

【保障性住房建设】全县计划实施棚户区改造2150户，其中当年开工棚户区改造590户11.4万平方米，投资6.086亿元，年内完成259户；实施城东片区老旧住宅楼棚户区改造39幢1560户19.01万平方米，投资7354.01万元，年内基本建成，同步实施棚户区改造历年尾欠273户。

【住房开发建设】实施房地产开发续建项目3项，新建项目7项，概算总投资22.15亿元。世纪花园A区三期、B区二期及和谐丽景3个续建工程进展顺利；名都花苑、金江御苑、世纪花园C区、星鼎庭园三期、天和人家、万美家园、锦绣财源等住宅小区全面开工建设，累计完成投资5.2亿元。

【农村危房改造】年内实施农村危房改造1506户，其中建档立卡贫困户391户。兑付补助资金1506户2264万元。全县消除C级危房，实现安全住房全覆盖。

【小城镇建设】年内投资9352万元，对省列重点小城镇（玉都镇），市列重点小城镇荔堡、丰台、党原、王村、汭丰、城关、窑店、飞云、高平、太平10个，共11个小城镇实施开发改造，集中实施道路硬化、排水排污、美化亮化等20个项目。至年底投资6978.19万元，共实施16个项目。其中，王村镇建设项目已全面完成，完成投资962.46万元；泾明乡项目建设已全面完成，投资278万元；丰台镇道路桥梁工程已完工，供水排水、污水垃圾处理项目正在施工中，投资1971.44万元；玉都镇排污管道建设已全面完成，投资610万元；汭丰镇道路硬化和供水排水已完成，污水处理站正在施工中，投资179.02万元；太平镇道路桥梁正在施工，完成投资30万元；荔堡镇街道排污正在实施，投资980万元；罗汉洞乡部分道路硬化完成，完成投资497.6万元；高平镇村组基础设施建设已完成，投资380万元；飞云镇下剩村部二期工程未完成，投资150万元；开发区已完成项目建设，投资260万元

【乡镇垃圾污水处理】投资3652.07万元，建成荔堡、党原、高平垃圾填埋场，玉都镇、飞云镇垃圾处理设施项目已与北京环卫集团（中天环境城市服务有限公司）初步达成协议，采用低温无氧热解技术建设垃圾处理站。高平镇、王村镇、党原镇、罗汉洞乡、泾明乡污水处理站项目全面建成，汭丰镇污水处理站已建成，污水管网建设正在做项目初设。投资481.5万元开工新建的红河乡、丰台镇、太平镇、飞云镇污水处理站现已建成；荔堡镇、玉都镇、窑店镇污水处理站11月底建成。

【工程招投标】审批建设工程招投标项目90项，建筑面积8916.72平方米，中标价3.69亿元，招标控制价3.79亿元，节约国有资金0.1亿元。项目备案率达到100%，国有资金限额以上招标率100%，公开招标项目上网公告率100%。

领导班子成员名录

局　长	李雄伟
副局长	雷喜泰
	何君贵
副局长、房管局局长	杨　鑫
纪检组组长	梁晓虎
总工程师	韩兴发

（供稿：何亚运）

住房管理

【房地产市场管理】积极推进住房供应，增加商品房供给，销售商品房600套，面积5.8万平方米，商品房建筑面积市场投放量与上年同期比增长16.12%，住房销售价格同比增长2.63%。

【业务办理】全县房地产库存33.99万平方米，完成房地产开发投资5.4亿元，房屋竣工面积15.09万平方米，信息查询120人（次），预售许可房屋1268套，预售许可面积15.09万平方米。在册

房地产开发企业共17家，其中一级资质1家、二级资质2家、三级资质2家、四级资质3家、暂定资质9家。完成资质年检换证4家。全年销售商品房1748套，销售面积18.33万平方米，商品房市场投放量与上年同期比增长19.12%。住房价格同比增长3.03%。

领导班子成员名录

局　长　杨　鑫

（供稿：何亚运）

工程质量监督

【监督检查】全年监督建筑工程95项，建筑面积74.5万平方米，下发质量安全整改通知书201份、扬尘治理整改通知书41份、停工整改通知书5份，纠正工程建设中存在的问题760条，行政处罚24.95万元。在建工程安全条件备案审查率、意外伤害保险投保率、竣工工程质量达标合格率均达到100%，实现了安全生产“零事故”。

领导班子成员名录

站　长　张　健

（供稿：何亚运）

城市供水

【自来水经营情况】每季度在县门户网站公示城区供应自来水水质，全年安全供水220万吨，水费收入552.38万元，收缴污水处理费190.16万元。

【城区污水处理厂提标】投资4552万元，采用BBR工艺实施提标扩容工程，建成后处理规模由原10000立方米/天扩大到20000立方米/天，工程于2018年7月开工建设，年内建成二沉池、配水井及回流污泥泵房、加药间建设工程，正在进行工艺改造。

【污水处理厂污泥处理】投资1852万元，建成后城镇污水处理厂污染物排放达到一级A标准。年内建成中水池，铺设中水管道1.6公里，完成污泥压滤机及发酵塔等设备安装，11月底建成试运行。

【百泉水厂扩建】总投资1129万元，7月开工建设，新建原水综合处理间、吸水井及加压泵房、超滤膜处理间、絮凝沉淀器、加氯加药间等工程，处理能力7000立方米/天。11月底建成运行。

领导班子成员名录

经　理　孙柏川

副经理　陈广文

　　　　黄鹏岗

（供稿：何亚运）

供　热

【概况】泾川县现有城东、城西、城北3处集中供热站。年内，拆除城区燃煤小锅炉27台，实施燃煤锅炉脱硫脱硝除尘改造7台，天然气供暖1台，城区供热工作正常运行。

【城东供热】原有供热面积51万平方米，新增紫润东城1.39万平方米，世纪花园A2区1.01万平方米，现供热总面积55.1万平方米。

【城西供热】原有供热面积52万平方米，新增新景花园、美罗城等住宅小区供热面积43.06万平方米，现供热总面积达到95.06万平方米。

【城北供热】原有供热面积12.6万平方米，铺设主管网1000米，新增火车站等区域供热面积1.55万平方米，现供热总面积达到14.15万平方米。

领导班子成员名录

经　理　杨　鑫

（供稿：何亚运）

规　划

2018年，全县规划工作认真贯彻落实县委十七届四次全委会暨县委经济工作会议精神，以创建国家森林城市为目标，围绕加快城镇化建设需要，坚持高点定位，科学规划，依法作业，严格落实，各项业务工作呈现出良好的发展态势，较好地完成了年度规划工作任务。

【规划编制】完成城东新区控制性详细规划及罗汉洞挽头坪、太平里口、汭丰焦家会、红河吴家、王村徐王、飞云闫崖头、荔堡问城、高平铁佛8个美丽乡村示范村修建性详细规划，启动了太平、汭丰、党原3个镇总体规划，太平、汭丰2个镇控制性详细规划及泾川县公共服务设施专项规划。

【规划实施】核发《建设项目选址意见书》8项、建设用地规划许可证15项35.25万平方米、建设工程规划许可证49项48.88万平方米、乡村建设规划许可证26项1.2万平方米，收缴基础设施配套费1175.24万元。

【规划执法】在城郊延丰、夜明等村组织集中拆违13次，拆除面积3500多平方米。

领导班子成员名录

主　任　张晓刚

副主任　刘跟成

（供稿：史志超）

综合执法

2018年，城市管理工作全面贯彻落实县委十七届四次、五次全体会议精神，立足部门职责，以城市管理体制改革、“智慧城市”建设、“环卫一体化”运作为契机，加强队伍建设，推进“放管服”改革，持续提升城市管理和服务水平，较好地完成了全年的各项工作任务。

【城管执法】重点对乱摆摊点、门店延伸、占道经营、噪音扰民、随意燃放烟花爆竹、乱泼乱倒餐厨垃圾等违规行为加强了整治，全年查处各类违规行为为180多起，劝教、引导200多个流动摊贩归市经营，审批门店门头牌匾245个，参与全县重大节会活动秩序维护10余次，配合违建拆除联合执法9次，城区秩序及市容市貌趋于好转。

【环卫保洁】积极探索政府购买服务的模式，将城区环境卫生及绿化苗木浇水、病虫害防治、“牛皮癣”小广告清理等工作全部交由平凉中天环境公司承担，执法局负责监督考核；按照“机械湿法清扫、人工常态保洁、全天抑尘喷雾”要求，对城区街路实行全天候湿法清扫和常态化保洁，全天喷雾抑尘降尘，对餐厨垃圾实行分类收集，杜绝乱泼乱倒污染，年内共清运生活垃圾3.2万余吨，城区环境质量逐步提高。

【园林绿化】在广场公园栽植红叶碧桃、木槿、紫薇等观花类乔木177棵，栽植月季、贴梗海棠、红王子锦带等花灌木1956株；移栽塔柏、云杉、国槐等乔木79棵，移栽金叶女贞、红叶小檗、贴梗海棠等花灌木11430株。种植草坪140平方米。在东大街、泾灵路、朝阳西路、新城西路等街路补植樱花、红叶李、国槐、栾树等行道树44棵，对城区所有街道树木完成修剪。更新、维护各类园林设施40余处。

【市政管理】更换泾州街北段广场西侧LED灯具18盏，维修城区路灯120余盏，更换一中路路灯电缆200米，维修东大街路灯地埋线40多处，增加城区城管监控摄像头50个，与原有城管摄像头共计达到100个。投入32万元，更换安装回中广场休闲椅62套；投入5万余元，建设了中山林、滨河2处核心价值观主题公园，制作核心价值观宣传版面4处；完成23条街路960处沉淀式水箅子清淤工作，清理中山街木器厂和党校家属楼化粪池2处，清淤城东加油站水渠53米，加固维修路灯配电箱及基座11处，更换检查井盖6套、水箅子13套。

领导班子成员名录

局　长　吕燕川

副局长　王永强

任晓春
纪检组组长　董志强
党组成员、城管执法大队大队长　刘晓锋
党组成员、环卫处主任　单卫东
党组成员、园林处主任　胡耀林

（供稿：沈军虎）

住房公积金管理

【概况】年底，平凉市住房公积金管理中心泾川县管理部有职工10名。

【资金归集】全县有228个单位9827名职工缴存当年住房公积金12264.4万元，新增缴存职工445人，归集余额达到53471.11万元。

【贷款服务】全年发放个人住房公积金贷款776笔23178.62万元，其中住房公积金质押贷款86笔2147.2万元，房产抵押690笔21031.42万元。贷款余额达到53276.39万元，存贷比为99.65%，逾期率为0.03%。

【提取使用】全年提取住房公积金11973人（次），提取金额6779.85万元，其中提取还贷484笔2837.1万元，约定提取还贷10923人（次）989.03万元；离退休提取249笔1434.87万元；购建房提取150笔1029.96万元；户口迁出本地提取15笔32.06万元；死亡提取27笔81.95万元；解除劳动合同提取31笔55.35万元；法院执行46笔245.88万元；租房提取2笔1.7万元；其他提取46笔71.95万元。

领导班子成员名录

主　任　朱永明

（供稿：张　敏）

环境保护

2018年，全县环境保护工作认真贯彻落实省、市、县环保工作会议精神，以改善环境质量为核心，以环境突出问题整改为抓手，以打好“十大污染防治攻坚战”为重点，全力落实各项环境保护措施，全面完成了污染减排和环境质量改善“双控”目标，整体工作取得了较好成效。

【大气污染防治】全方位推进大气污染治理，整治燃煤锅炉94台，完成城东、城西、城北7台20蒸吨燃煤锅炉在线监控设备安装、自动监控项目验收和锅炉废气环保治理设施验收等。积极推广气代煤、电代煤、洁净型煤+清洁炉具等形式，完成城关镇、温泉开发区等城郊接合部3500户改炉改炕任务。与能源局联合指导建成煤炭专营市场1处，购置煤质快速监测设备1套，配套二级配送网点31个，在城区主要路口设置检查卡口3处，依托乡镇交通劝导站设立煤炭检查卡口65处，联合能源、交警、工商、质监等部门开展煤炭市场检查320多（次），抽检100批（次），合格99批（次）。多方加强扬尘污染治理，积极探索城区环卫一体化管理模式，委托第三方开展城区环境卫生管理，新增湿法清扫车、喷雾抑尘车等设备，严格落实“五扫五洒”保洁制度，湿法清扫率达到80%。持续开展餐饮油烟治理，督促全县282个餐饮经营企业（户）安装油烟净化装置。全面使用清洁能源，全年淘汰黄标车33辆、老旧机动车313辆，完成柴油货车淘汰69辆，占计划的104.6%。督促工业企业全面落实“三防”措施，确保污染处理设施达标稳定运行，全县9户涉气工业企业全部完成达标治理。

【水污染治理】筹资800万元，完成王村城区水源地3眼深井迁建工程，完成了王村城区水源地、朱家涧备用水源地和3个乡镇集中式水源地保护区划分调整。委托第三方编制了《泾川县城乡集中式水源地规范化建设方案》，筹资300万元，在312国道辅道穿越王村水源地二级保护区道路沿线新建事故应急池12个、同步配套导流渠。投资163万元，征租耕地1237亩（其中王村水源地182亩，乡镇水源地1050亩），在城乡4处集中式水源地一级保护区外围全部设置隔离防护网，对土地进行深翻，栽植油松、国槐，种植绿草，有效保证水源地周围土壤含水率。集中对王村水源地二级保护区内农户按户购置配发垃圾、污水收集设备，垃圾统一分类收集转运至城区垃圾填埋场，污水转运至王村镇污水处理站处理。争取资金3775万元，实施泾川县泾河流域水环境综合整治项目，年底完成三级生态过水坝、260亩生态湿地、4.5万平方米生物氧化塘项目选址和项目可行性研究报告批复，委托黄委会黄河公司对三级生态过水坝、氧化塘、橡胶坝布设地勘点位60处。完成13个乡镇污水处理站项目建设，目前投入试运行7个，其余正在进行设备调试。实施了城区污水处理厂提标扩容改造，11月底已投入试运行。预计2019年3月底稳定运行。

【土壤污染治理】争取资金3000万元，组织实施玉都镇、丰台镇石油探采区土壤污染治理与生态修复项目，已完成项目可研、土壤采样监测、实施方案编制等前期工作。扎实开展土壤污染状况点位详查，在中石化华北分公司采油一厂周边布设详查点位7个、泾川县汇丰重油仓储有限公司周边布设详查点位6个、玉都镇相关农用地布设详查点位54个。认真实施农村环境综合整治，投资90万元，完成城关镇凤凰村、罗汉洞乡丈八寺村和荔堡镇地庄村3个贫困村农村环境综合整治项目，投资10万元，对泾川县鑫鑫肉牛养殖场粪便进行治理。

【环境监管】以创建全国生态文明建设示范县为统揽，加强环境执法监管。国家生态文明示范县建设涉及的37项指标中，已有30项全面完成，7项接近完成；委托省环科院编制《泾川县生态环境保护红线划定方案》，组织国土、林业、水务、农牧等部门和有关乡镇召开了征求意见会，进一步对接划定区域，修改完善划定方案，现初步划定生态红线面积0.92平方公里。全面深化环评“放管服”改革和强化事中事后监管，促使行政审批规范化运行，全年依法审批各类项目584个。严格落实环境监管网格化管理措施，确定了19户县级重点污染源监管企业，落实“月监察”制度。全年累计执法检查261次，检查各类企业162户（次），查处各类环境违法行为13起，罚款85.67万元，整改环境管理问题31个，调处信访58起。“4·9”交通事故引发柴油罐车泄漏事件发生后，及时启动Ⅳ级应急响应，县上紧急部署，迅速处置，广泛发动干部群众，多方调配物资设备，全面落实现场清理、源头控制、清油减污、固废收集等措施，经过省市县三级密切配合、协调联动，事件得到妥善处置。

【基础建设】全年投入各类环保资金1.05亿元，建成长庆桥国考断面水质自动监测站、搬迁城区空气自动监测站，完成7个乡镇污水厂建设并投运，全力推进集中供热燃煤锅炉改造、工业企业环保设施改造升级和垃圾处理设施建设等。委托第三方开展全县污染源普查工作，按期完成了信息系统建设、清查建库、入户调查、数据采集及数据质量核查工作。依托县委党校举办专兼职环保干部培训班3期，培训干部200多人。扎实开展“6·5”世界环境日、“4·22”地球日、“12·4”法制宣传日等主题宣传活动，利用门户网站、县电视台及微信、微博等新型媒体，广泛宣传绿色产业、生态城市、绿色消费等新理念，进一步提升了广大群众的知晓率和参与度。

领导班子成员名录

局　长	李　杰
副局长	周英全
	薛小军
纪检组组长	梁安民

（供稿：卢宏斌）

教育科技卫生

教　育

【概况】全县有各级各类学校321所，其中普通完全中学2所，独立高中2所，初级中学16所，九年制学校1所，中等职业学校1所，小学159所，教学点11所，幼儿园128所（其中民办幼儿园7所），特殊教育学校1所。在校（园）学生45835名，其中高中6146名，初中8875名，小学17346名，职业中学4350名，幼儿园8982名，特教136名；有教职工4331名（其中民办学校57名），其中专任教师3909人，专任教师学历合格率达到100%。

2018年，全县教育工作以习近平新时代中国特色社会主义思想为指导，坚持稳中求进总基调，按照发展抓公平、改革抓体制、整体抓质量、安全抓责任、保证抓党建的基本思路，认真贯彻党的教育方针，积极深化教育体制机制改革，不断改善城乡办学条件，持续加强精细化管理，全面加强教师队伍建设，较好地完成了年度工作任务。

【学前教育】印发了《泾川县推进农村幼儿园日托制工作实施方案》，投入183万元购置幼儿用床、被褥、厨具等设备，完成了17所农村幼儿园的日托制改造。全县学前三年毛入园率达到92.50%。

【义务教育】全县九年义务教育巩固率达到98.37%，小学适龄儿童入学率、初中阶段入学率均达到100%；小学、初中在校生实现了零辍学；小学毕业率、初中毕业率均达到100%；7～15周岁残疾儿童、少年入学率达到97.5%；15周岁初等教育完成率达到100%，17周岁初级中等教育完成率达到98.88%。

【普通高中教育】完成高中招生1698人，当年参加高考2828人。全县高考重点本科上线418人，上线率18.5%，同比提高3.6个百分点；普通本科以上上线1183人，上线率52.3%，同比提高6.9个百分点，1名学生被复旦大学、2名学生被上海交通大学录取。

【中等职业教育】年内招生1549人，毕业1575人，有177人考入高等学校，安置就业学生1359人，就业率达到97.5%。先后与上海大金空调等3家公司签订培养协议，企业投资设备价值24.78万元，投入学生资助资金22.89万元，资助学生223人，订单式培养培训学生722名。2018年12月，县职业教育中心被教育部命名为“国家中等职业教育改革发展示范学校”。

【教育管理】精心组织泾川县第五届课堂教学讲赛，对16所中小学开展全方位蹲点教研；创办“泾水读书人”阅读推广平台，举办市、县读书节，推进全科阅读；合理开发综合实践课程体系，因地制宜开展研学旅行活动，学生核心素养全面提升；引进“亲子共成长”服务平台，开展家庭教育系列活动，初步构建了家校协同育人机制。

【课程改革】印发了《泾川县持续推进基础教育课程改革三年行动计划（2017—2020年）》和《泾川县2018年“课堂教学质量提升年”活动实施方案》，全面实施“3335”计划；印发了《泾川县学生综合素质评价方案》，全面开展中小学生综合素质评价观摩交流活动。聘任兼职教研员65名，建立了县教育局、乡镇教育办（中学）、学校教导（务）处三级教研体系。申报立项省市级教育科研课题112项，结题64项，其中列为专项课题4项，全年在省级教育刊物发表论文39篇。

【素质教育】组织泾川一中、玉都中学、东街小学等7个代表队，80名运动员，参加了2018年全市青少年校园足球联赛暨国家级校园足球特色学校“星级”锦标赛，泾川四中、中街小学、荔堡镇中心小学三校被评为2018年全国青少年校园足球特色学校。组织4个代表队参加平凉市2018年青少年校园篮球联赛高中、初中、小学三个组别的比赛，泾川三中代表队获高中男子组第四名，县教育局获优秀组织奖。全县中小学共建有社团424个，涉及科技创客、机器人、硬笔书法、舞蹈、文学、折纸、古筝等40多类，校本课程开发55种，中街小学获市级文明校园。

【队伍建设】引进教师4人，研究生分配3人，招录中小学、幼儿园特岗教师54人；稳妥解决了167名代课教师的录用聘用及待遇问题；为3097名乡村教师发放乡村教师生活补助资金1116.378万元，人均月补助标准达到300.4元；选派20名骨干教师，分赴17个乡镇学校开展支教活动，组织462名学科教师（校长）开展交流轮岗，落实师德考评制度，实行师德一票否决，有力促进了教职工作风转变。

【办学条件】全年实施教育基建项目42个，总投资1.08亿元，新建、改扩建校舍2.9万平方米。完成县第四幼儿园主体建设，投资2500万元新建教学楼4891平方米。完成中街小学、问城小学等8所学校“全面改薄”续建工程，建成校舍13242平方米，新建运动场17500平方米，完成投资2351万元。建成高平中学运动场6500平方米、泾川三中运动场11326平方米及附属工程，完成投资1800万元。

【信息化建设】积极争取资金896万元，购置移动录播设备11套、计算机160台，装配班班通教室126个，建成全自动录播教室2个，远程互动教室10个，“创客”实践室3个，音乐、舞蹈功能教室5个。为梁河学校、黄家铺中学分别配备理生化实验室3个，建成了校园监控及校园广播系统。依托中小学教师信息技术应用能力提升工程，培训教师2100多人（次）。组织师生参加国家、省、市各类信息技术竞赛活动，征集学生作品181件、优课495件、微视频3部。

【教育扶贫】投资700多万元，建成了太平中学等3所学校公寓楼，完成8所学校电暖改造，新建营养餐加工点11个，印发扶贫宣传资料7万余份，发布教育扶贫信息30余条，发放教育扶贫资金2200多万元，办理助学贷款2800多万元。

领导班子成员名录

局　长　　解天俊

副局长　　李旭勤

　　　　　樊俊玺

　　　　　魏军民

总督学　　龚小宁

纪检组组长　翟二伟

（供稿：钱耀辉）

泾川一中

2018年，泾川一中教学活动以习近平总书记系列重要讲话和党的十九大精神为指导，以办人民满意的教育为宗旨，以创建陇东名校为目标，坚持改革创新，破解瓶颈，提升短板，厚植优势，各方面工作得到了较好发展。

【队伍建设】招聘应届大学毕业生3名，从全县调入青年教师9名。积极组织各学科教师积极参加各种讲赛活动。在市级课堂教学讲赛中3人获奖；在县级课赛中39人获奖。在省市级教学论文评选、教学设计中2人获得一等奖、4人获得二等奖。

【教学质量】2018年高考重本上线389人，创历史新高，二本以上上线784人，音乐报考18人，上线13人，美术报考21人，上线17人，体育报考8人，上线7人。文科最高分王磊同学597分，理科最高分史鹏飞同学640分。高考综合排名全市第三名。

【设施提升】年内，多方投资努力改善办学条件，购置智能化一体黑板20套，购置6台电钢琴。投资184万元，实施了女生公寓楼改教学楼及二号教学楼拆迁工程。完成了天然气接入工程。购置并完成燃气开水锅炉、自来水净化和刷卡取水系统的安装。

领导班子成员名录

校　长　　李晓华

副校长　　王文斌

　　　　　杨建玺

　　　　　王渭宁

纪委书记　范晓勇

（供稿：温海英）

泾川二中

2018年，泾川二中以党的十九大精神为指针，坚持“明德启智，健体立美”的校训，着力加强教师队伍建设、加强校园文化建设、加快学校发展，提高办学水平，取得了较好的工作成绩。

【教学管理】全方位改革内部管理体制。以“提高教育教学质量”为核心，认真修订和完善学校各项管理制度，坚持按章办事，坚持秉公办事，促进了学校各部门、各岗位工作有序高效运作。全方位多角度评价教师，以工作业绩评价教师，奖勤罚懒，奖罚公正，年内，有3名教师评为“省级骨干教师”；有2名教师被平凉市委、市政府分为评为平凉市优秀教育工作者和平凉市优秀教师；2名教师被平凉市教育局认定为平凉市“四方公认”优秀教师；16名教师受到县委、县政府表彰奖励。

【教学改革】组织举办了第六届全校新课改课堂教学讲赛活动，有11门学科的116名教师参加了讲赛，130多名教师参加了听课评课。全市中小学课堂教学（优质课）竞赛与观课议课教研活动中我校有3名教师获得二等奖；全县中小学课堂教学竞赛中我校有6名教师获得一等奖，3名教师获得二等奖，1名教师获得三等奖。

【特长教育】充分发展和培养学生的兴趣爱好和特长，成立了校园文学社、书画社、科技兴趣活动小组和学校舞蹈队、合唱队、器乐队、篮球队、田径队等10多个课外兴趣活动小组和学生社团，定期开展活动。成功举办了经典诵读比赛、师生演讲比赛和班级歌咏比赛等活动。2018年12月，学校被平凉市教育局授予2018年“阅读改变平凉教育”年度书香校园荣誉称号。

【后勤保障】加强财务管理。精打细算，把钱用在教学工作最需要的地方，实行财务公开。重大开支都提到校行政会和教师代表会讨论，并上报县教育局审批，施行政府招标采购。

【改善办学条件】投资85万元对教学楼主体进行维修改造，投资120万元的乒羽馆竣工验收，投资141万元的体育看台主体工程全面竣工。

【精准扶贫】全面落实教育精准扶贫政策，对全校92名建档立卡户贫困生进行摸底排查，逐个造册登记，多次上门走访，发放教育扶贫政策明白卡、告知书，落实扶贫费用，义务教育阶段在校学生1520人，全部享受国家“两免”政策。

领导班子成员名录

校　长　吴麦科

副校长　杜志兴

　　　　魏明利

（供稿：温小涛）

泾川三中

2018年，泾川三中坚持以提升品位，办人民满意的学校为目标，以创建优良校风，提高教育教学质量为主线，在制度建设、队伍管理、教学改革、后勤服务和特色办学等方面取得新突破。

【队伍建设】学校专任教师队伍中，全市“十佳”校长、知名校长1人，中、高级职称117人，省、市级优秀教师和骨干教师68人，县级优秀教师和骨干教师122人。年内2人获市委市政府奖励，24人获县委县政府奖励，35人被县教育局评为学科优秀教师。

【教学质量】2018年学校在全县高中教育教学综合考核中评为优秀。高考位居全市同类普通高中第3名。高考本科上线258人，上线率为34.4%。42人在市、县课堂教学优质课竞赛中获得等次，其中5人获得全市一等奖。

【办学特色】学校突出艺术教育，扩大美术班、体育训练队、音乐班和传媒班规模。2018年高考艺术类报考329人，上线213人，上线率64.7%，占全校上线人数的82.6%。

【工作成效】年内，学校获得“2018年全国国防教育示范校”“甘肃省五四红旗团委”“甘肃省防震减灾知识竞赛高中组三等奖”“平凉市校园篮球联赛高中男子组第4名”，泾川县“普通高中教学质量先进单位”“普通高中综合考核先进单位”“社团活动先进单位”“书香校园”“中学共青团工作先进单位”“读书节综合积分高中组第三名”“微影视作品创作入围奖”“禁毒宣传教育工作先进单位”等荣誉。3名老师指导科技社团学生参加全省青少年科技创新大赛获全省一等奖。

领导班子成员名录

校　长　徐经隆

副校长　张祺寿

　　　　贾宏斌

　　　　李金科

（供稿：赵尔博）

泾川四中

2018年，泾川四中围绕全县教育工作思路，积极深化教育体制机制改革，持续加强精细化管理，深化教师队伍建设，全力推动教育教学工作全面健康发展，圆满地完成了全年的教育教学任务。

【师德师风】坚持党建统领“一强三创”行动，努力提高教师的思想政治素养和职业道德素养，外出培训与远程教育网络培训相结合，先后赴山东省潍坊市、兰州市、静宁县等多地，考察学习学校管理、科技创新、课程改革等方面的经验，拓展了办学理念。坚持用规章制度约束、引导、修正、规范教师的教育行为，集体学习22次、个人平均摘抄学习笔记4.8万多字，写作心得体会9篇以上。

【教学管理】强化教学常规细节管理。把备课、上课、作业批改、课后辅导、教后反思等作为重点，每周对各教研组教研活动进行跟踪检查，督促每位教师能深入参与活动。加强教学质量监控机制，落实教育教学的过程性管理。针对性地采取一些有效措施予以弥补，有效提高学生的素养。加大对课程改革的力度，通过培训会、推进会、教研会等手段，强化对新课改的指导和落实。深入推进课堂教育教学模式。在2018年省级优课“一师一优课，一课一名师”活动中，我校有8名同志获得奖励；在学校组织的第三届课堂教学讲赛中，语、数、外、理、化五个学科共68名科任教师全员参与并获得奖励；课堂教学讲赛中，我校参赛教师12名，获奖12名，被县教育局评为优秀课改承办学校。2018年中考，我校被一中录取164人，被三中录取145人，被玉都中学录取1人，被高平中学录取3人，被职中录取132人，升学率达77.5%以上。

【德育教育】通过思想品德课和主题班会以及国旗下演讲等方式将德育教育融入日常教育教学中，坚持每周一个主题，每月形成一种习惯，使学校德育教育校本化、特色化。开展阅读经典、诵读经典，提升个人素养。通过第三届校园文化艺术节、英语口语大赛及社团活动等方式使一部分有特长的学生脱颖而出。组织教师自主学习了各学科《课型范式和实施策略》，开展了公开课、常规教研课、随堂课、示范课等多种形式的课堂教学研讨活动，提高教师专业技能。

领导班子成员名录

校　长　鲁新文

副校长　孙定春

（供稿：吕宏伟）

职业教育

2018年，全县职业教育工作坚持以习近平新时代中国特色社会主义思想及党的十九大、十九届二中全会精神为指导，深入学习贯彻全国及省、市、县教育工作会议精神，聚焦学校内涵发展，立足立德树人根本任务，深化教学改革，强化学校治理，巩固扩大校企合作规模，积极服务县域经济社会发展。

【队伍建设】以开展师德师风专项整治活动为抓手，采取校本培训，外出参加培训，下企业实践锻炼，邀请名家进校开展专题讲座、举办课堂大讲赛、专业技能大比武等活动，扎实开展师资素质提升培养。年内，争取省市级课题立项17个，结题5个，有40多篇论文发表，涌现出县级优秀教师、高考先进个人、技能大赛优秀指导教师70人（次）。

【德育教育】不断创新德育活动载体，建立了学校组织、家长参与、社会支持的家庭教育工作体系，健全了学生及家长信息库，搭建了以召开家长会交流、微信和QQ交流、家校电话交流等为主要形式的家校互动交流平台，年内召开家长会20多（场）次，全体教师对所有学生进行了家访；举办趣味运动会、体操比赛、感恩教育演讲赛等活动20多（场）次；举办地震知识、安全知识、禁毒知识竞赛和应急疏散演练等活动，学生的安全意识明显增强。

【教学质量】健全完善《教育质量提升年方案》等教学内控制度，年内招生1549人。工业机器人专业顺利招生开课。深入推进理实一体化教学模式改革，积极创新教研方式，充分利用智慧云校园平台及移动终端等现代化教学设备，大力实施“互联网+课堂教学”方式，扎实开展阅读推广和社团活动，提高教学质量。2018年技能大赛中，有28人在国家级和省级技能大赛中获奖。175名学生参加甘肃省中职学生对口升学考试，单招及综合评价录取121人，本科上线34人，本科上线率达62.96%。

【校企合作】以实施现代学徒制试点工作为契机，进一步深化与合作企业的办学关系，学年内与吉利汽车有限公司进行了校企合作签约仪式，与申洲针织有限公司、兰州宁卧庄宾馆签订了订单培养协议，新增技能人才培养基地3处，新组建大金、安靠、中芯、吉利、申洲等企业订单班11个。合作企业向订单班发放奖学金、奖教金、帮困金20.25万元。合作企业先后委派技术人员20多人（次）来校授课30多天。

【成人教育】发挥职教中心的教育资源，年内成人教育招生84人。完成科级以下干部培训385人。持续开展舞蹈团、合唱团、民乐团等社区学习教育工作，开展教育培训28（场）次。

【学生资助】为所有建档立卡贫困户学生建立了“一生一规划”帮扶资料，3100多名学生享受了每人2000元的国家免学费资金，2800多名学生享受了每人2000元的国家中职学生助学金，500多名建档立卡户学生享受了“两后生”技能培训金。

【社会服务】大力开展职业技术教育渗透工作，举办了2018年职业教育宣传周活动，集中式渗透培训师生3300多人（次）。举办全县专业技术人员继续教育培训班3个，培训159人。开展焊工、电工、汽车维修工、保育员中级职业技能鉴定，鉴定人员442人，鉴定合格率达96%。

领导班子成员名录

主　任　赵博琼
党委书记　王军宏
副主任　马建胜
　　　　张乃强
　　　　宋旭泽

（供稿：郭宝红）

科　技

2018年以来，县科技局认真贯彻落实县委十七届四次、五次全体会议和全市科技工作会议精神，大力实施创新驱动发展战略，持续推进科技创新，强化科技项目支撑，深入开展科技特派员服务精准扶贫行动，全县科技工作实现了新进步。

【项目建设】实施现代苹果矮化密植栽培技术示范与推广项目1项，完成投资78万元，争取省列科技项目2项，论证申报2019年省列项目2项。

【科技扶贫】向全县91个贫困村选派科技特派员142名，培育科技示范户182户。科技特派员协助抓建养殖小区3个，指导建成日光温室（拱棚）120座，开展产业技能培训80期，培训群众1000余人。

【宣传培训】组织开展科技活动周、“4·26”世界知识产权日等专题活动2场（次），参加科技三下乡、“3·5”志愿服务月、“5·12”防震减灾日等宣传活动5场（次），发放《平凉金果栽培技术》《平凉红牛养殖技术》《知识产权法规文件资料选编》等书籍1000多本，各类宣传资料2500多份。举办现代苹果矮化密植栽培技术培训班5期，培训果农500人，发放果树修剪工具500套，果园管理书籍1500本。

【科技创新】发放《知识产权法规文件资料选编》3000本，开展专利行政执法检查1次，年内全县申报专利107件，其中发明专利10件，实用新型41件，外观设计56件。

领导班子成员名录

局　长　贾军虎
主　任　杨宏平
副主任　王小娟（女）

（供稿：王志锋）

气象服务

2018年，全县气象工作以提高基本业务和预报服务质量、增强防灾减灾能力为中心，以提高为农服务和人工影响天气水平、促进气象事业又好又快发展为目标，全力服务县域经济建设，各项工作顺利开展。

【地面测报】全年地面测报无责任事故和重大差错，地面观测业务质量稳定，MDOS和ASOM2.0系统本地化运行正常，自动站综合质量指数达到业务指标，资料传输到报率99.99%，数据可用率99.94%，综合质量指数99.95%。对气象观测仪器、通信网络、备用电源定期检查，确保地面测报工作正常进行。全年平均温度10.5℃，降水量613.7mm。

【农业气象服务】按期上报冬小麦、高粱观测报表，完成了冬小麦苗情监测调查和苹果发育期观测。

【防灾减灾】县上将气象工作纳入“五位一体”考核，乡镇确定专人负责预警信息接收、有效传播、快速响应工作。全年组织人工消雹作业18次，有效地减轻了冰雹灾害对苹果等农作物的影响。

【气象预报】利用国突气象服务平台、移动短信平台等及时对重大天气进行预报预警，“直通式”服务覆盖全县各乡镇及新型农业经营主体，全年发布各类气象服务116期，其中重大气象信息专报81期、为农服务简报8期、苹果专项服务4期、决策服务专报23期。开展重大活动保障服务6次，启动重大灾害性天气应急预案4次。

【气象执法】开展气象执法4次，开展常规检查32个单位。

领导班子成员名录

局　长　张永勤

副局长　张东英

　　　　刘尚博

（供稿：史秀成）

防震减灾

2018年，县地震局认真贯彻落实省、市防震减灾工作会议精神，坚持“以防为主，防抗救相结合”的方针，强化安排部署，细化责任分工，统筹整合资源，创新工作举措，着力推进监测预报、震害防御、应急救援三大体系建设，全面提升全社会抵御地震灾害的综合防范能力。

【监测预报】将地震监测设施和地震观测环境保护纳入城乡规划建设和土地利用总体规划，制定地震重点危险区震情监视跟踪工作方案和工作任务分解表，不断加强“三网一员”建设，重新整理收集防震减灾助理员、联络员、宏观测报员、地震灾情速报员和地震知识宣传员基本信息，业务培训2场（次），培训工作人员200人（次），向市监测预报中心报送周会商意见44期、月会商意见10期，对在建、新建、改建工程抗震设防情况进行行政执法检查，现场核发问题整改意见书，责令限期整改。深入乡镇举办农居工程选址规划、设计施工等技术培训班2期12场（次），培训建筑工匠400余人。

【数据库建设】抽组人员深入各乡镇、社区，开展城乡民居、在家人口等信息调查登记工作。全县摸排农村住房46.3万间，其中框架结构0.75万间，砖混结构24.3万间，砖木结构12.2万间，土木结构8.6万间；摸排城区住房153.3万平方米，其中框架结构53.4万平方米，砖混现浇结构47.95万平方米，旧式楼板结构51.65万平方米，建立了民居基础数据库。

【减灾宣传】在“泾川发布”“泾川防震减灾”等公众号刊载震情信息、通知公告、避震指南等专题信息264条，在县电视台开办防震减灾专题节目32期，深入学校、乡村等场所，积极开展防震减灾知识宣传，举办防震减灾宣传培训班24期，培训群众1.3万人，举办防震减灾科普知识讲座32场（次），发放宣传品10.6万余份，宣传围裙1.3万条。

【应急救援】督促车站、商场、大型超市、旅游景点等人员密集场所修订完善地震应急预案，组织各乡镇、社区、大型企业开展地震应急演练18场（次），各类学校开展地震应急演练164场（次），参与人数2万多人。积极筹措资金，增加救灾物资储备，县救灾物资储备库现存救灾帐篷319顶，大功率发电机2台，棉被、棉衣、毛巾被、毛毯、折叠床、雨衣等物资3000多件。同时，与县内各大超市、医药公司等签订应急物资储备合同和调用合同，完成全县挖掘机、铲车、吊车等大型机械登记造册。

领导班子成员名录

局　长　尚世和

副局长　卢建新

（供稿：吴向东）

水　文

2018年，县水文局认真学习贯彻黄委会和上级水文局年度工作部署，建一步整章建制，规范作业，强化管理，圆满完成了全年水文测验任务。

【物资准备】准备浮标290个，其中新型浮标90个，浮标草150公斤，油捻子100个，荧光棒50个，棉花7公斤，柴油100公斤，水尺20只，水尺桩6根（18米）。

【汛期测报】截至10月底，泾河片区降水量高于往年，降水主要集中于7、8月份。7月11日，出现20年一遇的大洪水，最高水位1027.37米，相应流量536立方米/秒，实测最大流量506立方米/秒；整编最大流量544立方米/秒，洪峰控制率为94.4%。总计测流86次，输沙率8次，采取单样311次，最大单沙213千克/立方米；采用少线多点测流11次，多线多点26次，水位流量关系高低水曲线无延长，单断沙关系曲线无延长，完整地控制了水、流、沙转折变化过程。单项测验质量优。水情报讯全年无迟报、错报、漏报现象，报讯精度为100%。

领导班子成员名录

站　长　张宁革

（供稿：张宁革）

卫生与计生

2018年，全县卫生计生工作以县委十七届四次全委会暨全县经济工作会议精神为指导，全面贯彻落实省、市卫生计生工作会议精神，进一步深化医药卫生体制改革，扎实推进健康扶贫工程，认真履职尽责，狠抓工作落实，有力地推进了健康泾川建设。

【基础设施建设】实施县医院整体搬迁建设项目，建成医疗综合楼主体工程，正在进行室内安装，年内完成投资1亿元，累计完成投资2.1亿元，计划2019年底全面建成并投入使用。投资30万元，建成荔堡中心卫生院中医馆。利用天津武清区资助资金24万元，建成荔堡镇刘山村、红河乡姚哈村2个贫困村卫生室。

【服务创新】2家县级医院推进预约诊疗，开通了网上预约挂号及预约挂号电话，县医院使用手机短信的方式开通了候诊提醒。建立医院急诊绿色通道，制定了急危重症患者优先处置制度，实施“先诊疗，后结算”模式。积极与省远程医疗会诊中心衔接，在各医疗机构建立了远程医疗工作站（室），配备了必要的设施设备，实现了远程医疗会诊平台覆盖全县所有乡镇卫生院。

【人才引进与培养】引进医学类本科生15名，选派6名医师参加全科医生培训，9名医师参加了全省全科医生转岗培训，41名医务人员到上级医院进修学习，组织医务人员参加短期业务培训班510余人次，提高了医务人员业务技能。

【公共卫生服务】全县建立纸质居民健康档案274487份，建档率96.24%，建立电子健康档案274046份，建档率96.09%。全县组建家庭医生签约服务团队74个，辖区居民签约185432人，占辖区常住人口的65.01%。认真实施农村妇女“两癌”检查项目、叶酸增补项目、贫困地区营养包项目、新生儿疾病筛查项目和艾滋病、梅毒和乙肝母婴阻断项目，完成农村妇女“两癌”检查16500例、叶酸增补2115人、产前筛查任务169人、免费孕前优生健康检查988对、新生儿疾病筛查4801例，艾滋病、梅毒和乙肝母婴阻断项目检测3343人。

【中医药工作】加大中医专病专科建设力度，2018年6月，市级重点专科“冬病夏治”治疗哮喘病专科和中医辨证治脾胃病专科顺利通过市卫计委检查验收。依托全省基层中医药服务能力提升工程，建成了荔堡中心卫生院中医馆，全县乡镇中医馆达到6个。全县培训中医大夫400多人（次），组织参加全省培训10人（次），全县中医药从业人员专业技术水平得到整体提高。

【地方病防治】确定丰台、窑店、汭丰、泾明、城关为碘缺乏病监测点，采集8～10岁儿童家中食用盐样200份，采集孕妇家中食用盐样100份，监测结果碘盐覆盖率99.67%，碘盐合格率93.98%。按照国家卫计委《重点地方病控制和消除评价办法》综合分析“十三五”碘缺乏病中期评估结果和本年度监测结果，泾川县碘缺乏病防治工作技术指标均已达到了消除标准。抽取高平镇大寺坳村、下梁村和东坡村，王村镇二十里铺村、徐王村和中塬村，荔堡镇袁口村、庙李村和小寨村，罗汉洞乡三山村、王家沟村和丈八寺村，玉都镇郭家村、李胡村和太阳墩村为大骨节病监测点，X线检查7～12岁儿童858人，确诊X线阳性1例，平均X线阳性检出率为0.12%，干骺端阳性检出率0.12%，骨端阳性检出率0%，三联征检出率0%。X线检出率＞5%的病区村有0个，检出率≤5%且骨端检出率≤3%的病区村有0个，检出率≤3%，无骨端阳性病例的病区村有14个。确定王村镇光明村、向明村、墩台村为克山病监测点，三个村应监测4685人，实际监测815人，检诊率17.40%。对上年度（2017年）心电图异常75人（实际复查监测53例，22人失访）及监测点既往检出的克山病3例（1例死亡）患者进行随访观察，上年度（2017年度）急型、亚急型、慢型及潜在型克山病患者分别为0例、0例、1例和2例。本年度（2018年度）急型、亚急型、慢型及潜在型克山病患者分别为0例、0例、1例（新确诊1例）和4例（含二十里铺村1例，新确诊1例）。2018年省级下达我县克山病适宜患者治疗任务150人，完成治疗156人。对全县高危人群和职业人群开展布鲁氏菌血清检测工作，实际检测2030人，检出试管凝集试验阳性24人，其中历年布病患者2人，新检出阳性患者22人，阳性率1.08%，24份阳性血清均送省疾控中心布鲁氏菌病实验室进行菌株分离和培养；向县内养殖人员发放了200套健康行为干预包，县内外医疗机构全年上报本地布病病例8例；对县内养殖厂进行了全面调查，调查现存地方病患者2567例，其中克山病289例（慢克271例，潜克18例）；大骨节病2090例；碘缺乏病Ⅱ度甲状腺肿188例，克汀病病人1例。

【卫生监督】县内共有公共场所248户，卫生许可证持证率100%，从业人员持健康证持证率100%，住宿、沐浴、美容美发、游泳等四大类场所共245户，实施量化分级管理245户，量化分级管理率100%，行政处罚案件7起，警告并处罚款6500元，对22家“双随机”任务中的18家（4家已关门停业）进行了监督检查和快速监测，任务完成率100%，快检合格100%。实施生活饮用水卫生监督，对县自来水公司、7家农村集中式供水单位、6家二次供水单位、部分中小学生活饮水进行了日常监督检查，共出具检测报告单106份，合格率100%。对全县13家消毒产品经营单位进行了监督检查，查处经营不合格消毒产品单位4家，对2家经营2种以上消毒产品的单位给予行政处罚，对2家经营1种消毒产品并主动下架处理的单位责令改正，同时在检查中对2017年抽检发现的34种不合格消毒产品进行了复查。实施放射卫生监督，检查开展放射诊疗活动的医疗机构16家，对查出违法行为的2户给予行政处罚，警告1户，警告并处罚款1户，罚款人民币2000元，同时对2018年国家下达的5家医疗机构“双随机”放射诊疗任务完成了卫生监督检查，任务完成率100%。查处医疗卫生案件52起，警告14起，警告并处罚款38起，罚款69500元，查出并取缔无证行医5起，罚款6200元。组织卫生监督员对全县的中学、寄宿制小学、城区幼儿园进行了4次专项卫生监督检查，检查中小学194所，托幼机构12所。组织卫生监督员“开展终结结核行动，共建共享健康中国”为主题的学校结核病防治执法监督宣传活动，发放宣传资料2000份，开展现场咨询3次，举办讲座1次，对20所住宿制中学、33所小学进行了学校结核病等专项检查工作。开展了医疗废物处置专项监督检查，检查医疗机构381家，疾控机构1家，其中产生的医疗废物交由平凉市医疗废物集中处置中心处置338家，自行处置44家。对在检查中发现的13户医疗废物未分类收集、医疗废物暂存设施不符合要求的立案查处，罚款29200元。

【人口与计划生育】2018年，全县总出生2396人，出生率6.66‰，自增率2.93‰，符合政策生育率94.41%，出生人口性别比111.66。积极推行全面两孩政策，有效落实生育登记服务和再生育审批制度，全县共办理一、二孩生育登记1943人，其中一孩836人，二孩1088人，再生育审批共19人。计划生育审核2345人。严格落实农村计生“两户”奖扶政策，着力解决计生特殊困难家庭养老、就医等问题。全年救助计划生育特殊困难对象74人21.2万元，兑现特别扶助金329人次49.84万元，发放失独家庭一次性补助费39户78万元，161名计生“两户”子女享受中考加10分、97名计生“两户”子女享受高考加5分政策照顾。

【健康扶贫】2018年共为8.23万人补贴基本医疗保险参保费用515.02万元，其中为建档立卡贫困人口定额资助61435人184.3万元。贫困人口住院10380人（次），住院费用4088.72万元，其中基本医保报销2551.42万元，提高10%比例报销293.51万元，落实“10元85%报销政策”1713人（次）109.64万元，大病保险降低起付线报销政策全面落实。健康扶贫“三个一批”专项行动深入实施。大病专项救治到位，对符合条件的大病患者，采取“送医上门”“送人就医”和组团式救治等措施进行救治，全县患大病493人，落实集中救治469人，救治率95.13%。全县患慢性病2493人，完成签约服务2493人，签约率100%。重病兜底保障跟进到位，建立了基本医保、大病保险、医疗救助“三重”保障机制有效衔接。全县16家公立医疗机构全部落实了建档立卡贫困人口住院免缴押金、“先诊疗、后付费”服务模式，均设立了“一站式”结报服务窗口，患者出院时直接在结报窗口办理基本医保、大病保险、医疗救助报销结算。贫困人口“一人一策”健康帮扶工作扎实推进。

领导班子成员名录

职务	姓名
局　长	马新恩
副局长	邢金平
	丁小平
	张保民
纪委书记	雷小勇
党委委员、县人民医院院长	王宏刚

（供稿：王晓刚）

县人民医院

【医疗质量】全年开展医疗质量分析评议4次；开展病历评阅5次，评阅病历310分；开展处方点评12次，点评处方1200余份。全年医疗纠纷12起，同比减少3起；投诉23起，同比减少4起。

【医疗技能培训】邀请上级医院专家来院开展技术指导、学术讲座、手术示教、疑难病例讨论等活动95场次，组织各临床科室轮流举办业务知识讲座40余次，组织开展各类学术竞赛3次。选派15名骨干医师前往湖南湘雅医院、西京医院及天津市武清区人民医院等医院进修学习；选派70余人外出参加各类学术交流和短期培训。

天津市武清区人民医院与县人民医院举行友好协作医院挂牌仪式

【专科建设】先后建成新生儿重症监护病房、心血管内科、骨科等甘肃省县级重点学科和妇产科、功能科、放射科等关键薄弱学科。建成危重孕产妇救治中心、危重新生儿救治中心、创伤中心3个医学中心，胸痛中心、卒中中心正在建设之中。拟建心电、影像、病理、检验、消毒供应中心5个县域医学中心。2018年引入了无痛分娩、无痛人流、无痛支气管镜诊疗、双膝关节置换术等多项新技术。充分发挥县域内医疗龙头作用，建成全县护理（院感）、超声、妇产科、外科、内科、儿科质量控制中心，负责县域内各级医疗机构的业务指导和质量控制。

【中医药工作】在各临床科室均配备中医师，参与科室查房、会诊等医疗工作，设置了中医综合治疗室，开展17项中医适宜技术。开展中医适宜技术培训70人次，运用中医药适宜技术治疗患者1300余人（次），康复门诊接诊患者6400余人（次），第三批中医师承教育工作（带教老师3名，学员6名）正在按计划进行。

【医疗保障】全年报销住院患者19847人次，报销费用5362万元；其中报销建档立卡贫困人口4656人次，报销费用1413.9万元。代报大病保险4869人次，报销金额166.8万元；代办民政救助135人次，补助金额15.8万元。成立了患者服务中心，增加了门诊、住院大厅导诊人员，定期组织志愿者开展导诊服务，在每部电梯口安排乘梯疏导员，在各检查科室门前增配等候连椅。设立便民门诊，为老年人、残疾人、军人和计生特殊家庭开通优先就医绿色通道。设立城乡居民基本医保、职工医疗保险、大病保险“一站式”报销服务点。

【项目建设】县医院整体搬迁项目占地108.3亩，规划建筑面积78000平方米，预计建造10层内科大楼、16层外科大楼，设病区22个，设置床位800余张，预计2019年建成投用。在新医院建设全县急救中心、医学检验中心、医学影像中心、医学心电中心、医学病理中心、消毒供应中心、危重孕产妇救治中心、儿童病诊疗和危重新生儿救治中心、介入治疗中心、氧疗中心。

领导班子成员名录

院　长　王宏刚
副院长　史良科
　　　　卢宏福
　　　　杜生华
　　　　吕兴旺

（供稿：王晓刚）

县中医医院

【中医药服务】以“冬病夏治、蜡疗、小针刀、拔罐、熏蒸、离子导入、中药热盐包、火龙疗法、中药封包治疗”等内容为主，广泛开展中医药服务。年内开展中医适宜技术25项，康复理疗区开展蜡疗3794人（次），中药熏蒸2708人（次），中药涂擦6911人（次），“冬病夏治”三伏贴626人（次）。为城关镇0～6岁儿童提供中医药健康服务1366人次；为65岁以上老年人落实中医药健康服务2593人次。6月，我院参加全省第三批中医药师承教育的5名指导老师和9名继承人通过考核并顺利毕业。院内市级重点专科“冬病夏治”治疗哮喘病专科和中医辨证治脾胃病专科顺利通过市卫计委检查验收。

【人才队伍建设】引进医学类院校应届大学本

科生1名，先后选派5名医务人员赴省外医院进修学习，12名医务人员赴省内各级医院进修学习，医务人员外出参加各级培训和学术会议128人（次），新聘11名护理人员享受同工同酬试用期待遇，7名护理人员享受同工同酬90%工资待遇，3名护理人员享受同级正式专业技术人员工资待遇。选派5名医务人员分别赴庆阳市5所乡镇卫生院开展为期一年的支农工作。先后举办了护士礼仪风采表演、急诊急救技能操作演练、护理人员静脉输液和无菌技术操作等活动，增强了医务人员相互学习、交流与技能切磋的热情。

【药品设备】严格执行甘肃省药品集中招标目录及基本药物中标目录，实现了标内采购；对省集中采购平台无法采购的药品，全部实行备案采购；对价格有变化的药品在阳光采购平台进行议价采购。全年共采购西成药1300余万元，采购中草药（含免煎颗粒）470余万元。除中药饮片外，所有药品实行零差率销售，全年让利患者207.12万元。全年共采购前列腺治疗仪、超声低频治疗仪等医疗设备和医疗器械250多万元，更换供应室高压灭菌器相关配件，维修CT、彩超、DR、C型臂、牙科综合治疗仪等医疗设备30多台（件）。

【感染防控】开展院感知识培训6（场）次，培训医护人员155人次；监测住院病例9932例，发生医院感染人数24人，科室上报23例，漏报1例，院内感染率0.24%，漏报率0.01%。积极做好高危区的环境卫生监测及医务人员手卫生监测，全年空气标本采样107份，合格率87%；物体表面标本采样131份，合格率93%；医务人员手标本采样77份，手卫生合格率88%；消毒液标本采样54份，合格率70%。全年收集感染性医疗废物4728.81公斤，损伤性医疗废物247.62公斤，全部按规定上缴至平凉市医废处置中心。

【医疗保障】全年办理城乡居民住院报销9045人（次），报销金额2274.77万元，其中本院报销8924人（次）、2174.56万元，外地住院报销129人（次）、94.4万元；办理门诊报销1.2万人（次），报销金额67.51万元；办理门诊慢性病报销292人（次），报销金额36.2万元；审核村卫生所报销5.7万人次，报销金额143.39万元。全年办理“先诊疗后付费结算服务”2039人（次），办理一站式结算服务1476人（次）。建档立卡贫困人员报销1709人（次），报销金额463.33万元。

【信息化建设】由工商银行泾川县支行投资300万元购买设备，更新我院收费、挂号以及物资管理等系统，完成接口调试、硬件测试和网络接入。投资134.98万元对信息化项目进行升级改造，招标采购了LIS、PACS、全结构化电子病历、临床路径的软硬件设施，现已进入施工阶段。

领导班子成员名录

院　长　杜志刚
副院长　燕小伟

（供稿：王晓刚）

县疾控中心

【传染病监测与控制】全年报告各类传染病发病637例，报告发病率为178.9/10万。发病率与去年同期相比下降13.63%。全年收到传染病自动预警信息100次，预警信号分析处理100次。预警信号核实判定真实。对辖区县、乡两级直报单位开展直报质量督导4次。以月、季度和年为周期开展了整体疫情动态分析。

【免疫规划】春秋季，开展了2次入托入学儿童预防接种证查验工作，3月份调查273名新入学儿童，持证人数267人，持证率97.8%；调查幼儿园儿童1608人，持证人数1583人，持证率98.4%。9月份调查小学持证人数2876人，持证率为99.3%；调查幼儿园持证人数3785人，持证率99.4%。2018年10月份，在全县范围开展接种率调查评估工作，调查30个村210儿童，调查结果显示：建卡率99%，建证率100%，建卡及时率80.5%，建证及时率74.8%，卡证相符率75.7%，

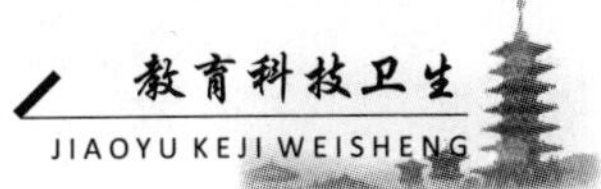

卡率100%，乙肝疫苗首针接种及时率86.2%。全年收到AEFI报告267例，比去年同期报告总例数（313）减少了46例，全县接种单位报告AEFI覆盖率96%。全年开展免疫规划工作督导5次。

【艾滋病综合防治】采取在公共场所张贴防艾二维码、男同软件等措施突破了男性同性恋人群高危行为干预瓶颈，依靠社会组织积极开展高危行为干预措施，干预失足妇女4155人（次），检测291人；男性同性恋干预1000余人（次），检测109人；吸毒人群干预490人（次），检测69人（次）。自愿咨询检测2054人（次），HIV检测筛查55300人（次），全人群检测率达到19.5%。9月底顺利召开了全市艾滋病综合防治示范区现场会。

【结核病防治】积极和定点医疗机构衔接，肺结核可疑者和病人免费检查率100%；新农合普通肺结核门诊患者的费用补偿政策落实到位。肺结核病人报告率、转诊率达100%，全年共接诊疑似肺结核患者592例，治疗管理活动性肺结核患者64例。

【精神疾病管理】年度检出严重精神障碍患者107例、癫痫患者29例，截至12月底，全县管理严重精神障碍患者1487人，在管患者1311人，发放治疗补助7.24万元。

【慢性病管理】指导全县各医疗卫生单位对确诊的高血压、糖尿病患者进行健康管理，截至12月底，全县原发性高血压患者22567人，实际管理22791人，应管理2型糖尿病患者3548人，实际管理2924人，全县65岁以上老年人建档38734人，完成体检27531人，体检率71.08%。

【危害因素监测】继续加强食源性疾病监测与报告，监测点由原来的2个县级医疗机构增加到县乡村三级医疗机构343家，全年食源性疾病报告病例216例，食源性疾病暴发事件及食物中毒报告2起。对我县二级甲等综合医院（县医院）进行了放射卫生现场监测工作，对辖区内从事放射卫生职业的7家医疗机构和乡镇卫生院进行了放射卫生摸底调查。

领导班子成员名录

主　任　康建业

副主任　郭　清

（供稿：王晓刚）

县妇幼保健院

【医疗服务】定期开展医疗质量月分析评议、疑难病例讨论、处方点评活动，严格医疗护理操作规程和医疗文书书写，进一步规范抗生素的临床使用，坚决纠正大处方，严格执行医疗结果互认制度。邀请兰大一院生殖医学专家开展学术讲座、大型义诊活动2场（次），开展义诊咨询300余人（次）。2018年，全院总诊疗4.1万人（次），其中门诊40193人（次），住院607人（次），住院病人中产科526例，儿科70例，产科住院中顺产443例，剖宫产83例，剖宫产率15.78%。全年实现业务总收入550万元，总诊疗量和业务收入较上年同期分别增长35.4%、41%。

【硬件及人才队伍建设】投资300余万元购置GE-E8四维彩超、12导联心电图机、微量元素分析仪等医疗设备7台件。招聘护理、检验、医学影像专业人员6人。参加学历教育取得本科学历6人，参加继续医学教育29人，通过各类职称资格考试5人，参加省、市级各类短期业务培训60人（次）、3个月以上进修学习3人（次）。

【母婴健康】积极推广《母子健康手册》使用，制定高危孕产妇管理制度和应急预案，落实孕产妇筛查分级和高危孕产妇动态跟踪管理，加强健康咨询和指导，指导建设全县危重孕产妇、危重新生儿救治中心。2018年全县共计活产3381例，7岁以下儿童健康管理1.98万人，5岁以下儿童健康体检率为90%，3岁以下儿童系统管理率为90.11%，新生儿访视率为93.35%。5岁以下儿童死亡率为7.1‰，婴儿死亡率为5.32‰，新生儿死亡率为4.14‰。全年共有产妇3347人，其中早孕建卡率为97.28%，孕产妇系统管理率为91.96%；产后访视率为92.78%；高危产妇管理率为29.45%，无孕产妇死亡发生。

【健康教育】印制发放健康教育宣传材料6万多份。举办健康教育业务培训和研讨4次，每周星期二、四、六在县电视台新闻综合频道《健康泾川》栏目播放戒烟、科学体检、优生优育、心肺复苏、无烟家庭、合理膳食等公益广告144期，同时开展健康巡讲，深入学校、社区、机关、企业等开展健康巡讲14场次。按季度开展居民健康素养监测和烟草流行监测工作，累计调查1350人。在各级医疗保健机构播放健康教育电教片150多次，5000多小时。县、乡、村共设置并定期更新健康教育宣传栏1494期，举办健康知识讲座852期，开展公众健康咨询活动152次，开展个性化健康教育指导6464人（次）。举办了大型公众健康咨询活动10次，累计咨询达6550多人（次），免费义诊1100多人次，发放各类宣传手册、折页等1.28万份。2018年全县居民健康素养水平达到10.04%，健康教育活动覆盖率达到86.2%。

领导班子成员名录

主　任　毛瑞红（女）

副主任　董秀丽（女）

（供稿：王晓刚）

爱国卫生

2018年，全县爱国卫生工作以全面提升城乡卫生环境为重点，强化日常监督检查，大力整治城乡环境卫生，积极推进乡村卫生创建，努力提高城乡居民卫生文明意识，优化人居环境，取得了一定明显工作成效。

【环境整洁行动】持续开展城乡环境卫生整洁行动，县直各单位组织干部大力度开展了以清洁环境、美化环境、清除四害滋生场所为主要内容的环境卫生整治活动，突出对城乡、居民小区、建筑工地、城乡接合部等重点部位存在的环境问题进行整改，乡镇深入开展“村庄环境综合整治”活动，建立长效管理机制，提高了环境卫生水平。

【“爱国卫生月”活动】4月24日，由爱卫办牵头，县住建局、执法局、环保局等爱卫会成员单位联合在县城中心广场举办了以“关注小环境，共享大健康”为主题的爱国卫生系列宣传活动，各单位结合行业特点悬挂横幅，张贴标语，开展现场咨询，发放了《健康66条宣传画册》《爱国卫生宣传画册》《农村改厕与健康》等书籍1000多本，接受群众咨询1800多人。

【卫生大扫除活动】坚持组织城区各单位开展周五卫生大扫除活动，清除绿化带杂物，铲除乱贴乱画的小广告，擦洗围栏护栏，规范商业门店前的商品摆放、车辆停放等问题。开展卫生大扫除活动和“门前五包”责任制情况督查评比，对存在问题的单位和门店在泾川门户网上公开曝光，编发曝光图文18期。

【农村改厕】在太平镇荒场、阴坡，荔堡镇刘山、庙李，窑店镇练范、公主等村大力推广水冲式卫生厕所，全县新建水冲式厕所877座，促进了农村生态环境改善，降低蚊蝇密度，提高了农村人居环境水平。

【典型创建】年内县公安局、四中、检察院创建为省级卫生单位，总工会、水务局、档案局、三中、农商银行为市级卫生单位。创建汭丰、太平镇为省级卫生乡镇，党原镇高崖村、城关镇凤凰村、太平镇盘口村、窑店镇南头湾村等4个行政村为省级卫生村。创建丰台、高平、飞云、窑店、城关、王村、罗汉洞、泾明等8个乡（镇）为市级卫生乡镇。创建党原镇城刘村、红河乡田赵村、泾明乡白家村和郝家村，高平镇寨子村、许家坡村、牛家咀村、任家寺村，城关镇新沟村，太平镇荒场村、里口村、三星村，罗汉洞乡挽头坪村、窑店镇公主村和练范村、飞云镇南庄头村、温泉开发区何家坪村、玉都镇贾洼村和郭马村，汭丰镇东王村和百烟村、王村镇完颜村和二十里铺村、丰台镇巨家村等24个村为市级卫生村。

领导班子成员名录

主　任　杨晓春

副主任　鱼韶华

（供稿：赵　祯）

红十字会

【慈善救助】全年筹集款物总值217.9万元，为180个贫困户发放棉被、毛毯；为5名大病患者发放医疗救助金11150元；争取泾川籍成功人士王平先生设立峪润教育奖励基金19.2万元，对480名优秀教师和贫困学生进行奖励；联系平凉一凡电器有限公司捐赠路灯186盏、净水机11台，价值8.74万元。

【"博爱周"计划实施】5月7日，在回中广场开展以"人道——为了你的微笑"为主题的宣传活动，发放各类宣传资料8000余份；5月12日，会同民政、地震、消防等部门，以"行动起来，减轻身边的灾害风险"为主题，开展第十个"防灾减灾日"集中宣传活动，现场发放资料3000多份，展出展牌30个，接受咨询500多人（次）。

【救护培训】以救护培训"五进"为形式，举办救护员培训班15期，举办普及性应急救护培训8期，培训人数4189人。

【无偿献血】发放宣传资料1.3万多份，1018人（次）参与献血36.74万毫升，完成遗体捐献者登记2例。

【博爱项目】围绕学校社团活动开展情况，帮助学校组建文艺队，投入21345元，在高平三十铺小学、丰台中心小学、荔堡大寨小学和太平阴坡幼儿园开展了阳光少年助学志愿服务项目，向3所小学和1所幼儿园捐赠电子琴、二胡、笛子、口琴、葫芦丝、呼啦圈、书包、手套等。

领导班子成员名录

会　长　　赵小军（兼）

常务副会长　孙赉学

副会长　　马翠林（兼秘书长）

（供稿：马翠林）

文化旅游

文体广电

2018年，全县文体广电工作方面，坚持以习近平中国特色社会主义思想和党的十九大精神为指引，认真贯彻落实县委十七届四次全体会议暨县委经济工作会议精神，创新方式，不断丰富群众的文化生活，依托项目，加快城乡文化基础设施建设，锐意改革，促使资源优势转变为经济优势，深度挖掘文化内涵，加强优秀文化传承与发展。

【项目建设】 文旅综合体项目：总投资20亿元，年内完成投资3.35亿元，建成A区文化旅游区大润发超市；B区酒店休闲区一期文化旅游大厦已交付使用，温泉度假酒店已建成；养生养老住宅区1～3#住宅楼完成楼体装饰、室外景观和绿化工程，二期7～9#住宅楼完成主体封顶，二次砌体完成25层，三期4#楼正在进行地下室施工。百里石窟长廊遗产保护项目：罗汉洞-韩家沟景区规划已完成初稿，泾川县百里石窟长廊建设项目初设、罗汉洞石窟群壁画保护修复初设、罗汉洞石窟岩体加固方案设计已完成。泾川县博物馆建设项目、大云文化学术报告厅项目：投资450万元，完成博物馆地下室、学术报告厅一层木工支模、绑扎梁柱等工程。泾川县体育中心建设项目：投资510万元，建成环形观众看台，完成主席台雨棚钢结构吊装。投资320万元完成西王母信俗保护利用设施建设主体工程。

【春节文化活动】 精心编排小品、舞蹈4个节目参加平凉市2018年春晚和平凉市新春茶话会演出。举办了“泾水春韵”泾川县2018年春节联欢晚会和第三届文化社团民俗节目展演活动，演出《道灯》《变脸》《跑驴》小曲等节目60个。举办秦腔名家演唱会，邀请窦凤琴、窦凤霞等著名秦腔表演艺术家进行了6天12场次的演出，同时举办了春官诗大赛、围棋和象棋比赛等系列活动，丰富了群众春节文化生活。

【图书馆工作】认真开展《中华人民共和国公共图书馆法》宣传系列活动，落实“全民阅读”系列活动内容，联合新华书店、问城中学组织开展了“4·23”世界读书日全民阅读宣传推广服务活动，向问城中学捐赠了价值6000多元的图书200余册，举办了师生有奖征文经典诵读和分享个人读书故事活动及故事绘本展评等阅读活动。联合市图书馆、县农商银行，开展了以“携手共创书香社会，齐心同谋文化校园”为主题的阅读推广活动。依托全国文化信息资源共享工程与县农商银行联合开展了以“数字文化伴你同行”为主题的数字文化拓展延伸服务活动。

5月9日，“幸福图书馆”捐建项目在太平镇落成

【博物馆工作】举办了“端行鉴远——泾川馆藏精品铜镜展”“龙抬头·开好头——博物馆里‘绘龙头’”“感知历史·爱我泾川”系列活动及“流动博物馆”走进甘肃南北工贸集团宣教活动，与灵台县衔接，举办了“百年记忆　历史传承”——泾川、灵台馆藏民国时期文物联展。加大博物馆的强化宣传教育职能，利用周末开展了青少年地方历史文化知识主题宣教活动12次，结合“5·18”国际博物馆日，在回中广场、博物馆门前、社区广场、县内各乡镇街道及中小学等多个场所举办了《第一次可移动文物普查成果展》《泾川馆藏精品文物图片展》《宋泾州龙兴寺出土精品文物图片展》，发放《文物保护法》册页共计4000余份。共计接待各类参观人数12余万人（次），其中学生达到3.26万人（次）。

【文化交流】邀请著名书画家陈龙、石泉开展书画交流活动2次，开展免费书画培训班4期，举办以“中国梦”为主题的首届青少年书画展，征集作品400余幅，参展作品124幅。成立了泾川县传统文化促进会，举办文化讲座、民俗文化展演、秦腔比赛系列活动，参与群众4000余人。组织“送戏下乡”60场，在乡村放映电影2150场。

【基础设施建设】投资160万元，完成了温泉开发区何家坪村和玉都镇西王、刘李河村文化服务中心建设，投资30万元对城关镇综合文化站进行了提升改造，建成罗汉洞乡体育中心。24个村发放体育健身器材192件（套）。

【文物保护】完成1623件（组）馆藏文物及全县313处野外文物点的电子档案建立工作，对馆藏300件文物进行了高清数字化信息采集。开展了文物安全隐患大排查、打击文物犯罪、文物流通市场治理等专项行动。抽组专人成立野外文物巡查工作小组，对1984年、1988年、2001年公布的43处县级文物保护单位重新核定调整为34处，对269处一般文物点进行了全面巡查，并申报县政府，重新公布了县级文物保护单位、保护范围、建设控制地带和一般文物点名录。

【非遗保护及利用】在2018戊戌年第1050届西王母庙会期间，开展了非物质文化遗产名录图片展和民俗演出活动，播放了西王母祭祀电视纪录片及相关法律法规录音，并制作悬挂非遗政策宣传条幅20条。开展了泾川县2018年“文化遗产日”非物质文化遗产宣传主题活动，展出非遗图片展牌20面，发放文化宣传资料5000份，播放《西王母信俗》《民间脊兽加工》《罐罐蒸馍》《仙鹤舞》等非遗专题片7部。邀请西王母信俗、脊兽、泥塑、面塑、剪纸、皮影、泾川黄酒、扎灯、笼香包等10名国家、省、市级非遗传承人进行了现场技艺传授。举办了以“泾川民俗文化和非遗”为主题的文艺晚会，演出《道灯》《变脸》《鼓舞泾州》《五更鸟》等节目12个以及皮影戏专场演出。举办非遗培训班2期，参训100余人（次）。

【对外宣传】配合央视《魅力中国城》栏目组两次对大云寺·王母宫景区、南石窟寺、百里石窟长廊进行拍摄，对县境内以罐罐蒸馍为代表的特色美食和特色产业旭康红牛进行了录制，调运大云寺五重套函仿制品赴北京参加了现场录制工作。

【体育赛事】举办了第四届“体彩杯”全民越野赛、象棋和围棋比赛、“邮政杯”广场舞大赛、休闲垂钓巡回赛、泾川县“体彩杯”“农商杯”羽毛球混双比赛、第五届全民篮球运动会，承办平凉市第二届“体彩杯”八人制足球赛，举办泾川县第六届“协会杯”暨CAA会员钓鱼邀请赛、“快讯网杯”广场舞大赛、“新辉杯”甘肃省第十八届钓鱼锦标赛、2018年中华垂钓大赛甘肃泾川选拔赛，举办了“飞天云翼杯”全地形车甘肃泾川邀请赛等。

举办第四届“体彩杯”“庆元旦迎新春”万人越野赛活动

【竞技体育】组队参加了全市青少年田径、篮球、羽毛球、乒乓球锦标赛，田径获团体总分第四，篮球女子第四、男子第五，羽毛球男女单打分获第二、混双第二，乒乓球获得团体第五。组队参加了平凉市青少年校园足球联赛暨国家级校园足球特色学校“星级”锦标赛，获得初中男子第三、小学女子第五的成绩。以泾川县足球队为班底，组建的平凉市代表队在甘肃省第十四届运动会中获得了大众组第四名的佳绩。

【文化市场管理】组织开展了打击查堵有害政治出版物、侵犯知识产权、打击盗版工具书等专项行动6次，组织开展了校园周边环境集中整治活动，检查各类文化经营场所48家，集中检查网吧8次，不定期检查网吧14次。

领导班子成员名录

局　长	朱银柱
副局长、旅游局局长	王博玉
副局长	王卫星
	刘晓炜
纪检组组长	肖树标

（供稿：王永福）

广播电视

2018年，县广播电视台深入学习贯彻落实习近平总书记有关新闻宣传工作的重要论述，认真落实县委经济工作会议及全市文广局局长会议精神，按照“主题宣传显亮点，对外宣传保前列，节目内容有特色，安全播出无事故”的工作要求，围绕中心，服务大局，坚持团结稳定鼓劲，正面宣传为主，着力在主题宣传、新闻外宣、品牌栏目、安全播出4个方面实现新突破，为全县加快改革发展、决胜全面小康营造了良好的舆论氛围。

【广播电视宣传】开办了《党的十九大报告解读》《聚焦县委经济工作会议》《脱贫路上》《泾水先锋》《壮阔东方潮　奋进新时代——庆祝改革开放40周年》《开展专项治理共建美丽泾川》《曝光台》等专栏，对各项重点工作进行了集中宣传。其中《聚焦县委经济工作会议》栏目深度报道了各乡镇、各部门贯彻会议精神、推动工作开展情况；《脱贫路上》栏目围绕今年整县脱贫摘帽目标和县委、县政府提出的脱贫攻坚各项决策部署，通过专题报道的形式，深入14个乡镇和温泉开发区精准聚焦贫困村、贫困户生产生活条件的改善和变化，全年上送市电视台播出新闻456条，市广播电视台播出577条，省电视台播出11条，积极配合中央电视台甘肃记者站采取卫星直播的方式播出凤凰专题新闻4条。

【新媒体融合发展】坚持媒体融合发展，着力创新宣传载体，1月1日推出了广播电视台微信公众平台“视听泾川”，坚持每天至少推送6条以上电视新闻和广播节目。至12月底，“视听泾川”共推送365期2228条信息，关注人数5819人，全年阅读量55W+，篇均阅读量268，综合影响力在市、县（区）8家广播电视台当中排名第二。

召开庆祝第十九个记者节座谈会

【项目建设】争取中央预算内投资广播电视播出机构制播能力项目，总投资200万元，采购采、编、播系统等设备164台（套），对演播室进行重新装修，实现了采编播各个环节高清化。

【广电播出管理】严格执行《广播电视管理条例》，实行节目“三审”制度，对自办节目轮流监听监审，确保节目内容安全，重大节假日期间严格执行24小时台领导带班、技术人员值班和实行“零报告”制度，确保重大节日、重要新闻、重要时段播出和转播节目的正常播出，全年实现了广播电视安全播出无事故。新闻综合频道累计播出5400小时，广播播出2160小时，转播中央一套、七套电视节目共7020小时，转播《中国之声》和甘肃人民广播电台的3套广播节目共计7020小时。

领导班子成员名录

台　长　史春荣

副台长　高子奇

　　　　周剑锋

（供稿：章　鹏）

新华书店

【教材发行】组织员工100多人（次）运送教科书到乡村学校，全力做好教材余缺调剂，保证了教学工作的正常开展。

【理论读物发行】为全县机关、事业单位征订各类政治理论读物300多种，主要有《新时代面对面》1887册，《习近平谈治国理政》（第一卷）31册，《习近平谈治国理政》（第二卷）2329册，《宪法》（最新版）1681册，《习近平新时代中国特色社会主义思想三十讲》5705册。

【农家书屋配送】对建成的212个农家书屋进行了图书补充，主要增加了《习近平谈治国理政》（第二卷），按时完成各个农家书屋的图书上架、分类成列及验收交接等工作，解决了农村读书难的问题。

【企业文化建设】深入开展“创先争优”活动，切实加强企业文化建设。继续推行党组织和党员公开承诺及争创党员先锋岗活动，树立典型和榜样，有效地提升了员工队伍的业务素质和业务水平。

领导班子成员名录

经　理　徐　杰

（供稿：魏元虎）

旅　游

2018年，全县旅游工作认真贯彻落实“党建统领，‘四化’统筹，交通先行，产业支撑，城镇带动，工业突破，决战脱贫，决胜小康，建设绿色开放幸福新泾川”战略思路，抢抓华夏文明传承创新区和大景区建设机遇，以大云寺·王母宫大景区建设为核心，全力打响“王母故里·佛宝圣地·养生泾川”品牌，推动全县文化旅游产业提速发展。

【规划编制】 编制《全域旅游发展规划》，大云寺·王母宫大景区总体规划和修建性详规通过省级评审。印发《关于创建省级全域旅游示范县的实施意见》《关于加快建设旅游强县意见》《泾川县文化旅游产业发展专项方案》《泾川县乡村旅游发展意见》等指导性文件。

【项目建设】 大云寺景区西王母信俗展示中心完成主体，文明路、广场和水景观“三通一平”工程全面完成，景区中轴线主体工程基本建成；王母宫石窟维修、山上停车场硬化铺装、瑶池圣水池、九层叠水、浮雕墙及西王母大殿屋顶维修工程全面完工。文旅大厦建成投用；县城至田家沟旅游道路建成并投用；“智慧旅游”项目实现4A级以上景区、星级饭店核心区域无线网络全覆盖，完成旅游运行监测与应急指挥建设平台省级对接。

【乡村旅游】 全年投资750万元，重点扶持城关凤凰、汭丰郑家沟、罗汉洞挽头坪、红河田赵、王村完颜5个乡村发展旅游。组织了“美在罗汉洞”摄影大赛暨“随手拍”采风活动、汭丰蔬菜节、万人徒步越野赛、泾明白家农民趣味运动会等乡村旅游节会活动；新建农家乐10户，评定星级农家乐6户。城关凤凰、泾明白家、汭丰郑家沟3个景区晋升为国家3A级旅游景区。

【宣传推介】 邀请省电视台拍摄完成泾川县旅游形象宣传片，制作了《吴焕先·军魂不朽》纪录片；组团赴厦门、西安、重庆、银川、嘉峪关等地参加旅游宣传推介；举办西王母传统庙会、蟠桃诗会、垂钓比赛、泾川大云寺供养佛祖舍利盂兰盆供祈福法会等节会；鼓励农民利用电商平台自主创业，开展线上农副特产、手工艺品销售；联合携程、同程旅游、途牛等旅游网站开展线上门票销售，推广宣传特色旅游线路。

【旅游管理】 开展旅游从业人员服务技能培训2期，培训200多人（次）；对全县A级以上旅游景区、宾馆饭店、农家乐进行巡回执法检查抽查6次，对发现的问题现场发放整改通知书并督促整改。

领导班子成员名录

局　长　王博玉

（供稿：樊振东）

大云寺·王母宫大景区

【概况】 2016年9月，省机构编制委员会批复成立泾川县大云寺·王母宫大景区管理委员会（甘机编发〔2016〕84号），为处级事业单位，隶属泾川县人民政府管理，核定处级领导编制3名。2017年6月县机构编制委员会文件批准设立泾川县大云寺·王母宫大景区管理委员会（泾机编发〔2017〕20号），确定管委会内设7个科室，核定编制30名，科级领导干部10名。

【主要职责】 主要负责拟定大景区经济、社会发展近期和长期规划、产业发展规划；统筹管理辖区内文物、林业、水利、土地等资源；负责大景区国有资产经营管理、投融资工作；落实县委、县政府文化旅游产业发展的其他决策部署。

【机构组建】 2019年1月，结合县级机构改革，撤销原泾川县大云寺景区开发建设管理委员会办公室、王母宫景区管理局，将以上2个单位33名工作人员，整体划转至大景区管委会。

甘肃大云寺旅游开发有限公司揭牌仪式

【重点工作】 2018年5月《泾川县大云寺·王母宫大景区修建性详规环境影响报告书》，经平凉市环境保护局审查通过。2018年10月，与甘肃省城乡发展投资集团有限公司达成合作协议，注册成立了甘肃大云寺文化旅游开发有限公司，共同开发建设大云寺、王母宫景区，“政企分开、三权分置”的管理模式初步形成，合作经营正在洽谈之中；同时指导大云寺景区实施了旅游基础设施建设续建工程、王母宫景区建筑群琉璃瓦维修工程和罗汉洞-韩家沟石窟崖壁抢险加固等工程。完成罗汉洞石窟群壁画保护修复初设、石窟岩体加固方案设计，上报省发改委待批。

【宣传推介】利用景区微信平台、网络媒体、大型户外宣传牌等媒介对景区进行多方位宣传推介。组团参加中国西北旅游营销大会、敦煌行·丝绸之路国际旅游节、兰洽会、深圳文博会、重庆都市旅游节暨城际旅游交易会等活动，通过发放宣传折页、展销旅游产品等向外宣传推介景区，使大云寺·王母宫大景区知名度进一步得到提升。

领导班子成员名录

党工委书记　王廷佐

管委会主任　齐雪琴（女）

（供稿：巫晶晶）

大云寺景区

2018年，大云寺景区管理工作坚持以党的十九大精神为指导，认真贯彻县委经济工作会议的安排部署，积极创新方式，依托项目，持续推进大云寺·王母宫旅游基础设施项目建设，不断完善景区功能，为实施旅游强县奠定了基础。

【项目建设】2018年，继续实施大景区旅游基础设施建设项目，新建综合管理中心、游客接待中心、游客中心，实施土方回填、门前广场铺装及水景观、绿地公园、文明路、车站西路、围墙砌筑、绿化、供暖等建设内容，完成投资6320万元。实施了大雄宝殿、山门、天王殿、卧佛殿佛像塑造及大殿台明扩建、须弥座安装工程，完成投资260万元，各殿宇主佛像塑造基本完成。大殿台明扩建、须弥座安装工程完成投资400万元。

【宣传推介】先后赴深圳、西安、嘉峪关、兰州参加第十四届中国（深圳）国际文化产业博览交易会、中国西北旅游营销大会、第八届敦煌行丝绸之路国际旅游节、第二十四届兰洽会，通过座谈交流、发放宣传折页、展销旅游产品、提供优惠政策等形式，宣传推介大云寺景区。全年网络访客达220万人（次），大云寺舍利塔地宫免费开放，年接待游客30万人（次）。

领导班子成员名录

主　任　陶小良

副主任　徐　涛

（供稿：丁军军）

吴焕先烈士纪念馆

2018年，吴焕先烈士纪念馆认真落实县委十七届四次全委会暨县委经济工作会议精神，以弘扬红色文化加强宣传教育为目标，全面落实党风廉政建设主体责任，狠抓党的建设，不断完善规划，多方争取项目，抓紧项目续建和布展工程，确保了纪念馆各项工作全面健康协调发展。

【项目实施】2018年6月，吴焕先烈士纪念馆布展工程由西安中正建设工程有限公司中标承建，总投资341.86万元，布展面积431.12平方米，共分为9个板块，采用文物、文字、图片、创作画、场景模拟、雕塑、蜡像、声光电等多种模式，年内完成主体工程；11月，完成《吴焕先烈士纪念馆安防系统评审方案》。

【宣传教育】紧抓“清明节”“国际博物馆日”“建党节”“全国烈士纪念日”“国庆节”“国防教育日”等重要节点，对全县广大干部群众学生进行爱国主义教育。参加长征沿线红色旅游城市联盟成立大会、甘肃省革命纪念馆馆际交流联展等活动；与甘肃医学院共建党员教育基地和大学生思想政治教育实践基地，与平凉市农业发展银行共建农发行党员党性教育基地。在人民网、中国文明网、《兰州晚报》、泾川门户网站等媒体发布消息420多条。

2018年9月30日，泾川县公祭吴焕先烈士活动

【史料征集】组织人员赴湖北、河南、陕西等地搜集文史资料；走访《中国工农红军第25军战史》的编者之一卢振国，征集到照片、文献、手稿、电文资料1000多套（件），其中人物传记类书籍60多套（本）、各种史料960多件、珍贵文物5件。

领导班子成员名录

党工委书记	李晓京
馆　长	毛永宏
副馆长	李广学
	陈景强
纪工委书记	何川霞（女）

（供稿：秦银丽）

社会服务与管理

人力资源和社会保障

2018年，全县人力资源和社会保障工作以习近平新时代中国特色社会主义思想为指导，全面落实县委十七届四次全会暨县委经济工作会议和省、市人社工作暨农民工工资清欠工作会议精神，认真履行各项职责，强化管理，转变作风，较好地完成了全年各项工作任务。

【城镇就业】城镇新增就业4471人，城镇登记失业率控制在3.6%以内；安置高校毕业生398人，审批发放创业小额担保贷款99笔990万元；鼓励成功人士返乡创业，建立创业基地3个，创办经济实体6个，发展专业合作社4家；泾川南北工贸公司、魏家餐饮有限公司、泾川县循环经济产业园区被市上认定为市级创业孵化基地；办理就业创业登记证327本，为443名灵活就业人员返还社保补贴232.93万元，为341名公益性岗位人员代缴社会保险补贴248.39万元，为157名支企生代缴社保补贴109万元，为56名就业见习大学生发放就业见习补贴16.25万元。

【人才引进】新招录公务员24名，考录“三支一扶”人员46名、支企生136名。结合职称制度改革，开展专业技术初级职称直接确认31名，推荐上报高级职称人员47名、中级职称人员159名；为教育、卫生系统引进紧缺人才16名。

【劳务经济】输转城乡富余劳动力7.1万人，创劳务收入16.95亿元；开展劳动力技能培训8890人，其中建档立卡贫困劳动力5416人；建立县外劳务输转基地12个，认定龙头企业劳务基地8家、富民产业劳务基地19家、扶贫车间7家，开发乡村公益岗位1752个，安排贫困劳动力1752人，人均年收入0.6万～0.8万元。

【社会保障】城镇职工基本养老保险征缴收入

5340.21万元，基金支出7607.83万元；城镇职工基本医疗保险征缴收入5626万元，基金支出10160万元；城乡居民基本医疗保险征缴收入4799万元，基金支出20035万元；失业、工伤和生育保险征缴收入979.38万元，基金支出443.21万元；城乡居民社会养老保险参保率98%，续保率100%，养老金发放率100%。

【劳动维权】受理劳动监察举报投诉案件15起，结案15起，为254名劳动者追讨工资623.91万元；受理劳动人事争议仲裁案件26起，结案26起，涉及劳动者97人，涉及金额145.4万元；全年新开工建设项目16个，收缴建设工程项目保证金67家1384.4万元。

领导班子成员名录

局　长	吕晓文（6月任）
副局长	胡国鹏
	李永强
	王小平
纪检组组长	白录俊
党组成员、社保中心主任	刘鑫全

（供稿：李建军）

民　政

2018年，全县民政工作坚持以习近平新时代中国特色社会主义思想及党的十九大、十九届二中和三中全会精神为指导，全面贯彻落实省、市民政工作会议精神和县委十七届四次全体会暨县委经济工作会议精神，加强社会救助体系建设，强化兜底保障，努力提升防灾减灾救灾能力，全面落实双拥优抚政策，加强社会组织、基层民主和专项社会事务管理，全力推进养老服务事业发展，确保全县经济社会稳定发展。

【防灾减灾】2018年，县内先后发生“4·7”低温冷冻灾害和“7·11”暴雨洪涝灾害，14个乡镇和温泉开发区23.3万人受灾。灾害发生后，调拨救灾帐篷40顶，救助受灾群众9287户27379人，发放救助资金783万元（冬春生活救助643万元）。筹资35.95万元，采购折叠床、棉衣、棉被等救助物资发放受灾群众。

【社会救助】完成城乡低保提标，城市低保月保障标准提高到397元，农村低保一类补助对象提高到每人每年3720元，二类提高到3480元。全面推行运用家庭困难状况指标评估体系，每月准确认定保障对象，全年退出农村低保对象4127人，新增2713人，退出城市低保对象1395人，新增283人。全年发放农村低保保障金3735万元，城市低保保障金1530.8万元。资助农村低保、特困供养、孤儿、建档立卡贫困人口参加基本医保个人缴费71133人310.4万元。对建档立卡贫困人口住院费用，报销后剩余合规费用3000元以上部分全部进行兜底，落实兜底救助478人207.2万元。完善困难群众住院救助政策，年内救助5087人1336万元。实施临时救助17315人761万元，向乡（镇）预拨临时救助资金260万元。

【社会福利】争取项目资金715万元，实施高平中心敬老院改扩建工程，对城关、高平、玉都三个中心敬老院水、电、暖进行了改造，配备工作护理人员13人。建立了乡（镇）干部包户包人定期走访特困供养对象联系制度，签订委托监护监管协议734份。向5063名残疾人发放“两项补贴”613万元。为特困、低保、计生困难家庭中的60周岁以上失能失智老人及80周岁以上高龄老人发放生活补贴112万元，为142名散居孤儿发放生活补助资金78.06万元。

【双拥优抚】全年发放优抚对象抚恤金2284人515.58万元，重点优抚对象医疗补助资金6人3.3万元，2017年退役士兵优待补助金154人780.86万元，大学生参军入伍的现役军人一次性奖励金65人35.1万元。投资31.32万元，对87名退役士兵进行技能培训，向全县670个烈军属家庭悬挂了光荣牌。

【社会治理】落实村务监督委员会主任误工补贴107.5万元，新登记社会组织4个，第二次全国地名普查成果通过了省市验收，完成了第四轮边界线联检，成立了泾川县婚姻介绍服务协会，规范婚姻中介机构管理，有效抵制了高价彩礼，依法登记结婚5057对，办理离婚817对，补领结婚登记952对，办理收养登记8个。开展各类专项救助活动5次，实施救助、送返流浪乞讨人员83人（次），其中未成年人8人（次），各项社会治理水平显著提升。

领导班子成员名录

局　长　杨志锋（6月止）
　　　　毛永宏（6月任）
副局长　李云华
　　　　段　瑾（女）
　　　　牛筱春
纪检组组长　张治福

（供稿：尚小平）

老龄工作

2018年，全县老龄工作以健全社会养老服务体系建设为重点，以实现“老有所养、老有所医、老有所为、老有所学、老有所乐”为目标，大力推进城乡日间照料中心和老年协会建设，落实老年优待政策，积极开展老年文体活动，努力维护老年人合法权益，老龄工作取得了较好成绩。

【法制宣传】利用节庆日、乡村集市日、交流会等人员相对集中的时段，采取发放宣传单、制作流动宣传车等方式进行广泛宣传，共发放宣传彩页5800多份、制作宣传车5辆。积极协调县广电局、电视台、政府网站循环播放专门为老年人制作的6部老年人节目、50多条涉老公益广告牌及老年人微电影。制作“孝亲敬老”主题宣传画210多处。

【养老服务体系建设】把农村互助老人幸福院和日间照料中心建设作为加快建立社会化养老服务体系的重要载体，积极整合村卫生所、合作社、农家书屋等资源，设置了日间照料室、老年活动室、谈心室、医疗保健室、图书阅览室、助老餐厅等10多种帮助老年人的功能室。吸纳村卫生所、个体经营者、低龄退休党员等志愿者群众参与日间照料中心服务工作。依托村（居）老年协会，组织村（居）党员干部、低龄老年人建立为老志愿者服务队，对五保、高龄、特困、残疾、留守等老年人因地制宜、因人制宜提供服务。在老年人的集中供养上进行了深入探索和实践。

【协会建设】按照“七有四簿三册一档案”的要求，建立健全了老年协会各类制度，建立了老年人基本情况登记簿、开展活动记录簿、会员登记簿、老年纠纷调解登记簿及老年协会会员花名册、留守空巢老年人花名册、特困老年人花名册。目前全县办理老年证326人，有农村基层老年协会213个、城市社区老年协会3个，覆盖率达到了100%。

【养老保障】财政安排资金4.3万元，用于80岁以上老年人意外伤害保险首保资金补贴。全县办理80岁以上老年人意外伤害保险4300人，60岁至79周岁老年人意外伤害保险5746人，分别占应参保4317和47746人的99.6%和12%，参保总额为27.2万元；县人寿保险公司理赔26起，理赔总额30多万元。

【服务体系建设】开展老年人的生活状况调研1次，形成调研报告2份。建成村级、社区日间照料中心108个、老年人活动室168间。县老年学校办有阅览室、文化娱乐室、书画作品展室等各类老年教育功能室，有学员120多名。

【典型评选】开展了“老有所为”“十大孝星”和“十佳敬老模范”先进事迹和典型人物评选活动，全县评选出史海丽等5名“孝亲敬老之星”和吴浩瑞等5名“老有所为”先进个人。

领导班子成员名录

主　任　肖福民

副主任　曹起宏

　　　　贾林森

（供稿：胡艳红）

民族宗教

2018年，县民族宗教工作认真贯彻落实中央和省、市民族宗教工作会议精神，优化思路，创新方式，持续开展民族团结进步创建，全力促进民族地区经济发展，切实改善民族村社基础设施条件，依法加强宗教事务管理，努力提高宗教工作法治化水平，保持了民族宗教领域持续平稳，较好地完成了年度工作任务。

【民族团结进步创建】印发《关于深入持久开展民族团结进步创建工作的实施意见》，在县电视台开辟专栏，县乡悬挂宣传横幅36条，组织文广、卫计、司法、科技等部门开展了“三下乡”活动，向200多名回族群众讲解了种植、养殖等方面的科技知识和新理念。太平镇寨子洼村被命名为全省民族团结进步创建示范村。

【教职人员管理】及时优化班子结构，对4个场所管委会班子进行了调整；对各宗教团体和场所、教职人员进行了集中考核，对评选出的2个先进宗教团体、6个先进宗教活动场所和10名优秀个人进行了表彰奖励。

【技能培训】组织林业、畜牧、科技等部门技术人员大力开展劳务技能培训，举办各类培训班3期，培训民族群众360多人（次）。积极搭建劳务输转平台，主动输转民族村社富余劳动力110多人。

【政策学习】举办学习培训会22场（次），培训宗教工作干部、教职人员及信教群众620多人（次），邀请市民委、市宗教局领导和市委党校教授，深入解读了习近平新时代中国特色社会主义思想和党的十九大精神、《统一战线工作条例》《宗教事务条例》和党的宗教工作方针政策。

领导班子成员名录

局　长　马志锋（回族）

副局长　刘　鹰

　　　　谢鹏伟

（供稿：卢雪涛）

乡（镇）与城市社区

城关镇

【概况】城关镇辖15个村1个林场92个村民小组，有农业人口6182户27318人，耕地24746.72亩，人均耕地0.91亩。

2018年，城关镇认真贯彻落实省、市、县委经济工作会议精神，深入学习贯彻党的十九大和十九届二中、三中全会精神，大力实施乡村振兴战略、坚决打好“三大攻坚战”，攻坚克难，锐意进取，全镇经济平稳发展、脱贫攻坚扎实推进、征地拆迁成效突出、群众收入稳中有升、民计民生持续改善、社会大局和谐稳定，较好地完成了各项工作任务。

【产业开发】在茂林、袁家庵、杨柳及延风4个村，种植全膜马铃薯1000亩、露地蔬菜1000亩，持续扩大奶油草莓、香瓜种植规模。完成凤凰、新沟、天池村果园拉枝修剪、覆膜、病虫害防治等标准化管理措施，发放化肥57吨，完成东庵、凤凰、新沟村果园间作套种650亩。完成果园标准化管理7900亩，完成套种1300亩，在水泉寺村秦家山新植桃树80亩。配合新建鼎康高端肉牛养殖场一处，组建凤新牛产业发展专业合作社，按照“企业+基地+合作社+农户”的运营模式，为181户贫困户投牛配股，年底实现分红增收。输转劳动力240人。

【服务重大项目】开展了县医院以东、棚户区改造、大云寺前区广场、河堤治理、泾河流域水环境综合治理项目等12宗土地征收工作，涉及11个村1239户，征收土地1027.6亩。完成鼎康牛场建设土地流转240亩。大力实施棚户区改造工程，对延风片区380户、城东二期和泾灵路片区下剩的107户棚改任务进行入户商谈、丈量登记等工作，年内延风片区完成147户，泾灵路片区完成39户。

【基础设施建设】 全年易地搬迁20户65人，全部建成并搬迁入住，实施危房改造39户，完成自来水入户13户，配合完成田家沟景区道路拓宽柏油罩面1.5公里，整修园区拓宽砂化道路4.5公里，硬化凤凰、新沟村村组道路10.4公里。新建阳坡村村部9间275.2平方米，文化广场1处122.7平方米，配套健身器材等体育设施。

【生态环境建设】 以北面山为重点，完成荒山造林1900亩，栽植苗木42.2万株；配合县直机关在杨柳村开展义务植树，平整深翻土地600亩，整修道路5公里；以北大路、304省道、泾柏路和后党路为重点，完成林床整修、行道树抚育36公里、补植苗木4300多株。聘用27名保洁人员、公益性岗位55人分路段巡查保洁环境卫生，集中开展环境卫生整治7次，对北大路、后党路、泾镇路、泾灵路、304省道和王村便道等重点路段的柴草乱垛、粪土乱推、垃圾乱倒、污水乱泼等突出问题进行全面整治，共整治路段50余公里。清理村庄生活垃圾100多吨，整修林床60公里，并在林床内种植花草。

【乡村旅游】 治理凤凰沟口河滩地200米，建成占地4亩小游园1处，投资30多万元，建成全县首个红色主题文化公园。招商引进特色农家乐3家，其中创建三星级农家乐2家；8月，成功举办"梦寻醉美乡村·相约魅力泾川"旅游季暨第二届锦绣凤凰民俗文化旅游节，中央电视台、甘肃电视台和省内外多家媒体进行专题报道。全年接待游客40.5万人（次），实现旅游收入330万元，带动就业150多人（次）。年底，凤凰村被评定为"省级旅游示范村"和"国家3A级旅游景区"。

【社会保障】 兑现各项强农惠农资金2431.98万元，其中发放自然灾害救助36.8万元，临时救助27.91万元，医疗救助78.8万元，农村低保268.5万元，农村五保11.5万元，孤儿生活费5.1万元，抚恤金66万元，残疾人两补39.9万元，失地低保831.3万元。2018年参合人数25134人，参合基金402万元，参合率达到92%。养老保险应参保人数17551人，实际参保16753人，缴纳养老基金279万元，参保率95.45%。"两癌"普查1341例。

【社会治理】 全年开展社区矫正21人（次），安置帮教走访117人，排查化解各类矛盾纠纷141件，接待群众来访621人（次），办理信访案件164件，开展各类宣传活动23场次，发放宣传资料1500份。

【脱贫攻坚】 新栽核桃园42.25亩，对原有1770亩核桃园、1200亩油用牡丹落实标准化管理措施。全年脱贫167户585人，贫困发生率下降至0.14%。

领导班子成员名录

书　记　　何会军
镇　长　　张宗翔
人大主席　　夏爱军
党委副书记　　辛伟宏
纪委书记　　黄　强
副镇长　　李广社
　　樊　荣（女）
　　叶　云
武装部部长　　刘　炜
党委委员、延村党支部书记
　　完祥林

（供稿：吴崎君）

汭丰镇

【概况】 汭丰镇辖10个村43个村民小组2440户9710人，总面积62.79平方公里，耕地15337.4亩，人均1.6亩，其中川地5675亩。年底，镇政府有干部职工92人。

2018年，汭丰镇坚持以党的十九大精神和习近平总书记系列重要讲话精神为指导，认真贯彻落实省市县委安排部署，抢抓乡村振兴战略机遇，以农业供给侧结构性改革为主线，以增加农民收入为核心，紧盯一个目标、实现两个覆盖、培育五个典型、抓实七项重点、措办十件实事，全面建设生态小康文明美丽新汭丰。

【基础设施建设】全年完成危房改造36户、维修因灾受损房屋13户；投资1104.5万元，搬迁郑家沟、龙王、三十梁、焦家会、同中5村贫困户52户220人，硬化道路0.5公里、渠道衬砌576米、门前绿化1691平方米，安装太阳能路灯40盏，配置垃圾箱48个；积极实施焦家会、百烟村旧村改造，完成巷道硬化3公里、渠系配套2.3公里、道牙安装3公里，加固旧房基520平方米，砖砌挡土墙0.6公里，安置垃圾桶40个，建成休闲场地2处。

【产业发展】投资496.5万元，在同中村新建日光温室20座、钢架拱棚70座，衬砌U形渠1600米，架设输电线路600米，砂化生产道路800米。对全镇128座日光温室、708座大中拱棚全面落实标准化管理措施，动员贫困户发展露地菜2049亩，落实补贴资金61.47万元，全镇蔬菜种植户达到1310户，其中贫困户980户，日光温室棚均收入2.8万元、拱棚棚均收入1.2万元，蔬菜收入在全镇农民人均收入中达到1200元。对8300亩杂果园区落实覆膜保墒、配方施肥、间作套种等标准化管理措施，带动贫困户落实标准化管理2467亩，发放补贴资金189.65万元。全镇肉牛养殖819头，羊存栏量2279只，猪存栏量740头，鸡存栏量1106只；衔接鼎惠果品公司及鼎康牧业公司、首燕牧业公司分别落实产业配股分红项目30户、投牛配股分红69户、易地扶贫搬迁投牛分红项目52户，有效带动全镇158户群众通过发展肉牛产业。

【乡村旅游】在郑家沟景区新建观光步道400米、休闲木屋7间、景观小品3处，完成游客中心装修布展200平方米，布设夏日灯展30多处，实施山体绿化500多亩，带动发展农家乐3处，郑家沟景区被市旅游局评定为国家AAA级旅游景区。7月3日，成功举办了第二届绿色蔬菜节暨乡村旅游季活动。汭丰镇村组干部、广大群众及社会各界人士共计3000多人参加开幕式。节会期间举行了2018年平凉市登山节（泾川站）活动暨平凉市第二届徒步越野挑战赛、果蔬趣味比赛、蔬菜展销、“山水汭丰”随手拍等活动。

蔬菜节活动现场

【生态建设】完成面山绿化820亩，水源地绿化120亩，护岸林栽植80亩，行道树栽植19条21公里，村屯绿化栽植苗木8万多株。

【学习培训】投资9.98万元，由泾川县泰源、思源职业技术培训学校对有劳力且有务工意愿的群众进行技能培训1200多人（次），组织镇村干部赴天津武清区、贵州六盘水和庆阳等地及兄弟乡镇考察学习。

【社会保障】2018年，共落实临时救助资金29.6万元；重点优抚60岁以上退伍军人补贴23.14万元；特困供养13.98万元；孤儿生活待遇1.54万元；农村低保137.53万元；经济困难老年人补贴2.76万元；残疾人“两项补贴”18.34万元；自然灾害救助和今冬明春生活救助资金29.53万元；“一折统”发放率、“一册明”运转率均达到100%。养老保险参保人数6575人，参保率为96%，建档立卡贫困户参保率为100%，新农合参合率96.3%。

【扶贫攻坚】市县镇三级316名干部帮扶381户1335人，组织帮扶干部开展入户帮扶对接480人（次）；对全镇233户未脱贫户、18户巩固提高户制订了详细的“一户一策”脱贫计划。至年底，稳定脱贫163户508人，贫困发生率下降至1.88%。

天津市武清区对口帮扶村——同中村

领导班子成员名录

书　记　　张静平

镇　长　　刘明华

人大主席　　贾永春

副书记　　吕军明

纪委书记　　刘拴民

副镇长　　王红刚

　　孟红刚

党建办主任　　王　杰

党委委员、焦家会村党支部书记

　　文录成

（供稿：吕立国）

王村镇

【**概况**】王村镇共辖18个村101个村民小组，6796户29093口人。从业人员14472人（其中第一产业8865人，第二产业407人，第三产业5200人），占总人口的49.7%。镇政府共有干部职工96人。

2018年，王村镇坚持以党的十九大精神为指导，全面贯彻落实中央和省、市、县委各项决策部署，按照县委十七届四次全委会确定的总体思路，深入推进党建统领“一强三创”行动，以“转变作风改善发展环境建设年”活动为契机，以培育特色产业、增加农民收入、改善基础条件、提升公共服务为关键，全力加快脱贫攻坚步伐，年度各项工作进展顺利。

【**产业开发**】按照“近抓劳务蔬菜摘穷帽、远抓果畜旅游奔小康”的发展思路，积极创新机制体制，推行以老带新、以点带面发展模式，稳步推进川区无公害蔬菜生产、中塬万亩生态果园和北部山区贫困片带产业开发三大产业增收带建设。对3500亩新幼园全面落实标准化管理措施，组织镇村组三级干部、林果技术员及群众380多人（次），开展病虫害物理防治，悬挂糖醋液、粘虫板。投资314万元，在燕雷、雷李两村新建钢架拱棚157座；投资81.6万元，在章村设施蔬菜园区衬砌渠道0.435公里、安装变压器1台、架设线路1.5公里。全镇7个设施蔬菜园268座日光温室、817座钢架拱棚生产经营良好，11个村种植露地蔬菜4800亩，其中墩台、王村、向明3个村露地蔬菜种植500亩以上。

规模露地蔬菜种植

【**基础设施建设**】朱家涧村新建农民安置楼四幢140套，安置群众125户375人。完成雄发兴农果蔬保鲜库项目12间3000平方米冷库主体，已进入试运营阶段。投资960多万元，完成行道柏油罩面2.1万平方米，埋设污水管网1.7公里、雨水管网427米。对街道原有排水渠进行了清淤，更换盖板1850块、树池300多套，新建公共水厕1座。投资350万元，在上塬、中塬、四坡、掌曲村硬化道路3.2公里、砂化道路8.4公里，完成向上路返砂路柏油重新罩面。

【生态建设】实施道路林网建设，新栽油松2.4万株，补植柳树1000株，建成绿色通道10公里。全面完成境内6家砂厂的关闭、土地垦复工作。租用土地390多亩，在县城和农村水源地设置了防护区，确保饮水安全。

【美丽乡村建设】在完颜村计划投资2380万元，建成水景区、仿金地宫、民俗小吃一条街、蒙古包、儿童游乐园、垂钓中心等，吸收本村贫困户就业13人。景区全年接待游客5000多人（次）。

完颜民俗乡村旅游开发

【社会事业】坚持把社会事业发展作为改善民计民生、保障群众生产生活、密切干群关系的着力点和突破点来抓，全力推进社会各项事业发展。为480户计生“两户”减免新农合资金21.2万元，为400户计生“两户”代缴新农保资金7.29万元。积极举办社会治安综合治理宣传8场（次），定期开展道路、建筑工程、食品药品等领域安全检查8次。完善落实河长制、地质灾害、山洪灾害防治预案。在徐王村召开扫黑除恶专项斗争政策法规宣讲大会1次。新聘用贫困人员130人担任村级保洁员、护路员和生态环境保护员。

【社会保障】全镇参保17728人，参保率93%，符合养老保险待遇领取的4409人，发放率达到100%。贫困村参保率达到90%以上，政府代缴养老保险25.3元。全镇纳入农村低保对象677户1552人，发放低保金275.56万元、五保金27.7万元、孤儿生活补助金4.99万元、各类优抚对象补助及冬季退役军人优待补助金170.62万元、临时救助资金41.44万元、医疗救助金112.04万元、救灾资金17.6万元、残疾人两项补贴资金43.21万元、困难老人补贴9.13万元。

【脱贫攻坚】全镇有燕雷、朱家涧、章村、刘家沟、雷李、完颜等6个建档立卡贫困村，其中深度贫困村3个，2014年至2018年按程序新识别贫困人口411户1147人，自然增加555人，自然减少462人，累计脱贫1298户5524人，到年底，全镇未脱贫人口185户528人，贫困率下降到1.81%。以提高贫困群众人均纯收入为切入点，动员632户贫困群众种植露地蔬菜1111.5亩，按照每亩300元的标准，兑付帮扶资金33.345万元。争取产业发展专项资金358万元，动员贫困户入股泾川县鼎康牛业发展有限公司和泾川县雄发兴农果蔬保鲜有限公司，按照855元保底收益+0.6%的盈利收益参与分红。

领导班子成员名录

书　记　　林立峰
镇　长　　任晓钟
人大主席　郭建忠
副书记　　王小强
纪委书记　孙海涛
副镇长　　吕志厚
　　　　　赵小刚
　　　　　余芸芸（女）
党建办主任　王　军
武装部部长　脱　鑫
党委委员、二十里铺村党支部书记
　　　　　魏金平

（供稿：范利东）

党原镇

【概况】党原镇辖23个165个村民小组，有农业人口8732户35698人，从业人员15801人。年底，镇政府有职工105人。

2018年，党原镇以党的十九大及十九届二中、三中全会精神为统揽，以习近平新时代中国特色社会主义思想为指导，认真贯彻落实县委十七届四次全体会议暨县委经济工作会议精神，紧盯打赢脱贫攻坚战的目标任务，兴产业、夯基础、抓治理、强党建，全力推动全镇经济社会持续、健康、快速发展。

【基础设施建设】全年硬化道路2条4.9公里，新修排洪渠2条54.9公里，实施易地扶贫搬迁49户，危房改造204户，拆除危旧房屋309间，实施绿化375平方米；完成合道、陈袁2个村部改造；实施自来水入户148户，更换供水管道60公里。

【产业发展】完成贫困户果园标准化管理4400亩，为204户贫困户新建核桃园434亩，为227户贫困户栽植三年生苹果大苗700亩；建成赵家村黄金维纳斯矮化密植设施园104亩，举办果园标准化管理培训班15期，培训果农3000多人（次）。全年大牲畜存栏2331头，出栏11352头。种植露地蔬菜300亩，种植饲草400亩，种植全膜玉米2.3万亩，果园间作套种西瓜1569亩、马铃薯1600亩。

【生态建设】完成荒山补植补造174亩，栽植刺槐8万株；整修道路林网41.6公里，栽植云杉、油松等苗木2万株。

【社会事业】完成高崖小学、党原中心小学、高丰小学、小徐小学教师周转房建设项目。党原中学中考普通高中升学率为54%，位居全县第八；落实学前教育儿童保教费减免915人，高中（职）学段学杂费减免325人，省内高职学段学费减免151人。有87名学生享受“雨露计划”资金扶助；承办“平凉市春节联欢晚会城刘分会场”节目录制，举办了党阳古镇篝火晚会等大型文化活动。修建道路交通劝导站5个。

【社会保障】年内合作医疗参合32244人，参合率97.3%，开展残疾鉴定45人，帮助办理残疾证34本；全镇有低保对象883户2040人，五保对象90户90人，各类优抚对象231人，发放临时救助909人（次），医疗救助816人（次），救灾救助204人（次）。全镇养老保险应参保24898人，实际参保24477人，参保率为98.3%。

【精准扶贫】199户贫困户将40.2万元自有资金通过思源果品专业合作社入股富原红公司，每万元获取每年800元的收益分红。同时，动员全镇527户贫困户将527万元财政专项扶贫扶持资金分别入股到赵家村思源果品专业合作社、徐家鑫农果品专业合作社、党原镇牛犇养牛专业合作社，合作社分别与富原红果品公司、鼎惠农业科技有限公司、县鼎康牧业公司签订合同，按照855元保底收益+0.6%的盈利收益参与分红。2018年底，贫困户分红450585元，村集体分红34200元。

【精准脱贫】年初，全镇有贫困人口458户1573人，新识别纳入33户121人，返贫5户25人，年底稳定脱贫309户1070人，剩余贫困人口184户630人，贫困发生率降至1.75%。

【精神文明建设】积极推进“移风易俗、树立文明乡风”活动，组织开展“最美家庭”“党原好人”“脱贫光荣户”等评选活动，评选表彰各类先进85户（人）。举办“道德讲堂”4期，法治宣传“七进”活动15次，举办各类培训班25期，培训3000多人（次），累计举办文体活动15次。

领导班子成员名录

书　记	刘贵明
镇　长	刘小平
人大主席	白立华
副书记	朱俊毅
纪委书记	王　强
副镇长	王　栋
	史小银
	王海生
党建办主任	康慧敏（女）
武装部部长	韩宏福

党委委员、丁寨村党支部书记

王德良

党委委员、徐家村党支部书记

徐和平

（供稿：谢亚运）

玉都镇

【概况】玉都镇辖16个村129个村民小组，农业人口2.8万人，耕地面积6.3万亩。年底，镇政府在册干部103人。

2018年，全镇上下坚持以习近平新时代中国特色社会主义思想为指导，认真学习贯彻党的十九大和十九届二中、三中全会以及县委经济工作会议精神，紧紧围绕“党建统领，决战脱贫，产业支撑，配强设施，典型带动，改革突破”工作思路，持续优机制，不断强措施，奋力抓落实，全镇经济社会发展实现了新突破。

【产业开发】全面实施“三变改革”和农村集体产权制度改革，按照“村集体建园、合作社代管、群众自主经营”的果品产业发展思路，在郭家咀村建成矮化密植园541亩。扎实开展果品产业“提质增效年”活动，积极抵御自然灾害，邀请县林业局专业技术人员开展果园管理培训3次，培训果农2000多人（次），争取各类果园管理资金289万元，分配果农尿素240吨、二胺60吨、有机肥160吨，落实贫困户果园间作2824亩，组织73名县聘果树技术员，完成果树春剪2.65万亩，施肥3.4万亩。成立了“玉果”“玉牛”果品、养殖专业合作社。

【生态建设】春秋两季在贾洼、星火实施荒山造林2286亩（贾洼1411亩、星火875亩），栽植行道树36公里2.5万株油松。

【基础设施建设】年内完成小城镇改造提升工程，投资725.6万元，新修排洪渠2180米，清淤1800米，布设排污管道2400米、供水管网5774米，修建检查井60个，铺装人行道1.2万平方米。争取实施道路“畅返不畅”项目，在端贤、康家、李胡等6个村，改造硬化道理6.2公里。完成贾洼、星火村庄环境整治项目，硬化村组道路1300米、门前巷道3120平方米，衬砌排洪渠860米，安装道牙1670米。完成危房改造264户，维修住房6户。

玉都小城镇改造提升工程

【易地扶贫搬迁】年初，玉都镇移民新村全面建成，供暖、供水、供电、排污等设施全部到位，8月底楼房按户型全部分配到户，年底，有270余户800多人搬迁入住。

【社会事业】认真落实教育、卫生、医疗等扶贫政策，59名贫困户幼儿保教费全免，发放寄宿生活补助149名，办理贫困学生生源地信用助学贷款54名，玉都中学高考二本上线62人，全市示范性高中排名第五。建立了家庭医生签约服务，为1347人免费体检，开展妇女“两癌”筛查1589人，办理慢性病证204人。2018年全镇合作医疗应参合25071人，实际参合24488人，参保率98%。全镇养老保险应参保18905人，实际参保17792人，参保率94.1%。

【社会保障】全镇有各类优抚对象225人每月共发放补助资金60311元（其中在乡老复员军人3人发放3345元，病故军人遗属2人发放3426元，伤残军人2人发放3285元，参战退役人员14人发放8400元，参试退役人员14人发放8400元，烈士子女1人发放440元，60周岁以上退役士兵补助

187人32445元）。全镇共有低保对象696户1667人，其中一类148户215人，二类156户413人，三类392户1039人（一类低保保障标准：335元每人每月；二类低保保障标准：318元每人每月；三类低保保障标准：84元每人每月）。全镇共有五保对象124户127人，其中分散供养77户80人，集中供养47人。15名孤儿发放基本生活费10.94万元；38名重点优抚对象发放门诊医疗补助9060元；1名进藏士兵发放一次性奖励金1万元。

【扶贫攻坚】年初，全镇有贫困户366户1347人，贫困发生率为4.6%，动态调整新识别8户28人，剔除19户77人。年底脱贫239户926人，下剩建档立卡贫困户116户365人，贫困发生率下降为1.28%。

领导班子成员名录

书　记　　孙永东（2019年1月止）
镇　长　　吕永发
人大主席　王一忠
副书记　　何宏福
纪委书记　罗双福
副镇长　　杜小伟
　　　　　吴文刚
　　　　　曹　刚
武装部部长　巨永生
党建办主任　刘向东
党委委员、康家村党支部书记
　　　　　康广生

（供稿：邓虎虎）

丰台镇

【概况】丰台镇辖13个村103个村民小组，有农业人口6271户27064人，耕地面积67306.4亩，人均2.5亩。年底，镇政府有职工77人。

2018年，丰台镇坚持以习近平新时代中国特色社会主义思想为指导，深入贯彻党的十九大和十九届二中、三中全会精神，认真贯彻县委、县政府决策部署，抢抓政策机遇，克服多种困难，聚焦脱贫攻坚，稳步推进果品产业，持续保障改善民生，全镇经济社会发展稳中向好。

【果业发展】始终把果品产业作为强镇富民的“首位产业”，突出质量提升，着眼丰产园灾后自救，举办果园管理培训班30场（次），培训果农3500多人（次），落实夏季拉枝7000亩，喷施农药2.3万亩，悬挂粘虫板1.5万亩，落实幼园春剪1.6万亩，幼园补植2500亩，间作覆膜2020亩，间作套种马铃薯400亩、豆类2800亩、西瓜300亩，果品产业发展水平不断提升。受“4・7”冻灾影响，全年果品产量减产80%以上，人均果品收入1050元，同比下降4663元。

【生态环境建设】完成新一轮退耕还林补植补造1034亩，补植200亩；扎实整理林床28公里，建设道路林网21公里；完成南堡子村、丰台村土地平整复垦464.4亩，深入开展全域无垃圾治理行动。拆除废旧房屋80多间；查处环保突出问题6处，依规完成中学、卫生院4台锅炉“煤改气”改造，西街商住楼洁净煤锅炉改造，建成二级煤炭配送网点3处，关停废旧地膜回收处理厂2处。

【脱贫攻坚】全面落实“一户一策”精准脱贫计划，深入推进“九大冲刺行动”，完成贫困户果园管理1350亩，果树冬剪350亩，间作套种马铃薯350亩，补贴化肥34吨；完成贫困村山台地经济林建设1238亩；组织107户贫困户入股鼎康、鼎惠2家企业；举办贫困户种养业等实用务作技术培训班4期，培训400人（次），输转劳动力5000多人。实现脱贫99户279人，下剩40户142人未脱贫，贫困发生率下降至0.53%。

【基础设施建设】建成丰台镇污水处理厂1处；配合完成蒋丰路拓宽改造4.5公里，湫池—焦家“白改黑”改造提升11.5公里；丰台镇就业和社会保障服务中心主体落成，加油站项目建设顺利推进。实施农村危房改造100户，农房改造29户，硬化巷道2194平方米，硬化村组道路1.9公里；完成自来水入户23户，收回到期扶贫贷款112户560万元，新贷、续贷24户150万元。

【社会保障】全年发放各类民政资金5785.5万元，兑现各项强农惠农资金600.62万元，其中发放自然灾害救助55.88万元，临时救助61.73万元，农村低保206.25万元，农村五保18.6万元，孤儿生活费8万元，抚恤金104.34万元，残疾人两补41.84万元。2018年参合人数23594人，缴纳参合基金485.32万元，参合率达到87.51％。养老保险应参保人数18004人，实际参保17917人，缴纳养老基金265.36万元，参保率99.5%。

【社会治理】利用逢集日开展普法宣传15场（次），发放宣传单20000多张，到村举办法制讲座13次，受教育1000多人（次），妥善处置信访问题26件，全年无进京赴省事件发生，全镇社会大局和谐稳定。

领导班子成员目录

书　记　　段全福
镇　长　　李灵芳（女，2月止）
　　　　　张小英（女，2月任）
人大主席　路志峰
纪委书记　朱小军
副镇长　　张胜前
　　　　　卢焱飞
　　　　　张志杰
党建办主任　吕新锋
武装部部长　赵向恒
党委委员、杨涝池村党支部书记
　　　　　杨维东

（供稿：刘向东）

红河乡

【概况】红河乡辖8个村50个村民小组2061户8370人，耕地29048.5亩，其中川地6505亩，山地22543.5亩。年底，乡政府有干部职工54人。

2018年，红河乡坚持以习近平新时代中国特色社会主义思想为指导，深入贯彻党的十九大和十九届二中、三中全会精神，认真落实省、市、县各项决策部署，按照“12345”年度工作思路，聚力冲刺脱贫攻坚，统筹推进各项重点工作，全乡经济稳中有进，较好地完成了各项目标任务。

【产业发展】落实幼园标准化管理2261亩，扶持124个贫困户发展养牛300头；新建设施蔬菜园区5个，建成日光温室41座，钢架大棚90座；配套了园区灌溉设施，种植露地瓜菜960亩，全乡瓜菜总产1630吨，产值419万元，在产业扶贫中贡献率达到25.5%；为5个贫困村和59户贫困户配股入股139万元，年底分红11.9万。年内依靠产业实现脱贫143户，占脱贫户的53.9%。

【基础设施建设】完成危房改造40户，帮助历年危房改造户和易地搬迁户入住67户，硬化村组道路8公里，拓宽砂化上山道路5.5公里，新建排洪渠1.81公里；为120户群众接通自来水；为2个村民小组接通动力电，新建标准化村卫生所1个。集中实施街道改造及排污管网配套工程，建成污水处理站。

【生态建设】完成红柳公路绿色通道建设10.3公里，实施面山绿化980亩，栽植油松、杨树、柳树等绿化苗木5.8万株。

【美丽乡村建设】实施田赵村“千村美丽”示范村建设，集中开展农户庄前屋后清理整治，硬化巷道660米，新建排洪渠770米，安装太阳能路灯40盏，修建垃圾仓3个，配备垃圾箱50个。实施吴家村市列美丽乡村示范村建设。

【社会保障】发放各类惠农补贴893.6万元，救助资金43万元；帮助贫困群众办理慢性病补偿证425人，落实家庭医生签约服务6461人，帮助1378名贫困人口补报各类医疗费用461.12万元；重新评定低保309户879人、特困供养30户31人，将85户191名贫困人口纳入政策兜底实现脱贫；

选聘贫困人口118人担任村级保洁员、护路员。

【精准扶贫】年底，朱段、吴家、龙王桥3个贫困村实现了脱贫退出，全乡稳定脱贫265户943人，下剩贫困人口50户153人，贫困发生率下降到1.83%。

领导班子成员名录

书　记　　徐保学
乡　长　　王俊宏
人大主席　史志强
副书记　　刘广军（6月止）
纪委书记　陶继成
副乡长　　曹海勇
　　　　　刘燕妮（女）
党建办主任　刘　兵
武装部部长　李永锋
党委委员、龙王桥村党支部书记
　　　　　袁高峰

（供稿：曹人方）

荔堡镇

【概况】荔堡镇共辖17个村136个村民小组7523户33371人，耕地7.5万亩，林地6.1万亩。年底，镇政府干部职工110人。

【产业开发】栽植三年生大杆苹果苗木321亩、矮化密植苹果510.03亩、核桃1052亩、花椒2064亩，间作套种7282亩，购买化肥212吨、农药290公斤、地膜22吨，对全镇2.7万亩丰产园、1.65万亩新幼园、680亩杂果园落实了标准化管理措施；扶持庙李犇腾、原董牧原等肉牛养殖小区饲养肉牛67头，带动贫困户饲养肉牛146头、肉猪219口、肉鸡1127只；为254户贫困户发放基础母牛补助18.85万元；投资35万元为70户未脱贫户购买“平凉红牛”基础母牛70头；采取资金入股的方式，分五批为685户贫困户分别与县鼎康、鼎惠公司建立利益联结机制，年底实现分红4.68万元；购买施肥机5台，为大寨等3个园区配套了滴灌工程。

荔堡镇庙李村犇腾养牛专业合作社

【基础设施建设】启动荔堡街道排水排污及柏油罩面工程，年内完成街道排污管道开挖、压埋和南关路柏油罩面工作；完成小盘河移民搬迁安置点基础设施配套工程，征收土地1570亩，完成库区移民安置61户，兑付补偿资金4671.9万元；协调配合电力部门完成问城等5村农电网改造工程，解决了下片5个村2609户群众用电问题；建成污水处理站1座；配合交通部门完成巨荔路（荔堡段8.5公里）道路提载工程和张茂才至荔堡街道“畅返不畅”道路11.2公里翻砂油路维修工程；硬化刘山、大寨、小寨村组道路17.68公里；实施沟圈至庙李村村庄环境整治项目，硬化村内巷道5880平方米，修建户前花园1600平方米，衬砌渠道4600米，拆除宅外建筑59间；配备垃圾仓17个、分类式垃圾箱186个；改造卫生厕所58户。

【社会事业】实施庙李、问城等小学“改薄”项目，建成道路交通劝导站3处；维修荔堡中心卫生院围墙43米，改造住院部一楼中医馆，新增床位10张，年接诊5400人（次）；开展“幸福家庭”创建、“健康百佳”评选、家庭医生签约服务活动；建成刘山村标准化卫生室；年内培训贫困劳动力562人（次），输转贫困劳动力410户585人；安排保洁员、环保员、护路员等公益性岗位169个，为公益性岗位人员购买人身意外伤害保险169人。

【社会保障】全镇有低保对象691户2145人，

分散特困供养对象94人，优抚对象236人，孤儿20名，发放低保、五保、孤儿、优抚等各类优抚资金447.72万元；发放临时救助资金68户35.64万元；对行动不便的88名大病患者、405名慢性病患者提供家庭医生签约服务；办理门诊特殊慢性病补偿证234个；农村合作医疗报销1421人412.44万元；落实医疗救助15.83万元；合作医疗及城乡居民参保率达到99%；调处化解矛盾纠纷65件。

【脱贫攻坚】年内，新识别贫困户12户56人，贫困人口自然增加166人，自然减少246人；完成159户危房改造和31户住房改造任务；完成地庄、沟圈、东关、西关4村19户易地扶贫搬迁；自来水入户59户；发放精准扶贫贷款100户500万元，办理到期贷款还贷和续贷手续410户；严格落实控辍保学"双线目标责任制"，劝返辍学学生6人，落实建档立卡困难学生中高职"雨露计划"184人27.6万元；年底，全镇563户1955人稳定脱贫，贫困发生率下降至1.3%。

领导班子成员名录

书　记　　巫廷举
镇　长　　吴生文
副书记　　吕保郎
纪委书记　　吴向忠
副镇长　　赵永锋
　　　　吕拴宏
　　　　何丽萍（女）
党建办主任　　章志刚
武装部部长　　陈怀勤
人大副主席　　王　伟
党委委员、西关村党总支书记
　　　　孙碎虎

（供稿：魏九锡）

泾明乡

【概况】泾明乡辖12个村71个村民小组3198户14010人，总面积61.5平方公里，总耕地33150亩。年底，乡政府有干部职工81人。

2018年，泾明乡认真贯彻党的十九大精神，坚持以习近平新时代中国特色社会主义思想为指导，按照县委十七届四次全体会议暨县委经济工作会议和县委农村工作暨扶贫开发工作会议确定的工作思路和重点任务，紧盯脱贫攻坚目标，全力实施"九大冲刺行动"，突出工作重点，压实工作责任，全力实干攻坚，奋力推进全乡经济社会转型发展。

【产业发展】新建日光温室6座、钢架拱棚13座，在算李、郝家、雷家沟、沟门前4村集中建成设施西瓜种植基地1055亩，搭建钢架设施大棚2100座，当年实现产值1600多万元。全乡种植西甜瓜、白地黄瓜等设施瓜菜150亩，种植地膜洋芋、青刀豆等露地蔬菜1280亩。完成果园施肥6290亩，幼园覆膜2340亩，春剪4990亩，新建花椒、核桃等杂果经济林1350亩。新建暖棚圈舍29座、规模化养殖场1处，新增牛猪鸡养殖1800头（只）。针对"4·9"低温冻害，督促保险公司为681户群众理赔3111.3亩10.8万元。新建农民专业合作社3个，全乡农民专业合作社达到14个。

【"三变"改革】在白家村开展农村"三变"改革试点工作，年底兑现入股分红7.69万元，算李村按照"公司+合作社+村集体+农户"机制，将村集体资源和群众土地资源入股浙江惠庆公司，为20户贫困户每户配股5000元，村集体分红1.82万元，群众分红16.79万元。按照"公司+合作社+贫困户"模式，为3个贫困村46户贫困户每户配股1万元，统一入股泾川县鼎欣林果科技发展有限公司，村集体分红0.78万元，贫困户分红3.14万元。

【乡村旅游开发】完善白家景区生态采摘园、休闲垂钓园、儿童游乐园、花卉观景区、水景休闲区、民俗体验区、丛林探秘区等景点体系，新建儿童游乐场、水上乐园2处，建成花卉小品园、戏水池、步道等设施。发展农家乐15家、农特产及手工艺品店3家，开发“白家黄酒”等乡村旅游纪念品11种。制作《山水白家》旅游宣传形象片，举办泾川县“山水白家”乡村旅游文化节、“相约山水白家·聚焦秀美泾明”征文活动、全乡农民趣味运动会等活动10余场次，2018年累计接待县内外游客6万人，实现旅游收入160多万元。白家民俗文化景区通过市旅游局AAA级景区评定。

【生态建设】完成算李至白家北面山绿化2680亩，在北大路及521线补植行道树21公里栽8.64万株，种植花草180亩。新建蔡家咀至长庆桥河堤8公里，乡、村河长开展巡河50多次。配合县环保局完成长庆桥国控断面水质监测站建设。

【社会事业】落实学前教育儿童保教费减免535人，紫荆小学实施“全面改薄”项目，投资70万元，新建、改扩建校舍281.63平方米，泾明中学中考普通高中升学率为68.82%，居全县第二名，为高（中）职阶段43名学生落实“雨露计划”补助6.45万元。举办第四届中考、高考颁奖晚会，动员非公企业、个人为困难学生捐资助学2.4万元。2018年全乡合作医疗参合12444人，参合率达到92％，完成农村妇女“两癌”检查726人，办理慢性病补偿证205个，开展残疾鉴定128人，帮助办理残疾证95本，新建道路交通安全劝导站3个。

【社会保障】全乡有低保对象339户867人，五保对象36户41人，各类优抚对象92人，发放临时救助392人（次）、医疗救助293人（次），全乡养老保险参保9056人，参保率达到95%以上，贫困人口参保率达到100%，符合养老保险待遇领取人员2206人。

【脱贫攻坚】根据200个建档立卡贫困户家庭实际制订了“一户一策”脱贫计划，对已脱贫的444户1802人进行全面核查。全乡龙头企业、合作社、种植大户通过订单种植、土地流转、“三变”改革与313户贫困户形成利益联结，解决贫困人口就业68人，贫困群众就地务工增收140多万元。开发保洁员、护路员、护林员等乡村公益性岗位65个。发放精准扶贫贷款10户50万元，收回到期贷款228户969万元。年底，全乡稳定脱贫155户481人，贫困发生率降至0.91%。

领导班子成员名录

书　记　　温建平
乡　长　　赵华强
副书记　　吕俊英
纪委书记　　王福全
副乡长　　脱丽英（女）
　　罗小龙
党建办主任　　王新红
武装部部长　　杨　云
党委委员、山底下村党支部书记
　　王安贤

（供稿：杨芳芳）

罗汉洞乡

【概况】罗汉洞乡辖12个村81个村民小组3999户16749人。年底，乡政府机关有干部职工96人。

2018年，罗汉洞乡以习近平新时代中国特色社会主义思想为指导，坚持稳中求进工作总基调，按照县委十七届四次全会确定的总体思路，紧扣全乡“一园、两带、三基地、四区”建设总体任务，以脱贫攻坚重心，全力抓重点、补短板、强弱项，强化项目支撑，促进产业转型升级，统筹社会事业发展，较好地推动了全乡经济社会发展。

【产业培育】年内5次组织乡村组干部外出学习黄花、大蒜栽植和柿子加工等增收技术，邀请县内外专家教授现场开展果园管理、蔬菜种植等实用技术培训10多场（次），培训群众2000多人（次）。紧盯柿子产业一业突破，对北坡、景村、南河村、罗汉洞、吕家拉、中村、挽头坪、张姚、丈八寺9个村标准化管理5595亩柿子园全面落实，在罗汉洞、吕家拉、中村、挽头坪、张姚、丈八寺6个村1270亩果园内实施间作套种。投资400万元，在南河村新建蔬菜大拱棚100座，日光温室6座，连栋温室1座；在王家沟等4村种植露地蔬菜467亩，在王家沟等7村种植露天大蒜243亩、黄花1600多亩，在罗汉洞、吕家拉2个村栽植花椒138亩。招商引进浙江惠庆生态农业有限公司，在土堑坳、南河村等5村流转土地3347亩，种植大棚西瓜，依托扶贫资金和东西部扶贫协作对口帮扶项目，在丈八寺、挽头坪、景村、中村、吕家拉、张姚6个村新建柿子晾晒棚161座，配套加工设备161套，在南河村、吕家拉、景村、中村、挽头坪、张姚、丈八寺7个村新建果蔬冷藏库7座。注册“泾州罗汉洞”牌果品商标。

【基础设施建设】拓宽整修丈八寺、景村2个村柿子园区道路12.5公里，砂化4.5公里，栽植各类绿化苗木4.5万株。在挽头坪、景村、中村、吕家拉、南河村5个村安装太阳能路灯360盏，维修南河村大口井1处。硬化中村、罗汉洞2个村通村主干道路4.9公里，配套衬砌渠4.7公里；D级危房全部清零，55户C级危房实施改造，28户群众通过易地扶贫搬迁工程喜迁新居，44户群众接通自来水。在街道拆除原有排水渠1165米，安装路灯50盏，铺设地砖6017平方米，埋设排污管道1534米、排洪管道1521米，铺设过路涵管18米，硬化道路4020平方米，安装道牙2934米，新修排洪渠173米、雨污检查井106座；建成罗汉洞污水处理厂。

【生态建设】完善退耕还林补植补栽3500多亩，完成林床整理28公里，栽植行道树24公里。清理整治燃煤锅炉3台，取缔关停乡域内采砂场、石料场9处；全年累计清理生活垃圾400多吨。

【脱贫攻坚】扶持贫困户修建牛棚17座，养牛128头，养猪154头，养鸡5734只，养兔850只；举办实用务作技术培训班8期535人（次），劳务输转235人（次），落实基础母牛补贴资金174户15.6万元，收回扶贫贷款88户440万元，新贷18户190万元，办理转贷362户；发放医疗救助、低保及其他民政救助资金276.8万元；安排乡村保洁员、护林员91名。年内实现稳定脱贫251户844人，贫困发生率下降至1.27%。

【乡村旅游】邀请专业设计公司完成柿子田园综合体整体规划，形成可行性研究报告，建成柿集、柿庄、采摘园、同心亭、观景台等景点，打造了以春赏花、夏纳凉、秋摄影、冬品柿为一体的柿子田园综合体。以罗汉洞石窟带为契机，建设起东起韩家沟、西至霍家沟口，东西长约2公里，南北宽约200米，总面积20.1公顷的石窟特色旅游景区。

【社会事业】开展农村妇女“两癌”普查880人，办理门诊慢特病补偿证240人，完成家庭医生签约服务1551户；新建土堑坳村小学教学及附属用房9间，劝返辍学学生6人。

【综合治理】组织安监、司法、综治、派出所、食药监所等站所开展联合执法检查8次，开展道路交通集中专项整治行动4次。及时排查化解各类矛盾纠纷，回复办理网站留言38件，接待信访群众180多人（次）；开展综治、防邪、禁毒等宣传培训12次。

【民生保障】全乡有低保对象306户863人，全年发放低保金196.5万元；有五保对象29户29人，发放保障金16.6万元；有优抚对象136人，发放补助资金43.9万元。合作医疗收缴13265人，参加养老保险11259人，收缴保险费用172.92万元。

领导班子成员名录

书　记	尚小平（2019年1月止）
乡　长	赵亮亮
人大主席	袁智兴
副书记	林　浩
纪委书记	刘宏鹏
副乡长	李小军
	荆红梅(女)

武装部部长　张　伟

党建办主任　马　强

党委委员、王家沟村党支部书记

韩福林

（供稿：杨君刚）

窑店镇

【概况】窑店镇辖12个村82个村民小组，489户17271人，耕地2.9万亩。年底，镇政府有干部职工84人。

2018年，窑店镇深入学习贯彻党的十九大和十九届二中、三中全会精神，全面落实中央、省市县委各项决策部署，以富民强镇为总揽，以脱贫攻坚为重点，突出产业提质增效，优化思路，落实措施，全镇经济社会发展保持了健康稳定的发展势头。

【产业发展】13户贫困户养殖基础母牛20头，落实补贴10万元，为5户贫困户落实圈舍补助资金4.1万元。邀请山东农大教授姜远茂、西北农林科技大学教授李丙智及县果业局技术人员开展技术培训24期5800多人（次），增施有机肥12000多亩，果树覆膜5000多亩，生草种草5000亩，在将军村建成“维纳斯”黄金苹果矮化密植示范基地100亩，公主村清理老果园120亩全部栽植矮化密植园，落实间伐改造、高接换优260亩。为全镇180户贫困户配股147.5万元，练范村、南头湾村利用集体资金入股20万元，练范村以集体31亩果园入股，4户农户以自有22.8亩果园入股，采取“保底分红+盈利分红”的模式，共分红161860元。

【生态建设】完成退耕还林补植补造284亩、荒山造林625亩，栽植行道树12000多株，村屯绿化10.3亩，建成绿色通道8.1公里。清理垃圾倾倒点13处，新建垃圾仓12个，拆除废旧庄基、危旧房屋97处。

【基础设施建设】完成危房改造48户，易地搬迁6户，集中实施练范村人居环境整治，衬砌排洪渠7公里，安装道牙3300米；实施凤口街道改造提升，修建排水暗渠395米，敷设排污管934米，配套检查井34座。铺设天然气管道3公里。自来水新入户28户，建成桑园水厂调速池300立方米，完成公主、峪头、东坡3村供水管道改造8.5公里。

【社会事业】争取资金320多万元，完成窑店中学教学辅助用房主体修建，投资80万元实施中心幼儿园日托制改造，完成东坡小学操场硬化及教学辅助用房改造；完成农村妇女“两癌”检查979例。

【社会保障】输转贫困户劳动力128人，选聘公益性岗位36名、生态护林员5名，为165户贫困户落实了家庭医生签约服务，帮助114名患慢特病贫困人口办理了慢性病诊疗卡，全乡有低保、五保优抚1413人，共发放低保金224.7万元、特困供养费40.69万元、抚恤金58.2万元、医疗救助46.99万元、孤儿生活费5.76万元、临时救助金18.1万元、残疾人“两补”资金34.19万元。

【精准扶贫】新识别纳入5户17人。镇干部及驻村帮扶工作队队员每人帮扶3～5个贫困户，组织“三个带头人”与贫困户结成73个帮扶对子。帮助16名贫困学生申请“雨露计划”补助金2.4万元，为43名贫困大学生资助学费9.35万元，为124户有意愿的贫困户落实产业扶贫贷款620万元，富原红公司建立了扶贫车间，优先聘用贫困户务工，月均工资3000元。年底，稳定脱贫132户381人，剩余贫困人口33户94人，贫困发生率下降至0.51%。

领导班子成员名录

书　记　　吕孝忠

镇　长　　陈建新

人大主席　许春艳（女）

副书记　　刘书良

纪委书记　杜义平

副镇长　　郭双武

林　相

李小银

党建办主任　何建辉

武装部部长　郑海龙

党委委员、龙盘村党支部书记

薛宽义

（供稿：张　璞）

飞云镇

【概况】飞云镇辖11个村84个村民小组4658户18375人。土地总面积4.2万亩，耕地面积3.42万亩，其中山地1.1万亩、塬地2.3万亩，人均耕地1.86亩。年底，镇政府机关有职工81人。

2018年，飞云镇以习近平新时代中国特色社会主义思想为指导，认真贯彻落实县委、县政府各项决策部署，以产业增收和项目带动为抓手，全力推进脱贫攻坚，精心培育富民产业，努力改善基础条件，大力发展社会事业，较好地完成了年度各项工作任务。

【产业发展】新建大杆苗苹果园246亩，完成幼园补植2630亩，实施防雹减灾30亩；建成七塬坳和岸门张家沟圈初挂果园、东高寺长征幼园、南庄头幼园间作、老庄官场大杆苗、元朝丰产园种草等果园标准化管理示范点，间伐改造220亩。举办果园管理技术培训班32期，培训果农4400多人（次）。成立农民专业合作社3个。

【生态建设】完成岸门、西高寺站背后、岸门张家沟圈等村道路林网22公里，栽植苗木6650株，实施南庄头村二郎沟荒山荒沟生态林补植和东高寺、南峪、老庄土地垦复生态恢复300亩，栽植油松、刺槐18万株，整修林床42公里。清运垃圾2600余吨；建成二级煤炭销售网点6个；加强37名乡村保洁人员管理，评选出“美丽庭院”20户。

【基础设施建设】在闫崖头村实施旧村改造，拆除改建维修旧房屋91户，垦复旧庄基11亩，修建排洪渠350米、砂化道路1.3公里、村屯绿化美化2.4公里。拓宽砂化南峪、坡头等村组道路6.5公里。实施南庄头村脱贫巩固提升工程，砂化道路0.9公里，维修排洪渠0.8公里，绿化美化22亩。完成岸门村1100千伏输电线路9户群众搬迁安置和旧庄基拆除工程。镇文化广场全面竣工，建成文化舞台1座，铺设广场2350平方米，配套活动器材12套，绿化600平方米，完成镇街道排污排洪改造提升和污水处理站建设。

【社会事业】年内，九年级升学率达到了91%，其中高中录取56人，六年级质量检测三科合格率55.12%；铺装中心小学操场4000平方米。落实免费孕前优生健康检查81对，报销合作医疗345人（次）95.96万元；举办全镇第二届广场舞大赛和推动移风易俗树立文明新风评选表彰大会；建成了镇老年人活动中心，配套南峪、元朝村文化广场健身器材14套。

【社会保障】按政策发放社会养老保险金2886人359.26万元，低保群众生活补助195.28万元，孤儿生活补助6.53万元，五保老人生活补助27.31万元，经济困难老年人生活补助8.11万元，残疾人两项补贴33.52万元，临时救助51.55万元；全镇城乡居民基本养老保险参保人数达11564人，征收养老保险基金178.59万元，参保率95.77%；参加新型农村合作医疗15661人，收缴个人合作基金253.37万元。

【精准扶贫】帮助贫困户新建三年生大杆苹果园131亩，扶持229户贫困户果园间作经济作物910.3亩，向贫困户发放化肥29吨，动员72户贫困户入股鼎康牛业和富原红果品公司，户均年增收855元；举办劳务技能培训班3期，培训群众171人，年内83户256人实现脱贫，贫困发生率下降至0.28%。

新建的镇文化广场

领导班子成员名录

书　记　　高玉红（女）

镇　长　　吴晓峰

副书记　　郭亚锋

纪委书记　　吕喜荣

副镇长　　张志杰

　　　　　刘自鹏

党建办主任　　谢小平

武装部部长　　杨　华

党委委员、南峪村党支部书记

　　　　　辛秀成

（供稿：席掌军）

高平镇

【概况】 高平镇辖29个村213个村民小组10385户35257口人，耕地总面积31772.8亩，人均耕地1.18亩。年底，镇机关有干部职工120人。

2018年，高平镇以党的十九大精神为指导，认真落实县委十七届四次全体会议精神，围绕“提升产业促增收、优化设施强基础、从严治党正风纪、扶贫攻坚奔小康”总体要求，紧紧围绕“紧扣一个目标，扩大建设三个示范带，抓好四项重点，培育六个典型”的思路，紧盯整县脱贫目标，抓项目、优设施，抓改革、创机制，抓民生、促和谐，全镇经济社会呈现出了良好的发展势头。

召开镇党委（扩大）会暨农业农村工作会议

【产业发展】 完成果园施肥、修剪、病虫害防治4.8万亩，为没有果品产业的286户556人栽植核桃50亩、花椒439亩，为贫困户4558亩果园落实了标准化管理措施；在草滩等村新建日光温室14座、钢架大棚190座，培育辣椒、黄瓜、西红柿等菜苗82万株，开展蔬菜种植培训18期650人（次）；帮扶有养殖意愿和能力的163户337人低保贫困户养牛21头、养猪44头。

【基础设施建设】 实施易地扶贫搬迁26户80人，完成C级危房改造395户。整合资金150万元，硬化草滩、代家、任家寺等村组道路1.7公路，衬砌渠道1.75公路；实施原尚至董家路、后庄至草滩路等5条道路硬化工程32公里；实施三十铺、草滩、董家3村旧村改造，拆除废旧庄基557间，新建水渠2729米，安装道牙4061米，新修围墙1526平方米，硬化巷道7040.4平方米。

【生态环境建设】 完成退耕还林补植补造工程14处3400亩；完成石家槽、三十铺、上湾退耕还林改造工程1000亩，栽植油松、刺槐28万株。狠抓全域无垃圾专项治理工作，完成村屯绿化8000平方米；整修高太路、高邵路道路林网18.2公里，补植樱花、海棠等绿化苗木4333株，新建任家寺村道路林网3公里，栽植香花槐、云杉3066株；清理路旁堆放的杂物、柴草、建筑材料等路障192处。启动运行三十铺村垃圾填埋场和污水处理站，有效改善了村庄环境。

【社会事业】及时发放各类惠农强农资金2323.5万元。发放民政资金829.79万元，其中低保资金459.52万元，优抚资金185.27万元；全镇参合人数30905人，缴纳参合基金679.91万元，参合率达到95%。养老保险应参保23715人，实际参保22906人，缴纳养老保险金312.22万元，参保率96.59%。共为192户困难群众发放煤炭96吨、火炉44个、棉衣123件、被褥107套。

【精准扶贫】对754户2125人贫困人口和58户192人需巩固提升的脱贫户，分别制订“一户一策”精准脱贫计划，积极推进农村“三变”改革，将财政专项扶贫资金549万元入股三个龙头企业，带动贫困人口549户1624人参股分红。年内任家寺、草滩、下梁3个贫困村实现了脱贫退出，脱贫673户1890人，贫困发生率下降到0.66%。

领导班子成员名录

书　记　　樊志辉
镇　长　　薛立军
人大主席　杜　斌
副书记　　吕永亮
纪委书记　陈怀亮
副镇长　　韩　伟
　　　　　马　亮
　　　　　李海峰（2月任）
党建办主任　董小平
党委委员、许家坡村党支部书记
　　　　　薛小平

（供稿：李海涛）

太平镇

【概况】太平镇辖15个村94个村民小组3855户16223人，有耕地7.6万亩。年底，镇政府有干部职工77人。

2018年，太平镇以党的十九大及十九届二中、三中全会精神为统揽，以习近平新时代中国特色社会主义思想为指导，认真贯彻落实省市、县委经济工作会议精神，紧盯脱贫攻坚目标任务，坚持强党建、兴产业、夯基础、抓治理，全力推动全镇经济社会持续、健康、快速发展。

【果品产业】全镇新建苹果园18.9亩、核桃园574.72亩、花椒园650.9亩，全面落实苹果园标准化管理措施6206.3亩、核桃园10029.89亩，完成苹果园间作套种瓜菜豆类1442.83亩、核桃园间作套种小杂粮4281.83亩。

【蔬菜产业】在盘口村新建设施蔬菜园区1处，建成川区日光温室37座、钢架蔬菜大棚169座，维修蔬菜大棚78座，配套灌溉设施3处；举办蔬菜产业培训5期，培训菜农700多人（次），在焦村引进吊蔓甜瓜、吊蔓西瓜等新特优品种750亩，在周家村种植药材600亩；日光温室年棚均可收入2.5万元，钢架大棚棚均收入0.8万元；在黑河川区种植黄花菜678.08亩，建成黄花菜、花椒烘干扶贫加工车间1处。

【畜牧产业】投资122.628万元，引导贫困户发展养鸡3428只、养猪70头，养殖基础母牛237头，通过采取“公司+合作社+农户”的模式，带动55户贫困户参股合作社发展畜牧养殖产业，现有肉牛养殖场10处，牛存栏2669头，其中基础母牛存栏2031头。

【劳务输转】全年开展各类实用技术培训12期1610人次，完成劳务输转5232人。

【旱作农业】镇上以焦村、盘口为中心，全力推广全膜双垄沟播等旱作农业技术，统一供应地膜，机械化覆膜，种植全膜玉米1000亩、马铃薯2100亩。

【生态建设】年内完成面山绿化863亩，栽植行道树4.07公里，整修主干道路林床59.8公里，补植油松、柳树等苗木6650株，种植花草1500多平方米，在口家唐李沟、朱家沟北山补植油松、花椒、刺槐等苗木8.6万株。

【基础设施建设】实施易地搬迁220户860人，

完成危房改造31户。砂化道路5.29公里，硬化村组道路1.07公里，修建排洪渠4.51公里，新建水过面桥2座，治理河堤2.6公里，建成荒场村文化广场1处，基础条件进一步改善。

【社会事业】投资373万元，新建太平中学三层1263.6平方米女生宿舍公寓楼一幢，改造中心小学教师宿舍及教学楼设施，在中心小学、黑河、口家等6所小学建成实验室、计算机教室，三星小学落成幸福图书馆。全镇九年级毕业升学率达到91.9%，小学教育在全县综合考核中位居第六名。全年发放寄宿生补助334人34.775万元，为省内大中专院校就读的142名学生落实“雨露计划”资金补助。

【民生保障】全镇有低保户555户1342人，发放低保金235.588万元；为43名五保老人发放保障金25.7206万元；发放临时救助51户16.07万元。2018年全镇参保10507人，参保率98.42%，其中贫困户参保率100%，收缴保险费用133.65万元，60岁以上待遇领取2492人，代缴养老保险资金4785人47.85万元。全镇应参合14196人，实际参合13160人，参合率98.42%，其中贫困户参合率100%，参合资金289.52万元。年内发放退耕还林补助资金411.7242万元，粮食直补335.5018万元，公益林补助资金113.09万元，草原生态补助资金3415户10.7万元，发放自然灾害资金45.684万元。

【环境保护】投资54万，在何家村建成占地约220平方米污水处理站1处，铺设污水管道2000米，受益人数达4000多人，年内开展全域无垃圾专项治理督查4次，清运垃圾60余吨，治理垃圾堆放点40多处，为7村243户易地搬迁户配套水冲式卫生厕所。全面推行河长制，组织川区7村定期清理河道垃圾。

【脱贫攻坚】举办各类技术培训12期1610人（次），完成劳务输转5232人；落实到户增收产业项目资金527.87万元，实施7429.68亩苹果园和山台地核桃园标准化管理措施，年内成立6个专业合作社，将财政专项扶贫资金579.5万元入股泾川县鼎康牛业公司和泾川县富原红果品公司，辐射带动无收入、无劳动能力贫困户539户。为746户2486人编制“一户一策”精准脱贫计划，全年脱贫599户2022人，崖窑、三星、焦村3个贫困村脱贫，剩余贫困村2个，贫困人口147户461人，贫困发生率下降至2.84%。

领导班子成员名录

书　记　　尚志龙
镇　长　　高凯华
副书记　　徐胜军
纪委书记　杜江鲛
副镇长　　王海映
　　　　　秦小龙
　　　　　吕宏伟
党建办主任　王红艳（女）
党委委员、阴坡村党支部书记
　　　　　陶回乡

（供稿：吕金娟）

温泉开发区

【概况】温泉经济开发区辖3个行政村24个村民小组，总面积19.7平方公里，总人口5763人，其中农业人口4965人。年底，有干部职工54人。

2018年，开发区认真贯彻县委十七届四次全委会暨县委经济工作会议精神，以项目建设为重点，多方招商引资，争取项目，切实改进工作作风，较好地完成了年度重点工作任务。

【项目建设】在何家坪征用土地14.12亩，新建六层住宅楼3幢，项目总投资3422.67万元，建筑面积14940平方米，安置群众90户349人，并配套完成农电工程及附属工程建设。建成总占地30.4亩、总建筑面积12992平方米的蒋家村安置小区，完成泾川县汽车客运站建设项目37.37亩耕地征集任务，投资1200万元建成全地形车旅游项目建设，并于8月11日成功举办泾川县全地形车场地邀请赛。完成312国道及南滨河路改造项目征地。完成危房改造24户。

【产业发展】加强新建1860亩果园间作套种芍药330亩，举办培训班12期，培训果农245多人（次）；筹集有机肥1吨、尿素12吨、黑地膜1.5吨、杆袋2万只。严格落实病虫害防治措施，采取土壤深翻、购买扎带10公斤，完成果园拉枝150亩。

【生态建设】完成蒋家村北面山、甘家沟立洼、何家坪面山、蒋家桑园荒山4处荒山造林工程620亩，栽植油松14500株、香花槐7000株。完成道路林网建设17公里，其中何家坪村张虎洼组内生产道路12公里，蒋家九组上山路3公里，甘家沟薛家堡上山路2公里，共计栽植香花槐7000株、云杉6300株、油松1400株。在甘家沟五组绿化50亩；何家坪村村屯绿化200米；蒋家村栽植行道树2公里。

【社会事业】各村组织开展戏曲表演、民间社火、电影播放、拔河比赛等村组文体活动12场（次）以上，成功举办温泉开发区庆“三八”文艺会演，开展幸福家庭和诚信计生创建活动，完成优生健康检查12例，6—8月龄儿童免费体检17例，孕产妇体检5例，65岁以上老人免费体检270人；为199名妇女进行“两癌”普查。

【社会保障】城乡养老保险参保率达到93.11%，全区有740名60岁以上老人已享受养老金待遇，新型农村合作医疗参合人数4800人，参合率98%；全力落实农村救助政策，大病医疗救助3户，发放救助资金2.22万元，临时救助5户，发放救助资金2.5万元，冬春救助144户，发放救助资金7万元，发放困难低保救助资金170户406人26.5万元。

【精准扶贫】争取项目资金20万元，管委会自筹1万元，帮助贫困户落实清园整带、覆膜、施肥、病虫害防治等标准化管理措施，培育核桃园728亩，间作芍药330亩。注册成立亿昌隆中药材种植农民专业合作社。年底，实现稳定脱贫123户405人，全区贫困人口剩余17户43人，贫困率为0.86%。

领导班子成员名录

书　记	刘红杰
主　任	薛小军（6月止）
副书记	史红利
纪委书记	魏权明
副主任	何惠秀（女）
武装部部长	鲁鹏飞

（供稿：胡尉平）

城市社区管委会

【概况】县城市社区管委会下设东街、北街、南街3个社区居委会，有常住人口16225户36144人。辖区内有商业网点1698个，享受低保人员1348户3217人，残疾人435名，60岁以上老年人2951人，社区矫正对象12人，刑满释放人员68人。年底，管委会有干部职工38名，社区居委会有工作人员12名。

【社会保障】养老保险参保3600人，参保率达到98%，缴纳保费106万元；医疗保险参保12458人，缴纳保费287.76万元。加强低保动态管理，年内清理退出保障对象344户880，全年发放低保、临时救助、大病救助、孤儿生活费等各类民生资金1600多万元；全面宣传落实两孩生育政策，发放一孩、二孩生育登记服务证253个，再生育指标审批5个，网上登记办理率达到90%以上；大力推行流动人口基本公共服务均等化，为125位老年人、孕产妇、儿童进行健康体检；核对公安出生报户等各类信息2876条，审查在职人员计生信息48人（次），登记访视信息3400多条；深入推进健康促进模式改革，筛查慢性病患者5320人，举办各类宣传、讲座8次，开展健康体检、义务诊疗、签约服务等7600多人（次）；积极助推基本公共卫生服务工作，完成65岁以上老年人体检1825人、孕产妇体检56人、0～6岁儿童体检179人；严格落实计生特困家庭救助等一系列优惠政策，扎实推进基层群众自治示范县创建活动，积极开展各类生育关怀行动12次，受益人群2000多人。

【社会管理】全方位开展扫黑除恶政策法规宣传工作，配合公安机关做好“一标三实”信息采集，深入开展矛盾纠纷排查化解，强化特殊人群管理，做好重点信访人员、涉邪教人员稳控工作，全年调处矛盾纠纷55起，办理网上留言5起，开展消防、防汛、安全宣传教育15次，悬挂安全标语18条，发放安全宣传教育读本1.3万余册，安全教育宣传单页2万多份。参与全县“6・26”国际禁毒日暨平凉市创建全国禁毒示范城市（泾川县）宣传推进活动文艺会演。承办了甘肃省“反邪教我代言・拒邪教我当先”泾川县集中宣传日活动，自编自导自演了防邪微电影《泥潭》。

【文化活动】组织社区文化团体，开展经常性群众文化活动，编排积极向上、贴近生活的快板、小品、歌舞等文艺节目60多个，在回中广场、居民楼院巡回演出。组织300多人参与县城春节社火巡演，举办以“不忘初心跟党走　牢记使命勇担当”为主题的元旦联谊会、庆“五一”职工运动会，在建党97周年来临之际，举办“听党话・颂党恩・跟党走”红歌联唱活动；为纪念改革开放40周年，举办以“回望改革路・奋进新时代”为主题的演讲比赛。

东街社区开展群众文娱活动

【群团工作】组织城市社区90多名女职工开展庆“三八”“巾帼心向党・建功在社区”手工艺作品、书画、摄影展活动，和泾川县远航教育联合举办“放下手机・重拾温情”公益活动；在重阳节举办“九九重阳节・浓浓敬老情”老年人运动会；组织发动居民1000多人（次），在春秋两季开展义务植树造林活动；扎实开展征兵工作，向部队输送合格兵员14人；开展以义务理发和家电维修为主的“三关爱”志愿服务活动50多次，为43户困难群众发放慰问金21500元。

领导班子成员名录

党工委书记	鲁新生(12月止)
管委会主任	王安平
人大工委主任	刘锁琴（女）
副主任	孔令贵
	许　忠
武装部部长	杨会元
党建办主任	王晓龙
纪工委副书记、监察室主任	高宏慧（女）

（供稿人：李志鹏）

获奖人物·先进单位

获奖人物

获省部级表彰奖励人员名录

姓名	工作单位	荣誉称号	授予时间	颁奖部门
张　军	泾川二中	全国青少年毒品预防教育“6·27”工程优秀教师	2018年6月	国家禁毒委员会、中国禁毒基金会
郑金文	县总工会	全国企业民主管理征文活动中作品被评为优秀奖	2018年11月	全国厂务公开协调小组办公室

获市（厅）级表彰奖励人员名录

姓名	工作单位	荣誉称号	获奖时间	颁奖部门
白宁安	泾明乡政府	甘肃省抓党建促脱贫攻坚致富带头人	2018年11月	省脱贫攻坚领导小组
刘　婷	安全生产管理局	全省“安全生产月”活动先进个人	2018年10月	省人社厅、省安委办、省安监局
樊俊玺	教育局	甘肃省教育督导工作先进工作者	2018年8月	省人社厅、省教育厅
戴宝成	农村能源站	第五届“甘肃省职工先进技术操作法”提名奖	2018年11月	省总工会、省科技厅、省人社厅
周福鸿	泾川三中	荣获甘肃省防震减灾知识大赛“优秀辅导员”	2018年4月	省地震局、教育厅、省科学技术协会
丁春红	水保局	科技进步一等奖	2018年	省水利厅
武卫民	税务局	甘肃省优秀选手	2018年12月	省总工会
马　骋	泾川一中	甘肃省骨干教师	2018年5月	省教育厅
马红霞	城关教育办	甘肃省中小学骨干教师	2018年4月	省教育厅
王一芳	泾川二中	甘肃省中小学骨干教师	2018年4月	省教育厅
王文军	党原中学	甘肃省中小学骨干教师	2018年4月	省教育厅

续表

姓名	工作单位	荣誉称号	获奖时间	颁奖部门
王博文	红河学校	甘肃省农村骨干教师	2018年4月	省教育厅
田　兰	泾川二中	甘肃省中小学骨干教师	2018年4月	省教育厅
史红梅	高平教育办	甘肃省中小学骨干教师	2018年4月	省教育厅
史芳琴	开发区教育办	甘肃省农村骨干教师	2018年4月	省教育厅
代月合	泾川二中	陇原“四有”好老师	2018年8月	省教育厅
代红燕	开发区教育办	甘肃省农村骨干教师	2018年4月	省教育厅
冯强学	红河学校	甘肃省农村骨干教师	2018年4月	省教育厅
吕凤琴	第三小学	甘肃省中小学陇原名师	2018年4月	省教育厅
朱　敏	开发区教育办	甘肃省农村骨干教师	2018年4月	省教育厅
乔海军	荔堡中学	甘肃省中小学骨干教师	2018年4月	省教育厅
李春娟	王村教育办	甘肃省农村骨干教师	2018年4月	省教育厅
杨　军	高平教育办	甘肃省中小学骨干教师	2018年4月	省教育厅
杨秋娟	窑店教育办	甘肃省中小学骨干教师	2018年4月	省教育厅
张　达	泾川二中	甘肃省中小学骨干教师	2018年4月	省教育厅
张怀琴	高平教育办	甘肃省中小学骨干教师	2018年4月	省教育厅
尚小红	玉都教育办	甘肃省农村骨干教师	2018年4月	省教育厅
胡小春	罗汉洞中学	甘肃省农村骨干教师	2018年4月	省教育厅
贾海霞	王村教育办	甘肃省农村骨干教师	2018年4月	省教育厅
董红琴	太平中学	甘肃省农村骨干教师	2018年4月	省教育厅
雷小镇	玉都教育办	甘肃省农村骨干教师	2018年4月	省教育厅
张俊梅	特教学校	平凉市优秀教师	2018年9月	市政府
丁永华	黄家铺中学	县级英语学科优秀教师	2018年9月	市委、市政府
王　涛	窑店中学	平凉市优秀教师	2018年9月	市委、市政府
王颜锋	泾川一中	平凉市优秀教师	2018年9月	市委、市政府
代海涛	汭丰教育办	平凉市优秀教师	2018年9月	市委、市政府
冯小平	泾川二中	平凉市优秀教育工作者	2018年9月	市委、市政府
吕丽娜	荔堡教育办	平凉市优秀教师	2018年9月	市委、市政府
吕银录	泾川四中	平凉市优秀教师	2018年9月	市委、市政府
朱小婷	光彩幼儿园	平凉市优秀教师	2018年9月	市委、市政府
朱红艳	荔堡中学	平凉市优秀教师	2018年9月	市委、市政府
任　鑫	红河学校	平凉市优秀教师	2018年9月	市委、市政府
刘小明	泾川一中	平凉市优秀教师	2018年9月	市委、市政府
闫云丽	东街小学	平凉市优秀教师	2018年9月	市委、市政府
杜　岩	泾川一中	平凉市优秀教师	2018年9月	市委、市政府
杜连军	汭丰中学	平凉市优秀教师	2018年9月	市委、市政府
李小平	党原中学	平凉市优秀教师	2018年9月	市委、市政府
张怀琴	高平教育办	平凉市优秀教师	2018年9月	市委、市政府
张浩龙	丰台教育办	平凉市优秀教师	2018年9月	市委、市政府
赵永强	泾川三中	平凉市优秀教师	2018年9月	市委、市政府

续表

姓名	工作单位	荣誉称号	获奖时间	颁奖部门
李春娟	王村教育办	平凉市优秀教师	2018年9月	市委、市政府
杨海燕	玉都教育办	平凉市优秀教师	2018年9月	市委、市政府
何丽丽	飞云教育办	平凉市优秀教师	2018年9月	市委、市政府
宋存定	太平中学	平凉市优秀教师	2018年9月	市委、市政府
宋银学	黄家铺中学	平凉市优秀教师	2018年9月	市委、市政府
姚永青	党原教育办	平凉市优秀教师	2018年9月	市委、市政府
姚彩芸	第三幼儿园	平凉市优秀教师	2018年9月	市委、市政府
徐经隆	泾川三中	平凉市优秀教育工作者	2018年9月	市委、市政府
董红琴	罗汉洞中学	平凉市优秀教师	2018年9月	市委、市政府
董红琴	太平中学	平凉市优秀教师	2018年9月	市委、市政府
雷元梅	泾明教育办	平凉市优秀教师	2018年9月	市委、市政府
樊丽兰	窑店教育办	平凉市优秀教师	2018年9月	市委、市政府
魏立新	泾川二中	平凉市优秀教师	2018年9月	市委、市政府

先进单位

获省部级表彰奖励单位名录

获奖单位	荣誉称号	获奖时间	颁奖部门
果业局	最佳组织奖	2018年10月	中国果品流通协会、国家“十三五”苹果产业药肥双减项目组
县卫计局	2017年全国生育状况抽样调查优秀单位		国家卫生健康委员会办公厅
泾川县	全国计生基层群众自治示范县		全国计划生育协会
县职业教育中心	首批职业院校数字校园建设实验校	2018年12月	中央电化教育馆
县职业教育中心	国家现代学徒制试点单位	2018年12月	教育部
县职业教育中心	国家中等职业教育改革发展示范学校	2018年9月	教育部
天纤棉业公司二分厂前纺车间	全国“安康杯”竞赛优胜班组		全国总工会、应急管理部
高平镇	2015“百县千乡万村无邪教创建示范工程”活动创建无邪教示范镇		国务院防范和处理邪教问题办公室
泾川消防大队	第十四批省级文明单位		省委、省政府
泾川县富原红果品贸易公司	第十六届中国国际农产品交易会参展农产品金奖		交易会组委会
城关镇凤凰村党支部	全省抓党建促脱贫攻坚先进基层党组织		省脱贫攻坚领导小组
泾明乡白家村	创建无邪教示范村	2018年10月	省防范和处理邪教问题领导小组

获市（厅）级表彰奖励单位名录

获奖单位	荣誉称号	获奖时间	颁奖部门
县妇联	2017年度全省先进县市区妇联		省妇联
县网信办	甘肃省微电影网络剧大赛优秀奖		省新闻出版广电局
泾川农商银行	2018年“开门红”电子银行业务营销综合二等奖		省农村信用社联合社
县第三小学	第十八届中国青少年机器人竞赛“校园机器人”文化交流奖		省科协、省教育厅
县第三中学	甘肃省防震减灾知识大赛东部赛区预赛高中组二等奖		省地震局、省教育厅、省科协
县第三中学	甘肃省防震减灾知识大赛高中组三等奖		省地震局、省教育厅、省科协
县第三中学	甘肃省五四红旗团委		省人社厅、共青团甘肃省委
县重点业余体校	全省群众体育工作先进单位		省人社厅、省体育局
汭丰镇	全省供销合作社系统先进集体		省人社厅、省供销合作社联合社
泾川县	2017年度计划生育工作全省县（区）考核评估第一名		省统筹解决人口问题领导小组办公室
组织部	2018年度省委《党的建设》杂志发行工作先进集体	2018年9月	省委党的建设杂志社
网信办	“2018年甘肃省微电影网络剧大赛”优秀奖	2018年10月	省新闻出版广电局
县妇联	全省妇女工作宣传舆论阵地建设与《现代妇女》杂志宣传推广先进奖	2018年12月	省妇联
泾川县	2017年度全市维护稳定工作先进县		市委、市政府
玉都中学	平凉市教育系统先进集体	2018年9月	市委、市政府
荔堡中学	平凉市教育系统先进集体	2018年9月	市委、市政府
泾明乡中心幼儿园	平凉市教育系统先进集体	2018年9月	市委、市政府
党原教育办	平凉市教育系统先进集体	2018年9月	市委、市政府
玉都中学	平凉市教育系统先进集体	2018年9月	市委、市政府
荔堡中学	平凉市教育系统先进集体	2018年9月	市委、市政府
泾明乡中心幼儿园	平凉市教育系统先进集体	2018年9月	市委、市政府
罗汉洞挽头坪村党支部	全市抓党建促脱贫攻坚先进基层党组织		市脱贫攻坚领导小组
王村镇完颜村党支部	全市抓党建促脱贫攻坚先进基层党组织		市脱贫攻坚领导小组
汭丰镇同中村党支部	全市抓党建促脱贫攻坚先进基层党组织		市脱贫攻坚领导小组

附 录

2018年泾川县国民经济和社会发展统计公报

泾川县统计局　国家统计局泾川调查队

（2019年7月4日）

2018年，全县上下坚持以习近平新时代中国特色社会主义思想为指导，深入贯彻党的十九大和十九届二中、三中全会精神，全面落实中央、省、市各项决策部署，统筹推进稳增长、促改革、调结构、惠民生、防风险各项工作，全县经济社会呈现出持续健康发展的良好态势。

一、综合

初步核算，全年全县地区生产总值37.72亿元，按可比价计算，比上年下降14.3%。其中第一产业增加值7.67亿元，比上年下降38.3%；第二产业增加值9.38亿元，比上年下降6.3%；第三产业增加值20.67亿元，比上年下降6.7%。按常住人口计算，人均生产总值实现13154元，按可比价计算，比上年下降14.6%。三次产业结构比例为20.3∶24.9∶54.8。

二、农业和农村经济

全年农作物播种面积52.69万亩，粮食作物播种面积45.03万亩，粮食产量10.47万吨；蔬菜面积1.98万亩，蔬菜产量17517吨；挂果果园面积15.43万亩，水果产量76228吨。牛、猪、鸡饲养量分别为2.9万头、12.82万头、104.81万只。年末牛存栏1.39万头、猪存栏6.63万头、羊存栏1.29万只、鸡存栏58.12万只。

全县农业机械总动力17.7万千瓦。

三、工业和建筑业

全年实现工业增加值10268万元，比上年下降25.2%。其中规模以上工业企业实现增加值5144万元，比上年下降35.9%；实现产值37713万元，比上年下降18.3%；实现主营业务收入38895万元。年末具有资质等级的总承包和专业承包建筑业企业5个。全社会建筑业增加值83550万元，比上年增长0.1%。全社会用电量19613万千瓦时，比上年增长6.1%。其中工业用电量5848万千瓦时。天然气消费量750万立方米，年末使用户数4890户。

四、商品贸易

全年社会消费品零售总额258827.3万元，比上年增长7%。按行业划分，批发业零售额6318.1万元，比上年增长7%；零售业零售额182661.2万元，比上年增长6.96%；住宿业零售额5039万元，比上年增长6.4%；餐饮业零售额64809万元，比上年增长7.2%。限额以上企业实现商品零售额

1408.3万元，比上年增长21.3%。

商品销售（营业）额602390.9万元，比上年增长7%，其中批发业商品销售额62808.3万元，比上年增长7%；零售业销售额384308.8万元，比上年增长7%；住宿业营业额16425.8万元，比上年增长6%；餐饮业营业额138848万元，比上年增长7%。

出口创汇1275万元。

五、固定资产投资

固定资产投资比上年下降50.31%。其中5000万元以上项目投资比上年下降47.65%，5000万元以下项目投资比上年下降35.32%，房地产开发项目投资比上年下降70.29%。

六、财政、金融和保险

全年大口径财政收入40828万元，比上年增长2.2%。一般公共预算收入21596万元，比上年增长16.6%，其中税收收入13903万元，比上年增长64.8%；非税收入7693万元，比上年下降23.7%。一般公共预算支出225788万元，比上年增长1.9%。年末全县金融机构各项存款余额96.94亿元，比上年增长4.2%，其中储蓄存款81.7亿元，比上年增长5.2%。各项贷款余额69.23亿元，比上年增长3.1%。各类保费收入8109万元，各类赔付款支出3595万元。

七、交通和邮电通信业

公路运输货运量199.65万吨，货运周转量57775万吨公里，客运量203.41万人，客运周转量10007.02万人公里。境内公路总里程1258公里，其中国道145.57公里，省道90.67公里，县道133公里，乡道135.6公里，村道753.16公里。全县二级客运站1个，乡镇客运站19个。年末全县民用汽车保有量9186辆，营运车辆1017辆。年末电信业务总量15218万元，各类通信用户27.2万户，其中计算机互联网用户6.45万户，4G用户16.3万户。

八、社会事业

全县各级各类学校（不含成人教育机构）321所，教职员工4331人，专任教师3909人，年末在校学生45835人。其中职业中专1所，在校学生4350人；高级中学2所，在校学生5194人；初级中学16所，在校学生7527人；完全中学2所，在校学生2163人；九年制学校1所，在校学生260人；小学159所，在校学生17136人；幼儿园128所，在园幼儿8713人；特教学校1所，在校学生136人。义务教育阶段中学及小学入学率均达到100%。本年度全县高考上线人数2238人，上线率99%，其中本科上线人数1686人，上线率74.6%。

县级电影放映单位1个，县级艺术表演团体1个，县级文化馆和公共图书馆各1个，各类图书及期刊70万册（含农家书屋藏书）。全县文化广播电视站14个，乡镇综合文化站14个，农家书屋214个。

年末拥有广播电视台1座，调频发射台和转播台各2座，广播综合覆盖率99.7%，有线电视用户5368户，广播电视户户通覆盖215个村，受益9.38万户。

全县共有各级各类医疗卫生机构379个，其中综合医院、中医医院、民营医院各1家，基层医疗卫生机构235个，专业公共卫生机构4个，个体诊所137个。实有核定床位数1613张，专业卫生技术人员1474名，其中执业医师（含助理）589名，注册护士799名。

九、人民生活和社会保障

全年城镇居民人均可支配收入25210.5元，比上年增长7.8%；城镇居民人均消费支出16910.37元，比上年增长32.75%。农村居民人均可支配收入9591.8元，比上年增长9.0%，农村居民人均生活消费支出9465.81元，比上年下降8.13%。全县城镇非私营单位在岗职工1.23万人，年平均工资67200元。

年末城镇登记失业人员2827人，登记失业率3.6%。安置高校毕业生398人，城镇新增就业4471人，下岗人员实现再就业266人。年末城镇参加基本养老保险职工人数15522人，征缴养老保险费5332万元；失业保险参保职工7379人。城镇职工基本医疗保险参保人数13162人，参加工伤保险职工8918人，参加生育保险职工8360人，城乡居民社会养老保险参加人数210285人。年末，全县城乡居民基本医疗保险参保300194人，其中农村居民287006人，城镇居民13188人，参保率98.7%。全年城乡居民基本医疗保险基金支出18684万元，累计受益96.86万人次。

十、环境保护和安全生产

剔除沙尘天气影响后，全年全县空气质量有效监测天数288天，其中优良天数278天，达标率96.5%。可吸入颗粒物（PM_{10}）平均浓度为82微克/立方米，可吸入细粒物（$PM_{2.5}$）平均浓度为43微克/立方米，二氧化硫平均浓度17微克/立方米，二氧化氮平均浓度22微克/立方米，臭氧平均浓度141微克/立方米，一氧化碳平均浓度0.42毫克/立方米，均达到国家年二级标准。列入国家考核的泾河泾川段出境断面地表水水质综合评价达到Ⅲ类标准，水质达标率100%；列入省、市考核的汭河泾川段水质达到Ⅲ类水质标准，全县城乡集中式饮用水源水质达标率100%。

全年发生各类事故125起，死亡18人，受伤11人，其中道路交通事故18起，死亡18人，受伤11人，火灾事故107起。

全年平均气温10.5℃，年降水总量614毫米。

十一、人口

年末户籍人口35.62万人，户数11.28万户。根据人口抽样调查推算，全县常住人口28.74万人，城镇人口10.57万人，城镇化率36.78%。人口出生率11.08‰，死亡率5.78‰，自然增长率为5.30‰。

注：

1.公报中生产总值指标按现价计算，增长速度按不变价计算。

2.本公报中社保、低保、财政、金融、保险、旅游、交通、通信、邮政、教育、文化、广电、卫生、环境、安全生产等数据由相关部门提供。

3.以前使用的数据与本公报数据不一致的，均以本公报发布的数据为准。